土地管理论丛

资源节约型与环境友好型社会建设土地政策研究

张安录 文兰娇 等 著

国家自然科学基金(编号:71373095 和 71573101)
华中农业大学公共管理学院学科建设经费

资助出版

科学出版社
北京

版权所有，侵权必究

举报电话：010-64030229,010-64034315,13501151303

内 容 简 介

本书围绕构建两型社会土地政策的目标，结合土地宏观调控政策和生态补偿政策，以长株潭城市群和武汉城市圈两大试验区为研究对象，在分析两型社会建设战略目标和土地利用挑战的基础上，综合运用相关理论分析、统计数据、问卷调查等方法，对实验区土地储备和供给、集约利用水平和需求预测、限制发展区经济补偿和土地开发外部性等方面进行实证分析。根据实证分析结果，继而对土地储备与供给政策、土地节约和需求控制政策、土地保护与经济补偿政策、土地开发与土地税收政策四个方面开展构建两型社会土地政策的论述，并一一对应地提出土地发展政策。

本书主要适合于高等院校、科研机构从事两型社会土地政策问题研究的学者、学生，以及政府相关土地管理部门的管理决策人员等阅读参考。

图书在版编目(CIP)数据

资源节约型与环境友好型社会建设土地政策研究/张安录等著. —北京：科学出版社，2017.11

（土地管理论丛）

ISBN 978-7-03-055486-4

Ⅰ.①资… Ⅱ.①张… Ⅲ.①土地政策-研究-中国 Ⅳ.①F321.1

中国版本图书馆 CIP 数据核字(2017)第 280684 号

责任编辑：杨光华／责任校对：董艳辉
责任印制：彭 超／封面设计：苏 波

科学出版社 出版
北京东黄城根北街 16 号
邮政编码：100717
http://www.sciencep.com

武汉市首壹印务有限公司印刷
科学出版社发行 各地新华书店经销
*
开本：787×1092 1/16
2017 年 11 月第 一 版 印张：11 3/4
2017 年 11 月第一次印刷 字数：278 000
定价：78.00 元
(如有印装质量问题，我社负责调换)

"土地管理论丛"总序

土地既是重要的自然资源,又是不可替代的生产要素,在国民经济和社会发展中具有重要的作用。土地资源管理在推进工业化、农业现代化、新型城镇化、信息化和生态文明建设中的地位日益突出。土地资源管理作为管理学、经济学、法学、信息科学、自然资源学等交叉学科,成为管理学中不可替代的重要学科。

华中农业大学土地资源管理学科创办于1961年。1961年在两位留苏专家韩桐魁教授、陆红生教授的努力下创立了中国大陆第二个土地资源管理本科专业(前称为:土地规划与利用);1981年韩桐魁教授、高尚德教授、陈若凝教授、陆红生教授等在全国率先恢复土地规划与利用专业;1987年获得全国第一个土地资源管理硕士点(前称为:农业资源经济与土地规划利用);2003年获得全国第三批土地资源管理博士点;2012年获批公共管理博士后流动站。历经五十余年,在几代土管人的努力下,华中农业大学已经成为中国大陆土地资源管理本科、硕士、博士、博士后教育体系齐全的人才培养重要基地。

华中农业大学于1960年建立土地规划系(与农业经济系合署办公),1996年成立土地管理学院(与农经学院合署办公),2013年土地管理学院从经济管理学院独立出来与高等教育研究所组成新的土地管理学院和公共管理学院。经过近六十年的积累,已经形成了土地资源经济与管理、土地利用规划和土地信息与地籍管理三个稳定的研究方向。近年来主持了国家自然科学基金项目27项,国家社会科学基金项目10项,教育部哲学社会科学重大课题攻关项目、博士点项目、中国博士后科学基金项目21项。

华中农业大学土地资源管理学科在兄弟学校同行的大力支持下,经过学院前辈的不懈努力,现在已经成为中国有影响的、重要的土地资源管理人才培养、科学研究基地。《资源节约型与环境友好型社会建设土地政策研究》《粮食主产区农地整理项目农民参与机制研究》《农村土地流转交易机制与制度研究》《城市土地低碳集约利用评价及调控研究》《城乡统筹背景下建设用地优化配置的动力、绩效与配套机制研究》《基于生产力总量平衡的耕地区域布局优化及其补偿机制研究》《基于微观群体视角的农田生态补偿机制——以武汉城市圈为实证》《大都市郊区农村居民点用地转型与功能演变研究》为近年我院土地资源管理教师承担的国家自然科学基金、国家社会科学基金项目的部分研究成果,组成"土地管理论丛"。

"土地管理论丛"的出版,一来是对过去我们在三个研究方向所取得成果的阶段性总结;二来用以求教、答谢多年来关心、支持华中农业大学土地资源管理学科发展的领导、国内同行和广大读者。

张安录

2017 年 6 月 6 日

前　言

　　21世纪以来,资源和环境成为人们关注的焦点。随着近年来我国社会经济的快速发展和人口的增长带来的环境破坏、资源浪费等问题日益严重,人们对自然资源,特别是与人类生产生活休戚相关的土地资源的利用观念也发生了变化。我国作为一个资源相对稀缺的发展中国家,面临着资源、环境、发展三方面压力,因此,构建两型社会,协调土地利用与经济发展,尤为必要。"两型社会"是资源节约型、环境友好型社会的简称,此概念在2005年中共十六届五中全会上被正式提出。2007年12月,国务院批复武汉城市圈和长株潭城市圈为资源节约型、环境友好型社会建设综合配套改革试验区,国家发展和改革委员会在《关于批准武汉城市圈和长株潭城市圈为全国资源节约型和环境友好型社会建设综合配套改革试验区的通知》的批示中指出,在武汉城市圈和长株潭城市圈综合改革实践中,要按照资源节约型和环境友好型社会的要求,全面推进各个领域的改革,加快转变经济发展方式,形成有利于资源节约和环境保护的体制机制,促进工业化城市化发展,促进经济社会与人口、资源、环境协调发展,推进全国体制机制的创新改革,示范带动全国科学发展、和谐社会建设。

　　武汉城市圈与长株潭城市圈的两型社会实验区,是继上海浦东、天津滨海和成渝城乡统筹综合配套改革试验区建立之后,国家在战略高度上的又一次重大决策,是促进中部地区发展与崛起的重大战略部署,为两大城市圈的发展提供了重大机遇。武汉城市圈和长株潭城市圈集工业、能源、农业和交通等优势于一体,两大城市圈以两型社会试验为突破口,将全面提升城市圈和省、市的整体素质,由此可见,两圈地区是中部改革的"试验田",也是中国经济新的增长极。土地作为一种稀缺资源,是人类生产、生活、生存的物质基础和来源,土地资源的开发利用与社会经济发展和生态环境保护密切相关。武汉与周边城市之间及长株潭城市圈南北之间都存在着显著的经济发展结构差异和经济发展梯度差,因此,如何按照主体功能区发展要求,在资源环境承载能力范围内,科学合理开发、综合利用、集约使用土地资源?如何针对土地供给、需求、开发使用等各环节,制定合理、有效的土地政策,把中心城市的发展同周边城市腹地的开发与生态保护结合起来?这既是武汉城市圈和长株潭城市圈需要面对的重大难题,也是湖北、湖南两省乃至中部地区和全国其他区域需要共同探索的重大问题,具有重要研究意义。

本书针对两型社会的要求和建设目标,以武汉城市圈和长株潭城市圈为研究对象,从土地供给、土地需求、土地保护和土地开发过程中所面临的问题着手,按照重点开发区、优化开发区、限制开发区和禁止开发区不同的主体功能区开发条件,结合相关实证分析,对"两型社会"实验区土地需求政策、储备政策、经济补偿政策和税收政策展开探讨。

本书第1章从土地宏观调控政策和土地生态补偿政策两方面介绍两型社会建设的国家宏观土地政策的支持。首先,分析现行土地宏观调控政策体系和各主体功能区的土地宏观调控政策。其次,着重分析两型社会建设的土地生态补偿政策,在界定土地生态补偿内涵与原则及相关理论的基础上,实证测算我国典型城市群的生态服务价值。最后,根据实证分析结果,提出合理土地生态补偿政策建议。

第2章分别分析武汉城市圈和长株潭城市圈的发展现状及两型社会建设目标与土地利用挑战,通过对武汉城市圈和长株潭城市圈发展现状和发展目标的分析,可以看出,武汉和长沙在区域中的中心地位均较为突出,但是武汉"一家独大"更为严重,而长株潭城市圈城市化水平和经济发展水平比武汉城市群更高,城市化率和人均GDP水平更高,产业结构更优。在此基础之上,分别得出两区要实现两型社会建设目标所对应的土地利用战略转变,即武汉城市圈主要问题在于控制农地城市化时序,实现产业和用地结构优化,而长株潭城市圈主要目标在于控制农地非农化速度以协调土地利用与经济发展关系。

第3章分析两型社会建设中的实验区土地储备及供地结构问题。对于土地储备,本章提出基于土地发展权的土地储备机制设计构想,认为应针对不同土地,建立各类土地储备区,对进入储备区的土地即被施加保护性地役权,限制其开发使用,与此同时,通过发展权市场交易,将其发展权转移至重点开发区与优化开发区。对此,本章建立发展权定价的模型,并分别计算10个地级市的发展权均价及总量,得出发展权的价值相对于我国现行的征地补偿标准而言,要高出数倍。对于土地的供地结构,本章在分析武汉城市圈及长株潭城市圈12个城市现有的供地结构特征和主要限制因素的基础上,借鉴国外供地经验,选用马尔可夫模型确定实验区两型社会建设的供给总量,并得出优化的供给结构。

第4章分析实验区土地节约与需求控制政策。本章首先从理论上分析土地节约与集约利用水平测度的方法,然后采用C-D函数进行回归分析,分别计算出实验区内12个地级市最佳集约用地规模,并通过构建土地节约集约利用评价指标体系,对12个地级市土地节约集约利用水平进行比较分析,测度的结果显示,实验区内12个地级市的土地节约集约利用水平都不高,节约集约利用的潜力很大,城市之间差异较大。在此基础上,还针对不同行业、不同主体功能区探讨实验区两型社会建设中土地节约与集约利用的政策取向,为了满足两型社会建设对资源节约利用和环境保护的要求,得出要提高土地利用成本,促使企业用资本和劳动等生产要素替代土地要素的投入,提高土地利用收益。

第5章分析实验区土地保护与经济补偿政策。本章借鉴资产定价理论,从分区规划影响农地收益现金流乃至农地价值的角度,构建实验区受损方经济补偿研究框架,并以此理论框架展开实证分析,测算出限制、禁止开发区对区域内农地价值的限制程度。研究结果表明,限制、禁止开发区由于农地保护、维持生态环境,会对不同区域内经济发展造成较大的影响,并将给限制、禁止开发区内政府、土地利用者、集体及农民自身造成很大的经济损失(分别为 278.94 亿元及 110.73 亿元)。由于禁止开发区农地开发受限程度最高,因此得到的农地价值补偿额(54.31 亿元)要高于限制开发区农地价值补偿额(31.73 亿元),就经济补偿构成而言,限制、禁止开发区受限农地价值分别占各区域总经济补偿标准的11.38%与49.05%。分别针对限制开发区和禁止开发区提出对应的土地保护与经济补偿政策建议。

第6章分析实验区土地开发与土地税收政策。本章首先从理论上论述实验区两型社会构建过程中,重点开发区在经济加速发展的过程中应重视土地利用负外部性。其次,在此基础上,以仙桃市为例进行重点开发区土地利用负外部性的测算,实证分析得到该地区负外部性负平均价值为−1.1元/(米^2·年)。针对土地开发带来的土地利用外部性,认为国内可以考虑以财产税和地价税为主的税收方式对负外部性征税,税率为边际损害价值。最后,针对不同开发区,提出对应的土地税收政策,认为优化开发区的税收应低于重点开发区,主要是激励该区域用地单位对排污、土地节约利用进行投入,税率设置要考虑供给曲线中产量对价格的影响;优化开发区税收优惠政策主要考虑对城镇土地使用税、房产税及土地增值税进行优惠及减免。

本书各章节由于分析对象不同,研究重点和采用的分析方法也有所不同。对于土地生态服务价值的测算,采用生态服务价值当量因子表和生态足迹方法;对于土地发展权价格测算,建立发展权定价模型,并以两大城市圈12个城市2007年城镇土地交易数据等相关资料为依据进行实证分析;对于土地节约与集约利用水平测度,采用C-D函数对2006年两区 12 个城市相关指标进行回归分析;对于补偿价值测算,构建基于资产价值理论的补偿模型,并采用意愿调查法根据限制开发区 125 份问卷调查和禁止开发区 147 份问卷调查结果测算出不同功能区经济补偿价值;对于土地开发的外部性测算,同样根据 113 份有效问卷调查结果,通过询问影响范围内个体的支付意愿测算土地利用的福利损失。

本书是张安录教授主持的两项国家自然科学基金项目"国土空间管制下土地非均衡发展及空间外部性扩散机理与区域协调发展政策研究"和"经济社会双重转型下土地转换效率与效率改进政策调控原理研究"的部分研究成果。课题组成员在农地价值评估、生态补偿、土地利用负外部性等方面的研究为本书提供了较好的前期工作基础;课题支撑的研究区相关权利主体(农户、市民)的实地问卷调查和研究区社会经济统计数据为本书提供了很好的实证材料与数据基础。在这些前期研究和实证数据基础上,本书针对土地供给、土地需求、土地保护和土地开发过程中所面临的问题,对两型社会实验区下不同主体功能区的差别化土地需求政策、储备政策、经济补偿政策和税收政策展开了探讨。

目 录

第 1 章 两型社会建设国家宏观土地政策 ·················· 1

1.1 两型社会建设的土地宏观调控政策 ·················· 1
1.1.1 现行主要的土地宏观调控政策 ·················· 1
1.1.2 两型社会建设中各主体功能区土地宏观调控政策 ·········· 4

1.2 两型社会建设的跨区域土地生态补偿政策 ·············· 10
1.2.1 土地生态补偿 ·························· 11
1.2.2 土地生态补偿的理论基础 ·················· 12
1.2.3 基于生态服务价值的生态补偿 ················ 13
1.2.4 土地生态补偿的主体及方式 ················ 21
1.2.5 土地生态补偿政策建议 ···················· 23

第 2 章 实验区两型社会建设战略目标与土地利用的挑战 ········ 25

2.1 武汉城市圈两型社会建设战略目标与土地利用的挑战 ······ 25
2.1.1 武汉城市圈两型社会建设战略目标 ·············· 25
2.1.2 武汉城市圈建设现状与战略目标的差距 ············ 27
2.1.3 武汉城市圈两型社会建设战略目标实现面临的土地问题 ···· 32
2.1.4 实现两型社会建设战略目标的土地利用战略转变 ······· 34

2.2 长株潭城市群两型社会建设战略目标与土地利用的挑战 ···· 37
2.2.1 长株潭城市群两型社会建设战略目标 ············ 38
2.2.2 长株潭城市群建设现状与战略目标的差距 ·········· 39
2.2.3 长株潭城市群两型社会建设战略目标实现面临的土地问题 ···· 43
2.2.4 实现两型社会建设战略目标的土地利用战略转变 ······· 46

2.3 本章小结 ·································· 48
2.3.1 武汉城市圈 ···························· 48

2.3.2　长株潭城市群 …… 48
　　　2.3.3　对比分析 …… 49

第3章　实验区土地储备与供地政策

3.1　实验区土地的储备和土地储备政策的创新 …… 51
　　　3.1.1　土地储备制度设置的前提 …… 51
　　　3.1.2　土地储备的对象 …… 51
　　　3.1.3　土地储备的机制设计 …… 52
　　　3.1.4　土地储备的资金调控 …… 59
3.2　供地结构和供地总量的控制政策 …… 60
　　　3.2.1　实验区供地现状 …… 60
　　　3.2.2　实验区供地结构和土地供给总量研究 …… 64
　　　3.2.3　供地结构和供地总量的控制政策建议 …… 69
3.3　本章小结 …… 72

第4章　实验区土地节约与需求控制政策

4.1　实验区土地节约集约利用水平的测度 …… 76
　　　4.1.1　土地节约集约利用水平测度的理论探讨 …… 76
　　　4.1.2　实验区土地节约集约利用水平的比较分析 …… 79
4.2　土地节约集约利用的政策取向 …… 81
　　　4.2.1　土地节约集约利用的总体政策取向 …… 81
　　　4.2.2　重点行业的土地利用政策取向 …… 82
　　　4.2.3　不同主体功能区的土地利用政策取向 …… 87
4.3　实验区土地需求控制政策 …… 88
　　　4.3.1　土地需求影响因素分析 …… 88
　　　4.3.2　实验区土地需求控制政策创新 …… 92
　　　4.3.3　土地需求调控的配套措施 …… 97
4.4　本章小结 …… 98

第5章　实验区土地保护与经济补偿政策

5.1　实验区土地利用受限及土地保护存在的问题 …… 101
　　　5.1.1　限制开发区土地利用受限及土地保护存在的问题 …… 101
　　　5.1.2　禁止开发区土地利用受限及土地保护存在的问题 …… 103
5.2　实验区受损方经济补偿研究 …… 104
　　　5.2.1　实验区受损方经济补偿内涵及特点 …… 104
　　　5.2.2　实验区经济补偿标准确定 …… 105
　　　5.2.3　小结 …… 118

目录

5.3 实验区经济补偿资金来源及分配模式 ·· 120
　　5.3.1 实验区经济补偿资金来源分析 ·· 120
　　5.3.2 实验区经济补偿资金分配模式 ·· 122
5.4 实验区土地保护与经济补偿政策制度保障 ·· 131
　　5.4.1 限制开发区土地保护与经济补偿政策 ··· 131
　　5.4.2 禁止开发区土地保护与经济补偿政策 ··· 135
5.5 本章小结 ·· 137

第6章 实验区土地开发与土地税收政策 ·· 139

6.1 重点开发区土地过度开发与土地税收政策 ·· 139
　　6.1.1 重点开发区潜力释放与两型社会构建 ··· 139
　　6.1.2 土地开发的负外部性 ·· 141
　　6.1.3 实证结果 ·· 146
　　6.1.4 土地税收政策对重点开发区土地过度开发的调控和管理 ········· 149
6.2 优化开发区税收优惠政策 ·· 165
　　6.2.1 完全竞争市场下优化开发区税收优惠政策 ································ 165
　　6.2.2 非完全竞争市场下重点开发区税收优惠政策 ···························· 166
　　6.2.3 优化开发区土地资源合理利用的税收优惠政策 ························ 167
6.3 本章小结 ·· 170

参考文献 ·· 171

后记 ··· 174

第 1 章 两型社会建设国家宏观土地政策

1.1 两型社会建设的土地宏观调控政策

1.1.1 现行主要的土地宏观调控政策

1. 现行主要土地利用宏观调控政策体系

近年来,随着我国社会经济的快速发展和人口的增长,人们对土地利用的观念也发生了变化,由以前的资源利用逐渐向资产并重方向转变。土地既是生产、生活不可或缺的物质载体又是经济增长不可或缺的原动力,在宏观经济运行中发挥着极其重要的作用,土地宏观调控政策成为国家进行宏观调控的重要手段,在调节经济增长总量、速度、结构等方面有着重要的意义。从国家层面上讲,土地利用的国家宏观调控与国民经济息息相关,从区域层面上讲,土地的区域利用与地方经济互为一体,土地利用与经济发展相互促进、相互制约。

土地政策体系由不同层次、环节和领域的各种政策构成。土地利用的宏观调控政策仅是土地政策体系中的一部分。现阶段我国土地宏观调控政策主要包括土地规划政策、土地供给政策、土地价格政策、土地税收政策。

土地规划政策是政府及相关部门通过对各类用地指标的调控做出对未来土地利用的计划和安排,协调国民经济各部门的土地利用活动。依据各用地单位土地资源配置效率的不同,在时空上对各类用地进行合理安排,控制各类用地土地供给量、供给结构以调节投资规模、方向,直接、有效地调控地区产业布局、产业结构和产业规模,引导产业结构调整,促进产业结构优化升级,从而建立适应经济、社会和市场发展需要的合理的土地利用结构,合理配置和有效利用土地资源。

土地供给政策是政府为了实现一定的社会、经济发展目标,在土地供给过程中所采取的一系列有计划的措施和行动的总称。政府通过土地供给政策调节土地供应总量、土地供给结构、土地供给方式、土地供给价格等从而协调区域产业结构、产业布局、固定资产投资、用地规模等。政府通过土地供给数量、土地供给区域、土地供给行业的调节以引导投资的方向和强度,从而调整区域经济发展模式,实现区域间均衡的社会、经济发展预期目标。

土地价格政策的制定基于土地资源既是社会生产的重要物质资料,也是社会产品的重要部分,还是重要的社会财富,不仅具有使用价值,而且具有重要的非使用价值;土地资源的供给价格直接影响用地成本,按照价值规律,政府通过调整或控制土地资源价格可以直接或间接制约甚至是决定投资的方向,对土地资源利用在区域间、部门间配置起着导航作用。

土地税收政策是政府通过对土地资源取得、保有、转让征税来调控土地资源的配置、土地资源利用效率、土地资源利用方式和土地资源利用强度等的手段。土地税收是优化土地资源配置和实现土地资源有效管理的重要经济手段,通过土地税收政策可以有效地限制土地投机交易行为、限制土地囤积的行为,解决历史上的划拨土地无偿使用与现在出让土地有偿使用的双轨制造成的不公平竞争问题等。

2. 两型社会建设中土地宏观调控政策存在的问题

构建两型社会旨在具体贯彻落实科学发展观。反映在经济建设中,就要求经济发展必须由过去"高投入、高能耗、高污染、低产出"的模式向"低投入、低能耗、低污染、高产出"的模式转变,经济增长方式由粗放型向集约型转变。而土地作为一种稀缺性资源,同时又是支撑经济增长的重要因素之一,必然要求其节约集约利用以满足经济持续发展的需要。必须通过相应的政策手段措施来提高土地的利用效率和产出效率,以最大化发挥土地资源的承载和生产功能,最大限度地支持经济发展。因此,土地宏观调控政策将在促进"两型社会"的建设中带动区域经济健康、稳定、快速增长。而现行的土地宏观调控政策存在众多缺陷,主要体现在以下几方面。

1) 土地规划政策执行上的困难

土地规划政策对于统筹安排各业用地、协调社会经济发展和各部门用地之间的矛盾,特别是处理建设用地与耕地保护的关系上,具有非常重要的意义。然而,在实际工作中,由于多方面的原因,土地规划政策的实施效果却不尽如人意,"规划规划,纸上画画,墙上挂挂"的现象仍很常见。如何以与时俱进的科学态度,积极探索土地规划编制的新思路和新方法,以保证土地规划政策的实施效果,使土地规划政策的宏观调控作用得到充分发挥,已成为当前两型社会建设中一个迫切需要解决的问题。

2) 供地指标区域、部门之间的不协调

土地利用规划明确规定了各个区域建设用地的控制指标,但实际执行情况却存在着明显的地区差异。在土地利用规划编制过程中,对建设用地增长预测不足,特别是在建设占用耕地上的预测不足,导致一些地区特别是优化和重点开发地区建设用地供给严重不足,很多地方已经出现无地可用的局面;而在限制开发和禁止开发地区的建设用地供给又显多余,出现土地利用中的闲置与浪费现象。与此同时,由于在指标分配上搞平均主义,出现地区建设用地总量够用,个别乡镇用地不足的现象非常普遍。土地利用规划弹性不足、刚性有余,导致规划实施过程中,屡屡进行修编。

3) 土地利用规划内容片面,缺乏生态保护目标

土地利用规划作为土地资源保护和利用的统领,是对一定区域未来土地利用的超前计划和安排,是依据区域经济发展和土地的自然历史特性在时空上进行土地资源分配与合理组织土地利用的综合技术经济措施。其合理性、科学性将直接影响到两型社会建设中区域生态环境的安全与健康。而现实土地规划内容片面,较少考虑生态环境保护目标,没有充分将土地利用规划作为保护生态环境、协调人地关系和贯彻可持续发展的基本手段。随着建设用地需求不断增加,耕地日益减少,土壤肥力出现严重减退趋势,耕地资源质量下降;土地利用规模、结构及布局对生态环境产生了深刻的影响,土地生态系统退化、大气污染、水生态失衡、生物多样性锐减、水土流失等生态问题日益严重,生态环境问题日益突出,从而给有限的土地资源带来了巨大的生态压力,加剧了两型社会建设过程中土地利用的生态环境问题。

4) 土地供给效率低下,供地结构不合理

土地供应政策是我国现行土地制度下所特有的,在土地的供应政策体系中政府既是土地的供给主体,同时也是土地供给过程中的管理者,其运用各种手段对土地资源供给总量和供给结构进行调节与控制,地方政府为了地方经济利益,促进地方经济发展,土地供给采用"以供定需,总量不限"的方式,加上地方政府片面强调"以地生财""筑巢引凤",土地供应往往缺乏总量上、结构上的控制。由于土地供给总量较大,土地的闲置现象比较普遍。另外,由于缺乏有效的时空引导,土地供给呈现零乱无序的局面,产生粗放利用土地、供地效率低下、供地结构不合理等一系列的问题。

土地供给所具有的特殊性,即区域性、不可或缺性及政府控制性等,使得土地供给政策可以说是土地宏观调控政策中"最硬""最难控制"的调控手段,土地供给政策制定实施的方向、"力度"直接影响到区域之间的协调发展、区域内的产业布局、产业结构的优化升级等,可能在一定程度上对宏观经济运行产生较大的影响。

5) 土地价值显化与市场失灵并存

土地价格政策是指政府及有关部门通过不同水平的土地价格调节土地资源分配与利用的行为方式。两型社会建设中,运用土地价格政策的最终目的不仅要满足现阶段各部门土地需求,同时也满足土地的永续利用、代际公平与发展的需求。从这一角度分析,在培育土地市场的进程中,虽然土地价格政策作为土地市场机制的核心,在土地资源配置领域发挥着巨大的作用,却也存在着一些缺陷,导致市场失灵,这在土地这种稀缺资源的配置中体现得尤为明显。政府基于地方经济利益的考虑,通过制定地方土地价格政策进行低价供地甚至无价供地,以地换投资的做法普遍存在。

6) 土地税收和费用名目混乱,"以费挤税"现象严重

土地税收是指国家凭借政治权力对土地所有者或土地使用者强制地、无偿地取得土

地收益的一类税收的总称。我国现行的土地税收政策在保护土地资源、提高土地利用率、调节土地级差收益、增加财政收入等方面起到了积极作用，但也暴露了许多问题，并随着经济的发展而日益明显。当前土地税收政策执行过程中，以税代租现象极为普遍。以税代租极易形成土地部门、企业甚至个人所有制观念，大大增加税务部门的工作量，甚至造成土地税收征管失控。另外，税费并存，税低费高等现象的存在也对两型社会建设造成一定的影响。政府取自土地的全部收入中，通过税收取得的只占其中很小部分，更多的是以名目繁多的各种收费形式取得，如土地出让金、土地收益金、土地开发费、土地使用费、土地增值费、市政配套设施费、征地费、青苗补偿费等。目前我国的土地收费状况对两型社会建设中开放和繁荣我国土地市场产生了极大的阻碍。这些收费侵蚀了税法所能赋予的财政收入权力，削弱了财政收入能力。事实上我国存在严重的以费挤税的现象，如此大量的资金实行"体外循环"，对两型社会建设是不利的。

1.1.2 两型社会建设中各主体功能区土地宏观调控政策

主体功能区是指基于不同区域的资源环境承载能力、现有开发密度和发展潜力等，将特定区域确定为特定主体功能定位类型的一种空间单元。根据我国整体发展规划及各地具体情况，我国国土空间按开发方式分为优化开发区、重点开发区、限制开发区和禁止开发区（高国力，2006）。

1. 优化开发区与重点开发区土地宏观调控政策

1）科学界定耕地的功能及价值，严格保护耕地资源

耕地保护一方面是基于区域的耕地承载力能否适应人类的需求，即耕地的生产能力能否满足在适当的自给率条件下的人口的需求，另一方面是基于耕地不仅具有经济产出价值还有重要的生态服务价值和社会保障功能。耕地资源作为农业生态系统的载体，发挥着调节大气成分、调节气候、保持水土、调节水分、养分循环、废物处理、保持生物多样性、提供休闲文化等生态服务功能。耕地的社会保障功能体现在对农民基本生活的保障方面，在社会保障体系还不健全的中国，耕地是大多数农民赖以生存的主要生存资料，耕地所承担的社会保障功能远远大于耕地的生产功能。

耕地保护要严格执行土地利用规划，对耕地保有量、基本农田面积和建设用地规模进行总量控制。严格执行建设占用耕地的"占补平衡"制度。各类建设项目均应按照"先补后占"的原则，在补充数量和质量相当的耕地后再批准建设项目用地，防止占多补少、占优补劣。严把建设项目用地预审和土地审批关，完善和落实基本农田保护制度，加强基本农田保护区的规划建设，强化基本农田保护监管制度，建立耕地和基本农田保护规划制度、保护区制度、占用基本农田审批制度，从而确保基本农田"总量不减少、用途不改变、质量不降低"。全面更新基本农田保护区档案资料，重新登记基本农田的位置、界线、地类、面积、权属、地块编号、保护责任人等信息，绘制基本农田保护地块分布图，有条件的地方还应建成基本农田保护基础数据库和管理信息系统，为基本农田动态监管提供依据。

2) 科学制订、实施土地利用规划和城市规划,优化土地利用结构

土地利用规划是实施土地宏观调控政策的行动纲领,具有很强的导向性和约束力。现行的土地利用规划,客观上已经不适应两型社会建设的要求。必须从全局和战略的高度着眼于推进资源节约型和环境友好型社会建设,完善和编制新的土地利用规划体系,建立城市总体规划与区域规划、土地利用规划、主体功能区规划等相关规划的衔接和协调机制,制定主体功能区的土地政策,为优化开发区域、重点开发区域设计相应的土地政策,为提高两型社会建设中土地管理和调控水平提供科学依据。科学编制并实施土地利用规划政策,重点体现从数量扩张转向质量提高,从侧重经济发展转向经济社会发展与生态环境保护并重,推进土地资源的深度开发和再次利用,不断提高土地利用效率。大力调整土地利用结构,把土地利用规划与城市建设、产业发展、区域振兴等规划有机衔接起来,促进用地结构不断优化。

3) 通过合理布局用地时空结构,在各主体功能区统筹安排各行业用地

优化开发区建设中应严格实行新增建设用地总量控制,侧重于存量土地的深度开发和利用,通过存量土地挖潜改造来取得经济建设需要的土地。降低工业用地比例,适度保障建设用地供给,大力发展第三产业。以投资密度、地均销售额较大、建筑容积率较高、技术含量较高、市场竞争力较强、土地资源耗费量较少、综合效益较高为标准,在优化开发区实现产业结构向有利于土地集约利用的方向调整。设立产业用地门槛,在刚性门槛的设定范围内留有一定的弹性空间,使门槛制度更具操作性和合理性。以资源节约和环境友好为目标,调整和优化产业结构,为加快两型社会建设创造条件。在工业生产中不断地探索既有利于环境保护又能提高企业效益的经营管理模式;淘汰设备陈旧、高能耗、污染重的产业部门,建立资源节约型国民经济生产体系。要按照"减量化、再利用、资源化"的原则,构建产业生态链,建设一批生态企业。

优化开发区需要制定严格的产业准入制度。根据地区土地、水、材料、能源、环境等的承载能力,提高产业准入门槛,明确单位土地面积产业的承载量,制定明确的产业项目水耗、能耗、污染物排放标准,颁布不同行业的资源回采率、综合利用率、回收率及污染废弃物综合处理率等强制性标准,并实行环境总量控制。推进资源和要素价格体系改革,完善激励和约束机制,对执行效能标准好的区域和企业,给予奖励,对未达标准的,采取有力措施,坚决处理。优化开发区要推进产业结构的高级化和轻型化。大力发展高新技术产业和现代装备制造业,强化知识产权保护,鼓励企业开展自主研发项目,提高技术创新能力,提升在国际产业分工中的层次和水平。综合运用财政、税收、信贷、投资等政策,发展高附加值、具有国际竞争力的出口导向产业。大力发展节能、环保产业,完善循环经济产业体系。优化开发区要加快发展现代服务业,消除服务业发展中仍大量存在的政策障碍和体制障碍,积极推进现代金融、物流、信息、商务服务业等现代服务业发展。抓住国际服务业转移的新机遇,拓宽领域地开放服务业市场,加快发展生产性服务业,培育一批服务业外包基地,优化服务业结构和提升国际竞争力。另外,积极引导不适合功能区的产业转移,发挥政府支持和市场机制的共同作用,针对性地制定资金分配、劳动力转移、社会保障等政策措施,协调好与承接地区的关系,促进优化开发区占地多、消耗高的加工业和劳动密

集型产业的平稳转移。推动产业集群的升级换代,加强指导,通过组织创新、技术创新和制度创新,大力实施品牌战略、创新战略、信息化战略和可持续发展战略,推进形成具有全球竞争力的产业集群。

重点开发区适当增加建设用地的合理供给,建成重要的基础产业基地和先进制造业集聚区,适当扩大建设用地总规模和新增建设用地,适当增加工业用地比重,减少农村居民点用地比重,建立土地节约集约利用的倒逼机制。在严格执行国家土地利用计划的同时,优先保证能源、交通、水利等重要基础设施和重大产业项目用地,优先发展一批带动力和影响力强的产业,保证高新技术企业和制造业升级企业所需的建设用地。支持现有高新技术开发区、国家级科技创新试点区域建设。积极进行市场导向调整,压缩和淘汰不适应市场需求的产业,培育具有良好潜在市场前景的产业。积极进行产业升级调整,重点是产业结构升级,大力发展科技含量高、附加值高、支撑经济增长强的新兴产业和高新技术产业,形成能够带动整个经济增长的支柱产业。积极进行内涵调整,以存量调整为主,以有限的增量调整与存量调整相结合,实现生产要素的优化配置,从而建立起节地型产业的发展机制,促进两型社会建设。另外,重点开发区要加快发展交通、物流、水电、电信等基础设施和文化、教育、卫生等事业,推进产业链配套,促进相关产业集聚,推进政府、企业、中介机构、金融机构之间形成良好的合作关系,积极发展产业集群。充分利用本地区的资源禀赋和竞争优势,利用现代高新技术改造传统产业,主动、有选择地承接国际上和优化开发区的产业转移,鼓励发展现代能源产业、原材料产业、轻纺产业等具有比较竞争优势的产业。相比优化开发区,对重点开发区可以在用地、用水、能耗、环境标准上有所区别,但要防止能耗高、污染严重的企业向重点开发区转移。积极承接国际和优化开发区的技术转移和技术扩散。充分挖掘一些地区科研力量雄厚的优势,大力扶持以企业为主体的技术创新体系建设,建立多元化、多渠道的科技投入体系,强化"产、学、研"合作,促进科研成果的转化,增强企业自主创新能力。

4) 完善土地收购储备制度,提高存量土地的使用效率

土地储备制度作为土地管理中的一项重要制度,它对于培育和规范土地市场、盘活存量土地资产、优化土地资源配置、有效控制土地供给及加强政府对土地市场的宏观调控具有积极作用。土地储备制度的建立和顺利运行,一方面需要完善的法律体系和严格的审批程序,在具体的土地收购、储备过程中,都需要制定出严格的措施,对土地收购、储备出让及建筑开发活动的各个环节加以规范、限制。另一方面,需要加强土地储备调控的力度和科学性,提前进行零星地块的预留储备和区域土地的预留储备,把握土地推出时机,以获取最大土地增值收益,从而提高存量土地的使用效率。

土地储备不仅具备调控土地供给的作用,也具备调控土地需求的作用。当土地供应过多、市场需求乏力的时候,土地储备机构可以根据政府的指令,以收购、收回存量土地等方式取得过剩的土地;当土地的供给小于市场的需求时,土地储备机构可以将事先储备的土地供应土地市场,以缓解土地市场的需求压力。土地储备机构储备的是实物土地,可以及时对市场做出反应,从而使政府能够及时调度存量土地对市场进行全方位调控。在当前两型社会建设中,国家加大土地政策宏观调控力度,严格土地管理和土地供应政策的形

势下,由于当前耕地资源的紧缺,为满足不断增长的各行业、各部门的用地需求,土地利用要走节约集约化的道路,要促使土地供应实现由增量调节为主向存量调节为主转变,充分挖掘和利用存量土地,提高土地利用率。

5) 以多种手段促进土地节约集约利用

以市场机制引导节约集约用地。建立节约集约用地激励和约束机制,鼓励优先开发利用空闲、废弃、闲置和低效利用的土地,重视和充分利用地面、地上和地下空间,积极引导使用未利用地。开展闲置土地清理处置,健全用地退出机制。全面实行招拍挂方式出让土地,积极推行经营性基础设施用地有偿使用。

产业结构升级与土地节约集约利用互动,以产业结构升级促进土地节约集约利用,以土地节约集约利用倒逼经济发展方式转变,从源头上缓解两型社会建设过程中土地利用的压力。产业转型升级是缓解土地资源供需矛盾、提高土地节约集约水平的根本途径。加快产业转型升级最根本的是,要按照调高、调优、调轻的要求,推动产业结构向高端制造业和现代服务业为主转变,加快形成以高新技术为主导、先进制造业和现代服务业为支撑的现代产业体系,提高土地单位面积投入强度和产出效益,走建设用地少、用地效率高的新路子,从源头上提高土地利用效率和水平。

以严格的供地标准促进节约集约用地。通过编制完善的产业发展规划和用地出让计划,严格执行工业用地出让最低价标准,大力开展优化开发区、重点开发区土地集约利用评价,完善各类建设用地使用标准,加强建设用地投资强度、容积率和定额标准管理,从严审查各类建设用地,坚决核减超指标用地,不符合用地定额标准的项目一律不予供地。

6) 加大土地开发整理力度,土地开发整理与生态保护相结合

大力推进土地开发整理。坚持把土地资源开发整理作为缓解两型社会建设过程中土地资源矛盾的重要措施,加大投入力度,加强政策引导,通过土地开发整理项目的建设,进一步改造中低产田,建设一批适应现代农业发展要求的高标准、成规模的高效农田,提高耕地质量,保证粮食安全。

土地开发利用过程中兼顾生态保护。土地开发整理工作,要按照数量、质量和生态要求三者并重的原则,在认真调查土地后备资源、水资源和生态环境等因素的基础上,努力制订好本区域的专项规划。通过专项规划,处理好土地开发整理与经济发展、生态保护等方面的关系。在具体工作中,要坚持较高起点和高标准,把生态保护放在首位。在指导思想上,要坚持以整理和复垦为主,严格控制开发,对开发项目慎之再慎,尽量少开荒、不开荒,加大生态保护力度。

土地整理作为两型社会建设过程中实现土地资源可持续利用的具体措施和手段,必须遵循可持续发展的基本原理,即坚持不破坏土地生态经济系统为基本前提,保证土地利用在生态阈限之内,在土地生态环境容许限度之内进行农地整理。应该注意研究农业生态系统、土壤保护、水资源保护和农业经济四个方面的关系及其实施的内容,尽可能促进被整理区朝着生态农业的方向发展。把现代科学技术与传统农业技术的精华有机结合,把农业生产、农村经济发展和生态环境治理与保护、资源的培育与高效利用融为一体,打造功能齐全、良性循环的新综合农业生产体系。通过合理配置农业生产结构,在不断提高

生产率的同时,保障生物与环境的协调发展,形成高效、稳定的农业生产体系。通过土地整理加快农业生产体系的建立和不断完善,实现两型社会建设过程中农业经营经济效益、社会效益、生态效益的良性循环。

7) 通过土地税收政策调控两型社会建设过程中部门用地结构

在两型社会建设过程中,运用税收政策,鼓励优化开发区和重点开发区内的企业综合利用"三废"、投资环保产业,减少资源消耗量,提高资源再利用率,发展循环经济;通过正确引导经济资源的合理流动,实现土地资源的有效配置和各部门用地结构的优化组合,从而促进地区布局、产业结构、消费结构更加合理。在国家现行税收政策范围内,对有利于节约资源、保护生态环境的行业和企业,落实已有的税收措施,予以鼓励和支持,引导和推动循环经济、环境治理、生态建设等产业的发展。对国家限制和属于淘汰类的产业,要充分发挥已有税收政策的调节功能,引导企业走新型工业化道路。对高耗能、高污染及需要搬迁的企业,给予一定所得税减免。对企业购进的节能减排等专利技术、无形资产,允许一次性摊销。对国家重点鼓励发展的行业,以及市场前景好、技术含量高、节约资源和保护环境生态、促进产业结构调整的新办企业,申请给予一定期限内免税或税收优惠。

2. 限制开发区与禁止开发区土地宏观调控政策

1) 严格控制农用地转用,加大农地投入力度

为解决农业的土地资源配置不足问题,政府要加大限制、禁止开发区管理力度,以有效遏制乱占耕地及土地浪费行为。同时,还要逐步加大对限制、禁止开发区农业生产的补贴力度,缩小工农收益差距,减缓农地非农化的强劲冲动;通过生态补偿金的发放,激励农地资源保护,使农业生产的外部效应内化为生产者收益,提高其保护农地资源的积极性。政府可充分利用经济、法律、行政等手段加强对土地非农化市场的调控,弥补市场机制的自身缺陷。依据《中华人民共和国土地管理法》相关规定,政府通过实行土地用途管制,编制并实施土地利用总体规划,严格限制农用地转为建设用地,控制建设用地总量,对耕地实行特殊保护。在土地利用总体规划的基础上制订土地利用年度计划,具体安排各年度的农用地转用量、土地开发整理补充耕地量和耕地保有量。要逐步建立对土地非农化调控的长效机制,借鉴国际经验,调整土地税制结构,促使农地资源的优化配置。

2) 加强土地用途管制,通过产业政策引导用地结构调整

土地用途管制的目的在于合理保护耕地资源,严格控制农地转作他用,寻求保护耕地尤其是粮食的安全供应,保障非农用地的合理要求得到满足,提高土地资源配置效率,实现土地资源可持续利用。因此,从理论上看,实施土地用途管制制度之后,土地资源的供求关系和价格运行机制都将发生明显变化。

《中华人民共和国国民经济和社会发展第十一个五年规划纲要》(以下简称《"十一五"规划纲要》)中指明限制开发区的发展方向为保护优先、适度开发、点状发展,因地制宜发展资源环境可承载的特色产业,加强生态修复和环境保护,引导超载人口逐步有序转移,因而在进行土地利用规划时,一般农用地和建设用地面积会减少,维护生态功能的用地类型的面积会增加。相对于重点开发区和优化开发区,以生态功能为主的限制开发区为了维护全国或区域生态安全,产业经济活动受到限制或有些产业必须退出,因此,应建立相

应的生态利益补偿机制,加大对限制开发区的财政转移支付力度。考虑到限制开发区域不适合大规模集聚产业,可以探索限制开发区生态功能与重点开发区产业功能在区域空间上的置换,在适宜大规模集聚产业的重点开发区设立"产业飞地",限制开发区和重点开发区通过积极协商,从体制、机制、政策上为"产业飞地"发展创造良好的环境。在生态补偿、财政转移支付之外,设立产业扶持基金,支持当地积极利用独特的自然条件,培育发展特色产业,增强自我发展的能力。充分利用限制开发区的资源环境优势,积极发展绿色生态产品。抓紧建立权威、科学、规范的生态标记认证体系,对于限制开发区符合绿色生态环保条件的产品,优先进行生态标记,实现生态功能与产业功能的双赢。

禁止开发区是国家明文规定的,包括国家级自然保护区、世界文化自然遗产、国家重点风景名胜区、国家森林公园和国家地质公园。很显然,从土地利用的角度,禁止开发区对应的土地利用分区大体上涵盖自然、人文景观保护区和风景旅游用地区,在禁止开发区实施强制性保护措施,确保这些区域的土地利用分区类型不改变。建立健全禁止开发区保护的法律法规体系,综合运用法律手段、行政手段及一定的经济手段,严格控制禁止开发区的产业发展,尤其是自然保护区核心区的产业活动。加强对禁止开发区生态旅游产业的跟踪监控,引导生态旅游产业健康发展,对过度开发的产业行为要及时制止、调整,促进保护区资源的合理利用,形成自然保护与产业开发的动态平衡机制。按照保护区的保护要求和发展能力,探索不同的资金投入政策。对保护要求非常严格的保护区,资金来源为政府,且主要为中央政府;对具有一定的产业发展能力的保护区,资金来源除了中央和政府补贴外,可探索政府为主、社会资金适度介入的办法;对产业发展前景较好的保护区,可在强化政府监控的前提下,以政府投入为杠杆,适度鼓励社会资金投向生态旅游产业的发展,但应体现政府主导的原则。

3) 保障生态建设工程的用地需求,加大生态保护力度

生态用地的开发利用要维护其生境的完整性,开发强度应不超过生境更新及恢复的速度,以保护生境不存在净损失。在处理生态用地保护与土地利用矛盾时可运用土地调整策略,即总量平衡、动态管理、生态恢复、功能补偿。本着实事求是的科学精神,做到合法合理、协调兼顾、持续发展。在生态脆弱区和敏感区建立自然保护区,严格禁止土地的开发利用,积极运用税收优惠政策、增加转移支付等措施,支持生态环境建设,实现区域协调发展。

坚持保护优先、开发有序的原则,保障国家生态脆弱地区治理和重点生态建设工程的用地需求。严格执行退耕还林政策,科学确定不同区域、不同类型的生态退耕标准和指标,并纳入土地利用总体规划和年度计划;重点做好陡坡耕地、严重沙化地区等的退耕工作;生态退耕地区要确保每个农村人口保有一定数量的基本口粮田;搞好土地评价,支持农业产业结构优化。农业结构调整中要稳定耕地特别是基本农田的数量、质量和布局;通过监测和有效防治,减少自然灾害损毁耕地资源。基本生态控制线内禁止毁林种果、开垦烧荒、乱砍滥伐及从事其他对生态环境造成破坏的活动,禁止新建严重不符生态保护要求的居住、工业、仓储、商业等项目。如确需在其范围内安排重大道路交通设施、市政设施、休闲旅游等项目,必须将其作为对环境功能影响重大的项目进行可行性研究、环境影响评

价及规划选址论证。

4) 积极开展小流域治理,改善区域生态环境

立足于两型社会建设,从长远利益出发高度重视限制开发区、禁止开发区的生态功能,统筹考虑区域资源环境承载能力、生态保护、人口规模和经济发展,实施区域综合治理。编制详细的限制开发区、禁止开发区空间发展规划,在土地第二次调查的基础上,摸清区域生态环境承受底线,研究制订实现可持续发展的整体方案。制定相关配套措施,整合现行的基本农田保护、退耕还林还草、区域水系治理等措施,实施保护和治理工程,因地制宜发展特色产业,严格限制各种不利于土地生态环境保护的产业活动,扭转生态恶化的趋势,逐渐恢复土地生态系统的平衡。通过制定相关政策,引导禁止、限制开发区的人口向优化、重点开发区资源环境承受能力有余、基础设施条件相对较好的地区适当集中,积极实施生态移民,逐步从根本上缓解人与自然关系紧张的状况。

在当前土地调控的政策当中,我们更多的是运用土地规划政策和土地供应政策。在今后的调控实践当中,要更加注重土地调控政策的内部协调和配合。特别要注重土地价格政策和土地税收政策的运用。土地价格政策对于经济调控意义重大,土地税收政策对宏观经济的调控影响巨大。目前要着重研究土地价格政策、土地税收政策与土地规划政策、土地供应政策之间的协调配合,同时积极推进土地价格政策的研究和土地税收政策的完善。

土地宏观调控政策,通过土地供需双向调节,加强总量控制,实现土地供给与经济发展和固定资产投资的总量平衡;按照"区别对待、分类指导、有保有压"的原则,始终把结构性调控放在突出位置,特别是土地的用途结构、产业结构和地区结构,充分体现促进经济发展方式转变和产业结构调整的方针。区域土地调控政策按照《"十一五"规划纲要》中四类主体功能区的划分,根据各地区资源禀赋情况、经济发展阶段,结合产业梯度转移规律和人口迁移变化规律,制定科学合理的区域土地利用政策,形成合理的土地空间开发结构,实现人口、经济、资源、环境及城乡、区域协调发展;城乡土地调控政策按照《"十一五"规划纲要》和建设和谐社会的要求,全力支持新农村建设,保护农民利益,推进城市化进程。

1.2 两型社会建设的跨区域土地生态补偿政策

两型社会建设中环境友好型社会是一种人与自然和谐共生的社会形态,其核心内涵是人类的生产和消费活动与自然生态系统相互协调并可持续发展。而在现代化和快速城市化过程中,土地资源显得尤其稀缺,现在和未来的一段时期,是我国经济和社会发展的重要时期。经济和社会的发展必然对土地产生大量的需求,这意味着有限的农地资源可能大面积锐减,意味着大量农地被征收并改变其用途,意味着原有价值的完全丧失,特别是和人类生活环境密切相关的生态服务价值的丧失。还有一种可能就是为了建立环境友好型社会,保护环境,限制或禁止生态环境脆弱区域土地发展权的实现,在保护者与受益

者之间出现了保护与发展的矛盾冲突,造成经济发展机会遗失。这时产生的正外部性——生态服务价值要不要补偿?不补偿,很难"禁止"和"限制"土地开发。因此,为了建设资源节约型、环境友好型社会,必须对区域的土地生态补偿政策进行探讨,使土地资源合理可持续利用。

1.2.1 土地生态补偿

1. 土地生态补偿的内涵

对生态补偿的研究虽然有十几年的历史,但至今没有一个生态补偿较为公认的定义。Cuperus 等(1999)将生态补偿定义为"对在发展中造成生态功能和质量损害的一种补助,这些补助的目的是提高受损地区的环境质量或者用于创建新的具有相似生态功能和环境质量的区域"。人们普遍认为生态补偿(eco-compensation)是以保护和可持续利用生态系统服务为目的,以经济手段为主来调节相关者利益的制度安排。更详细地说,生态补偿机制是以保护生态环境、促进人与自然和谐发展为目的,根据生态系统服务价值、生态保护成本、发展机会成本,运用政府和市场手段,调节生态保护利益相关者之间利益关系的公共制度。土地资源是人类赖以生存与发展的重要物质基础和保障,土地利用变化是当今经济社会中最活跃和最普遍的现象,人类在利用土地发展经济和创造物质财富的同时,也对自然资源的结构及其生态与环境产生巨大的影响。土地生态补偿是为了在利用土地的同时达到保护生态的目的,国家通过制度安排,对生态保护者给予的补偿。

2. 土地生态补偿原则

1) 区域公平原则

公平原则是以交换关系为核心内容的,体现在生态补偿制度中,就要求受益地区为付出的地区做出补偿,区域之间、人与人之间应该享有平等的公共服务,享有平等的生态环境福利。一般经济发达地区往往是资源消费的大户,为了本区域的发展不仅消耗本区域的资源,还对其他生态脆弱地区的进行资源掠夺,因此要生态脆弱地区牺牲经济发展的利益来搞生态建设,那是不现实的,很难达到预期的生态建设的效果。而应用经济手段让经济发达地区资源消耗大户对生态建设保护买单,各区域应公平分担对被破坏的生态系统的补偿费用,这是生态补偿的理念,是协调区域经济与生态,确保生态环境建设得以可持续发展的重要举措之一,体现了区域公平的原则。

2) 代际公平原则

生态补偿的公平原则不仅包括人与自然环境、人与生物的区域公平,还强调人类的代际公平。在不同代际,人类利用土地资源方面的权利应当是平等的,当代人有责任保护地球环境以使它能被完好地传给后代人,而后代人有享受这种环境的权利。生态补偿制度能更好地维持生态系统内各种物质和能量的稳定性,防止生态环境与自然资源发生代际退化,实际上这正是出于对代际公平的考虑。

3) 政府调控原则(行政、经济、法律)

土地资源属于公共产品和公有资源,其资源的效用及其稀缺性属性要求政府发挥作用,同时政府采取积极行动进行生态保护亦是宪法意义上的责任。实现国家的稳定与繁荣,需要合理利用土地,控制土地资源的过度开发。防止环境污染、维护生态系统平衡,是可持续发展的必然要求。生态环境的保护是一项长远而又复杂的工程,需要政府提供经济上的支持,如开展天然林保护工程、退耕还林还草工程、防沙治沙工程、自然保护区工程、三北防护林工程等。

4) 市场配置原则

充分发挥市场机制的资源有效配置作用,可以弥补政府决策失灵、效率不高等负面作用,实现生态环境和自然资源产业配置上的效益最大化。因此,有必要发挥社会和市场机制的作用。社会是一支实施生态补偿的重要力量,如一些社会公益性组织,可以为生态补偿提供大量的补偿资金,国家应当为他们的参与提供方便。同时,还应通过在市场中引入生态环境产权机制、交易机制、价格机制,发挥市场机制对生态环境资源供求的引导作用。

1.2.2 土地生态补偿的理论基础

1. 公共产品理论

按萨缪尔森的定义,纯粹的公共产品是指这样一种产品,即每个人消费这种产品不会导致别人对该产品消费的减少。由于公共产品具有非排他性,人们会尽可能从中获得足够多的收益而不付任何代价来享受通过他人的贡献而提供的公共产品的效益。生态产品在很大程度上就属于公共产品,消费中的非排他性往往导致"搭便车"心理,只有通过政府参与或市场机制,确定这一特殊产品的供给与需求,并且合理配置生态资源和建立科学生态补偿机制,确保生态保护者同样能够像生产私人物品一样得到有效激励。在这种情况下,生态保护才能得以实现。

2. 资源价值理论

生态产品是一种自然资源,具有有用性和稀缺性,因而产生固有的自然资源价值;生态系统的功能性价值,包括使生态保持多样性、环境优美、资源丰沛、物质循环、能流通畅及维护整个生态平衡等,同样也存在经济价值能为我们提供足够的生活资料和生产资料及稳定而基本的生存空间。正确认识自然资源的价值有利于制定正确的生态环境保护政策、生态资源利用政策,防止生态遭受破坏。

3. 外部性理论

人们在遭到生态环境的报复后,越来越清醒地认识到生态环境是人类不可缺少的生产要素,是人类财富及幸福生活的源泉。由于生态环境本身所具有的公共特性,其外部性表现明显。外部性包括正外部性与负外部性。环境经济学认为,引起资源不合理的开发利用及环境污染、生态破坏的一个重要原因是外部性。生态环境的破坏和建设都具有外部性,生态环境的破坏具有负的外部性,而生态环境建设则具有正的外部性。如何消除负外部性,使外部成本内部化?庇古认为可以通过政府加以解决,征税和补贴可以使外部效应内部化,实现私人最优与社会最优的一致性。而科斯认为要解决外部性问题,必须明确产权。不管两人的观点如何,但实现内部化的手段是相同的,都是通过生态补偿这种方式。

4. 土地可持续利用理论

可持续是指"既满足当代人的需求,又不对后代人满足其自身需求的能力构成危害"。通俗地讲,就是既满足当代人又满足后代人的基本需求。在今天注重经济发展的同时,也要主张人类与自然和谐相处。人类要合理开发和利用自然资源,使再生性资源能保持其再生能力,非再生性资源不至过度消耗并能得到替代资源的补充,即人类发展必须适应资源与环境的承载能力,经济发展、建设与保护环境处于同等重要的地位。

1.2.3 基于生态服务价值的生态补偿

生态补偿机制是调整生态环境保护和建设相关各方利益关系的重要环境经济政策,但是政策制度真正建立之前,摆在政府和研究者面前的难题是必须确定补偿标准(因为生态环境效益是较难量化的),以及补偿资金从哪里来、区域间如何协调等一系列问题。

近年来人们逐步认识到生态服务功能的重要性,生态系统服务功能的研究已引起了人们的普遍重视,但地球生态系统服务的大部分价值难以量化,而且价值评估理论和方法不成熟致使发展缓慢。Costanza 等 1997 年在 *Nature* 上发表了全球生态系统服务价值的研究结果后,有关生态系统服务价值的评价成为当前生态学与生态经济学研究的前沿课题。生态系统服务功能是指生态系统与生态过程所形成及所维持的人类赖以生存的自然环境条件与效用,它不仅为人类提供生产生活原料,更重要的是维持了人类赖以生存的生命保障系统,维持整个生命物质的物质循环(Costanza et al.,1997)。随着学科的发展,中国研究学者谢高地等(2003,2001)应用 Costanza 的估算方法,参考其可靠的部分成果,同时在对 200 位生态方面的学者进行问卷调查的基础上,制定出中国生态系统生态服务价值当量因子表,建立了中国不同陆地生态系统单位面积生态服务价值表(表 1-1)。

表 1-1　中国不同陆地生态系统单位面积生态服务价值表　(单位:元/公顷)

项目	森林	草地	农田	湿地	水体	荒漠
气体调节	3 097.0	707.9	442.4	1 592.7	0.0	0.0
气候调节	2 389.1	796.4	787.5	15 130.9	407.0	0.0
水源涵养	2 831.5	707.9	530.9	13 715.2	18 033.2	26.5
土壤形成与保护	3 450.9	1 725.5	1 291.9	1 513.1	8.8	17.7
废物处理	1 159.2	1 159.2	1 451.2	16 086.6	16 086.6	8.8
生物多样性保护	2 884.6	964.5	628.2	2 212.2	2 203.3	300.8
食物生产	88.5	265.5	884.9	265.5	88.5	8.8
原材料	2 300.6	44.2	88.5	61.9	8.8	0.0
娱乐文化	1 132.6	35.4	8.8	4 910.9	3 840.2	8.8

1. 典型区域的生态服务价值

本节选取典型区域珠江三角洲、长江三角洲、环渤海经济区、东北老工业基地、武汉经济圈、长株潭经济圈作为研究靶区(表1-2~表1-7)。这些区域是中国经济发展较快,也是较具活力的经济区但同时也是消耗能源较多的区域。全面贯彻落实科学发展观的重要一条就是节约资源、保护环境、推动发展。因此,对这些区域进行生态补偿研究是合理可行的。根据生态系统的概念,以土地利用类型为基本生态系统单元,大致估算了2015年各个区域的生态系统服务价值。

表1-2 珠江三角洲生态系统服务价值评估 （单位:万元）

城市	耕地	园地	林地	牧草地	水域	小计
广州	29 069.1	94 590.8	319 926.8	1 572.3	195 520.2	640 679.2
深圳	1 419.2	18 525.0	72 993.8	1 292.8	32 043.6	126 274.4
珠海	6 315.3	5 122.7	47 820.6	838.6	109 437.0	169 534.2
佛山	13 150.9	9 947.5	91 095.0	2 865.1	221 046.5	338 105.0
江门	55 560.1	34 250.4	578 899.1	4 682.0	345 554.8	1 018 946.6
惠州	49 765.2	80 592.8	851 847.0	7 582.1	175 696.6	1 165 484.0
东莞	4 730.5	27 579.0	42 937.5	5 800.2	72 912.8	153 960.0
中山	4 210.2	16 380.6	37 549.3	978.3	97 352.8	156 471.2
合计	164 220.5	286 988.8	2 043 069.3	25 611.4	1 249 564.3	3 769 454.6

利用公式计算各个区域的生态服务价值。生态系统服务价值的计算公式为

$$V = \sum_{i=1}^{n} P_i A_i \quad (1\text{-}1)$$

式中,V 为研究区生态系统服务总价值(元);P_i 为单位面积上生态系统生态服务总价值(元/公顷);A_i 为研究区内 i 类型土地面积(公顷)。

表1-3 长江三角洲生态系统服务价值评估 （单位:万元）

城市	耕地	园地	林地	牧草地	水域	小计
上海	67 339.1	14 891.5	59 018.1	663.9	527 225.7	669 138.3
南京	84 085.2	9 768.8	90 337.2	3 948.3	280 653.0	468 792.6
无锡	40 942.8	18 346.3	45 463.3	873.5	262 594.5	368 220.4
常州	53 218.5	28 591.7	23 826.1	978.3	226 884.9	333 499.6
苏州	56 979.3	34 667.4	11 029.1	384.3	784 660.7	887 720.7
南通	157 101.0	21 026.8	589.3	943.4	693 282.1	872 942.7
扬州	101 328.0	11 138.8	6 398.5	314.5	435 711.4	554 891.3
镇江	55 347.2	15 606.3	30 477.2	594.0	164 155.5	266 180.3
泰州	104 710.4	3 871.8	2 946.7	349.4	295 045.4	406 923.7

续表

城市	耕地	园地	林地	牧草地	水域	小计
杭州	75 144.5	91 731.6	1 287 200.3	8 700.2	265 581.6	1 728 358.3
宁波	77 367.9	39 849.6	467 766.7	4 018.2	275 086.1	864 088.5
温州	86 001.1	27 757.7	824 316.7	8 315.9	229 464.7	1 175 856.1
嘉兴	73 394.2	18 942.0	3 367.7	1 886.8	126 409.3	223 999.9
绍兴	70 484.9	56 230.3	447 308.2	3 004.9	142 974.2	720 002.5
湖州	53 644.2	45 627.5	273 116.5	698.8	124 915.7	498 002.8
舟山	8 302.1	1 906.1	64 406.3	3 563.9	46 436.1	124 614.5
台州	68 308.9	52 656.3	635 896.6	4 157.9	213 307.1	974 326.9
合计	1 233 699.3	492 610.5	4 273 464.5	43 396.2	5 094 388.0	11 137 559.1

表 1-4　环渤海经济区生态系统服务价值评估　　　　（单位：万元）

城市	耕地	园地	林地	牧草地	水域	小计
北京	77 817.3	120 502.0	930 818.6	44 584.3	159 539.1	1 333 261.2
天津	154 995.9	26 745.1	69 373.6	5 974.9	549 900.6	806 990.1
石家庄	206 818.9	56 111.1	264 781.5	110 272.7	117 855.2	755 839.6
太原	41 202.9	15 189.3	348 467.7	86 268.5	32 858.3	523 986.7
大连	147 379.8	76 840.1	472 902.3	40 111.9	306 043.5	1 043 277.6
济南	127 227.7	23 290.3	106 922.9	30 014.0	103 734.3	391 189.3
青岛	184 798.3	33 773.9	153 649.1	11 076.2	235 031.6	618 329.0
合计	940 240.8	352 451.8	2 346 915.7	328 302.5	1 504 962.6	5 472 873.5

表 1-5　东北老工业基地生态系统服务价值评估　　　　（单位：万元）

城市	耕地	园地	林地	牧草地	水域	小计
沈阳	268 481.4	7 624.4	193 050.6	10 132.8	203 938.5	683 227.7
鞍山	106 720.8	34 846.1	519 207.5	9 818.3	75 356.8	745 949.5
抚顺	65 636.2	5 360.9	1 031 848.2	9 189.4	67 481.6	1 179 516.3
营口	42 338.3	55 396.3	255 099.5	6 184.5	82 417.2	441 435.9
长春	512 931.7	1 250.9	213 845.8	7 756.8	207 740.2	943 525.5
哈尔滨	806 910.7	7 028.8	2 999 229.7	26 415.1	535 508.2	4 375 092.5
齐齐哈尔	978 723.7	4 467.4	535 961.8	150 594.3	648 475.4	2 318 222.4
大庆	277 800.6	1 608.3	218 055.4	206 289.7	550 308.0	1 254 061.9
伊春	91 796.0	1 667.8	3 600 102.8	13 836.5	78 751.2	3 786 154.3
合计	3 151 339.4	119 250.9	9 566 401.1	440 217.4	2 449 977.1	15 727 186.0

表 1-6　武汉城市圈生态系统服务价值评估　　　　（单位:万元）

城市	耕地	园地	林地	牧草地	水域	小计
武汉	106 105.9	6 909.7	121 067.0	1 782.0	502 785.7	738 650.2
黄石	41 888.9	6 135.3	213 845.8	9 713.5	139 579.7	411 163.2
鄂州	20 104.8	774.4	17 932.7	1 222.9	109 980.1	150 014.9
孝感	156 344.1	17 035.9	180 927.0	6 953.2	288 935.4	650 195.7
黄冈	189 174.0	71 717.4	869 611.6	17 051.0	403 260.5	1 550 814.6
咸宁	71 549.3	17 393.3	671 930.5	16 946.2	217 516.2	995 335.6
仙桃	42 199.7	611.9	5 235.5	0.0	184 839.8	232 886.9
天门	59 660.6	789.2	9 869.4	0.0	89 230.5	159 549.7
潜江	43 647.1	722.4	8 029.9	0.3	86 664.6	139 064.3
合计	730 674.4	122 089.5	2 098 449.4	53 669.1	2 022 792.5	5 027 675.1

表 1-7　长株潭经济圈生态系统服务价值评估　　　　（单位:万元）

城市	耕地	园地	林地	牧草地	水域	小计
长沙	98 087.6	10 304.9	753 848.6	3 109.7	156 144.6	1 021 495.5
株洲	74 080.2	6 731.0	865 654.6	14 290.7	120 842.4	1 081 598.8
湘潭	53 762.5	3 574.0	252 826.4	3 074.8	93 958.3	407 196.0
合计	225 930.3	20 609.9	1 872 329.6	20 475.2	370 945.3	2 510 290.3

通过计算可以看出,珠江三角洲的生态服务价值为 3 769 454.6 万元、长江三角洲生态服务价值为 11 137 559.1 万元、环渤海经济区的生态服务价值为 5 472 873.5 万元、东北老工业基地的生态服务价值为 15 727 186.0 万元、武汉经济圈的生态服务价值 5 027 675.1 万元、长株潭经济圈的生态服务价值为 2 510 290.3 万元。这些区域是经济发达地区,2015 年,珠江三角洲的 GDP 占全国的 8% 左右,而长江三角洲的 GDP 占全国的 17% 左右,环渤海经济区占 10% 左右,这些区域 GDP 总和几乎占全国 GDP 的一半左右。以上数据反映出,不同区域或城市之间生态与经济发展之间的不一致。经济发达区为了本区域的发展不仅消耗本区域的资源,还对其他生态脆弱地区进行资源掠夺,因此可以让经济发达地区资源消耗大户对生态建设保护买单,即生态补偿。它是一种资源环境保护的经济手段。例如,西部地区实施退耕还林还草工程、对易造成水土流失的坡耕地和易造成土地沙化的耕地,有计划、有步骤地停止耕种,因地制宜地植树种草,从而改善生态环境。但是为保护生态环境限制土地发展而牺牲了发展的机会成本,社会应当对改善自然环境而牺牲的利益给予补偿。

生态补偿作为一种人为干预政策,在具体操作时不能仅仅依靠理论的生态价值量,同时需要考虑当地的经济水平与其生态需求,生态服务价值量大的城市或区域生态需求不一定是最大的,相反,生态服务价值比较小的城市或区域生态需求不一定较小;因此在衡量土地生态补偿时知道某个城市或地区的生态价值量不能够平衡不同城市或区域之间的生态经济效益,不能确切知道某个地区从其他地区消耗多少资源或受益程度。生态足迹成为一个分析不同区域之间消费的生态赤字/盈余的强有力的评价工具。

2. 典型区域的生态足迹

生态足迹(ecological footprint,EF)最早由 Rees(1992)提出,是一种定量衡量人类对自然资源的利用程度及自然界为人类提供的生命支持服务功能的有力工具,核心是人口所消费的所有资源转换成所需要的生物生产土地面积,从而构造一个土地消费利用矩阵来解释人类消费活动与赖以生存的土地资源之间的关系。根据生态足迹的概念及其计算方法,以各个区域 2015 年的统计资料为数据源,对 2015 年各个城市的生态足迹进行计算。项目计算主要由两部分组成:①生物资源消费;②能源消费。生物资源消费部分包括农产品、林产品、动物产品、水产品;能源消费部分由煤气、液化石油气、天然气、电力四种能源组成。为了使计算结果转化为一个可比较的标准,在每种生物生产面积前乘上一个均衡因子。耕地和建筑用地 2.8、草地 0.5、林地 1.1、水域 0.2、化石燃料用地 1.1。由于区域之间自然条件和生产条件的差异,所以本书在选取项目指标时,各个城市不完全相同。

由计算可得,2015 年典型区域的大部分城市的生态承载力扣除 12% 用来维持生物多样性,最后可供利用的人均生态承载力远小于人均生态足迹。由于统计数据的不完整性,人均生态足迹的计算值比实际小;所以这些城市的生态赤字应该还要大得多。说明这些城市的消费需求远远超过了生态系统的再生能力,它们的发展是不可持续的,为了弥补生态供给的不足不得不从外部输入生态足迹来获得现在的发展。仅仅只有东北老工业基地中的齐齐哈尔、伊春呈现生态盈余,说明这两个城市的各类生态系统提供给本地区的消费是富余的,其盈余部分提供了其他的区域,所以这样的地区应该获得生态补偿。而那些生态赤字地区,消费了其他区域的资源和足迹,应该提供生态补偿以体现社会福利的公平性。

3. 区域之间的生态补偿

不同区域之间生态价值的流动是一个自然且持续的过程,人们无法干预,所以生态补偿不能简单地依靠不同地区生态价值量的大小来衡量,要综合运用生态服务价值和生态足迹的理论与方法,来解决生态补偿的量化问题。应以区域生态价值量的大小作为计算基础,不同区域经济发展水平为生态补偿经济调节系数,生态赤字/盈余与区域提供的生态承载力之比为输出/输入系数。

$$EC_i = ES_i \times R_i \times Q_i \tag{1-2}$$

式中,$R_i = \dfrac{GDP_i}{GDP}$;$Q_i = \dfrac{|EF_i - A_i|}{A_i}$。

EC_i 是 i 国家或地区的支付/获得的生态补偿量(元/年),若 $EC_i > 0$,则该国家或地区应支付生态补偿;若 $EC_i < 0$,则该国家或地区应获得生态补偿;若 $EC_i = 0$,则该国家或地区消费与供给平衡,不支付也不获得生态补偿;EF_i 是 i 国家或地区的总生态足迹(公顷);A_i 是 i 国家或地区可利用的生态承载力(公顷);ES_i 是 i 国家或地区的总生态系统服务价值(元/年);R_i 是经济调节系数;Q_i 是输入或输出系数。

计算结果见表 1-8～表 1-13。

表 1-8 珠江三角洲生态赤字/盈余及生态补偿量

城市	生态服务价值总量/万元	人均生态承载力/公顷	12%生物多样性保护用地	人均可供的承载力/公顷	人均生态足迹/公顷	人均生态赤字/盈余/公顷	调整系数	生态补偿量/万元
广州	640 679	0.166 7	0.020 0	0.146 7	4.976 4	−4.809 7	0.861 2	551 738
深圳	126 274	0.063 4	0.007 6	0.055 8	5.759 0	−5.695 6	2.592 8	327 409
珠海	169 534	0.368 0	0.044 2	0.323 9	5.171 9	−4.803 8	0.043 6	7 391
佛山	338 105	0.200 6	0.024 1	0.176 6	5.382 5	−5.181 9	0.340 9	115 262
江门	1 018 947	0.623 1	0.074 8	0.548 4	4.286 9	−3.663 7	0.021 7	22 129
惠州	1 165 484	0.596 1	0.071 5	0.524 6	4.826 2	−4.230 1	0.036 7	42 825
东莞	153 960	0.115 2	0.013 8	0.101 4	4.654 1	−4.538 9	0.407 7	62 773
中山	156 471	0.207 6	0.024 9	0.182 7	4.635 8	−4.428 2	0.105 9	16 569

表 1-9 长江三角洲生态赤字/盈余及生态补偿量

城市	生态服务价值总量/万元	人均生态承载力/公顷	12%生物多样性保护用地	人均可供的承载力/公顷	人均生态足迹/公顷	人均生态赤字/盈余/公顷	调整系数	生态补偿量/万元
上海	669 138	0.160 8	0.019 3	0.141 5	4.555 9	−4.395 1	1.132 5	757 824
南京	468 793	0.363 2	0.043 6	0.319 6	5.218 9	−4.855 7	0.214 3	100 475
无锡	368 220	0.318 0	0.038 2	0.279 9	5.359 7	−5.041 6	0.222 7	81 996
常州	333 500	0.420 8	0.050 5	0.370 3	5.447 2	−5.026 4	0.103 9	34 640
苏州	887 721	0.348 8	0.041 9	0.306 9	5.348 5	−4.999 7	0.342 8	304 345
南通	872 943	0.694 0	0.083 3	0.610 8	3.853 0	−3.158 9	0.046 3	40 415
扬州	554 891	0.704 9	0.084 6	0.620 3	3.661 3	−2.956 4	0.027 8	15 416
镇江	266 180	0.565 0	0.067 8	0.497 2	4.595 8	−4.030 8	0.041 2	10 968
泰州	406 924	0.633 5	0.076 0	0.557 5	4.083 5	−3.450 1	0.033 1	13 478
杭州	1 728 358	0.493 2	0.059 2	0.434 0	4.352 4	−3.859 2	0.129 7	224 151
宁波	864 088	0.437 7	0.052 5	0.385 2	4.392 9	−3.955 3	0.119 3	103 059
温州	1175 856	0.389 6	0.046 8	0.342 9	3.194 3	−2.804 7	0.054 8	64 462
嘉兴	224 000	0.473 7	0.056 8	0.416 9	4.080 6	−3.606 9	0.044 2	9 894
绍兴	720 002	0.515 0	0.061 8	0.453 2	4.243 8	−3.728 8	0.053 3	38 395
湖州	498 003	0.728 8	0.087 5	0.641 3	4.061 7	−3.332 9	0.015 7	7 828
舟山	124 615	0.422 7	0.050 7	0.372 0	4.509 7	−4.087 0	0.017 4	2 171
台州	974 327	0.495 4	0.059 4	0.435 9	3.214 2	−2.718 8	0.030 4	29 576

表 1-10　环渤海经济区生态赤字/盈余及生态补偿量

城市	生态服务价值总量/万元	人均生态承载力/公顷	12%生物多样性保护用地	人均可供的承载力/公顷	人均生态足迹/公顷	人均生态赤字/盈余/公顷	调整系数	生态补偿量/万元
北京	1 333 261	0.223 5	0.026 8	0.196 7	3.619 4	−3.395 8	0.576 5	768 654
天津	806 990	0.371 1	0.044 5	0.326 5	4.253 4	−3.882 4	0.285 3	230 269
石家庄	755 840	0.517 3	0.062 1	0.455 2	3.153 0	−2.635 8	0.045 7	34 553
太原	523 987	0.419 1	0.050 3	0.368 8	3.739 3	−3.320 2	0.035 7	18 726
大连	1 043 278	0.728 0	0.087 4	0.640 6	4.681 5	−3.953 5	0.069 2	72 236
济南	391 189	0.490 1	0.058 8	0.431 3	4.153 7	−3.663 6	0.075 2	29 415
青岛	618 329	0.572 2	0.068 7	0.503 6	4.072 7	−3.500 4	0.093 8	58 008

表 1-11　东北老工业基地生态赤字/盈余及生态补偿量

城市	生态服务价值总量/万元	人均生态承载力/公顷	12%生物多样性保护用地	人均可供的承载力/公顷	人均生态足迹/公顷	人均生态赤字/盈余/公顷	调整系数	生态补偿量/万元
沈阳	683 228	0.786 1	0.094 3	0.691 7	4.042 6	−3.256 6	0.049 7	33 945
鞍山	745 950	0.911 0	0.109 3	0.801 7	5.628 7	−4.717 7	0.020 0	14 887
抚顺	1 179 516	1.430 5	0.171 7	1.258 8	4.949 4	−3.518 9	0.004 9	5 821
营口	441 436	0.733 8	0.088 1	0.645 7	5.473 3	−4.739 5	0.016 1	7 118
长春	943 525	1.423 6	0.170 8	1.252 7	3.933 9	−2.510 4	0.016 1	15 173
哈尔滨	4 375 093	2.105 5	0.252 7	1.852 8	4.011 4	−1.905 9	0.008 6	37 561
齐齐哈尔	2 318 222	3.673 6	0.440 8	3.232 7	2.160 4	1.513 1	−0.000 9	−2 000
大庆	1 254 062	2.659 7	0.319 2	2.340 5	6.280 8	−3.621 1	0.006 7	8 400
伊春	3 786 154	5.528 8	0.663 5	4.865 4	2.831 7	2.697 1	−0.000 2	−756

表 1-12　武汉城市圈生态赤字/盈余及生态补偿量

城市	生态服务价值总量/万元	人均生态承载力/公顷	12%生物多样性保护用地	人均可供的承载力/公顷	人均生态足迹/公顷	人均生态赤字/盈余/公顷	调整系数	生态补偿量/万元
武汉	683 228	0.357 8	0.042 9	0.314 9	5.569 0	−5.211 1	0.261 9	178 930
黄石	745 950	0.634 2	0.076 1	0.558 1	5.327 2	−4.693 1	0.015 0	11 179
鄂州	1 179 516	0.659 8	0.079 2	0.580 6	6.983 3	−6.323 5	0.014 7	17 339
孝感	441 436	0.820 5	0.098 5	0.722 0	3.656 8	−2.836 4	0.008 3	3 667
黄冈	943 525	0.949 6	0.114 0	0.835 7	3.162 7	−2.213 1	0.006 1	5 763
咸宁	4 375 093	1.135 0	0.136 2	0.998 8	3.974 8	−2.839 7	0.004 2	18 593
仙桃	2 318 222	1.044 1	0.125 3	0.918 8	4.053 2	−3.009 1	0.002 8	6 584
天门	1 254 062	1.068 5	0.128 2	0.940 3	3.266 6	−2.198 1	0.001 5	1 872
潜江	3 786 154	1.071 8	0.128 6	0.943 2	4.946 4	−3.874 6	0.003 3	12 585

表 1-13　长株潭经济圈生态赤字/盈余及生态补偿量

城市	生态服务价值总量/万元	人均生态承载力/公顷	12%生物多样性保护用地	人均可供的承载力/公顷	人均生态足迹/公顷	人均生态赤字/盈余/公顷	调整系数	生态补偿量/万元
长沙	1 021 495	0.549 3	0.065 9	0.483 4	5.455 6	−4.906 3	0.125 3	128 041
株洲	1 081 599	0.812 7	0.097 5	0.715 2	3.997 4	−3.184 6	0.015 1	16 320
湘潭	407 196	0.657 3	0.078 9	0.578 4	4.491 1	−3.833 9	0.016 4	6 671

从以上计算结果可以看出，这些典型区域中，只有东北老工业基地中抚顺、齐齐哈尔、伊春生态补偿量为负值，即应获得生态补偿，其他城市都是正值，应该支付生态补偿。珠江三角洲总应支付 1 146 095 万元的生态补偿，长江三角洲总应支付 1 839 093 万元的生态补偿，环渤海经济区应支付 1 211 861 万元的生态补偿。东北老工业区除了齐齐哈尔获得 2 000 万元生态补偿，伊春应获得 756 万元生态补偿外其他城市应支付总额为 122 904 万元生态补偿。武汉经济圈应支付 256 513 万元的生态补偿，长株潭经济圈应支付 151 031 万元的生态补偿。在计算生态服务价值时，现行的土地地类界定不是很清晰，如湿地和水域，导致结果出现偏差。本书是按现行的土地分类，没有考虑湿地，根据谢高地建立的中国陆地生态系统单位面积服务价值表，可知湿地单位面积的总的生态服务价值是水体的 1.4 倍，所以本书算出的生态服务价值是偏低的。生态足迹数据的缺失和不完整，导致生态足迹偏低，造成计算出的生态补偿量偏低。

4. 内部生态补偿

在区域之间这个层面进行的补偿是为了平衡区域间的生态价值量与经济发展不平衡，应综合考虑生态脆弱区生态建设需求和生态建设能力等多方面因素。生态价值的空间共享性决定了生态价值不仅服务自己，也给周边地区带来一定的生态效应，那么就应该得到一定的生态补偿，补偿的最终目的是使区域生态环境良性发展。而城市或区域的内部补偿是对生态系统本身保护(恢复)投入的人力、物力和财力或破坏的成本进行补偿；同时，由于生态保护者要保护生态环境，牺牲了部分发展权，投入或放弃发展机会的损失也应纳入补偿标准的计算中。

1) 农地城市流转补偿

和城市用地相比，农用地的经济效益比较低，据估计农用地单位面积的效益仅为工业用地的 1/10，商业用地的 1/10～1/100，但生态效益和社会效益较高。生态效益与社会效益是利他的，这种利他的经济行为一直被忽视，为了缓和农地城市流转的速度与实现效率及社会公平，促进社会经济的可持续发展，生态价值必须在农地价值中得到体现，在经济上得到补偿。

农地城市流转补偿＝农地投入成本＋农产品市场价值＋农地生态服务价值

农地的投入产出在一定技术水平下，变化不是很大。以耕地为例估算生态补偿，2013 年全国三种粮食主产品平均亩[①]产值 1 099.13 元，全国稻谷平均亩产值 1 305.9 元。国家

---

① 1 亩≈666.67 平方米

对粮食的补贴平均每亩 10 元,水稻为 15 元;农地的投入成本包括生产成本、人工成本、土地成本。2013 年全国平均总成本粮食为 1 026.19 元,水稻为 1 151.11 元。根据中国陆地生态系统单位面积服务价值,可知农田单位面积总服务价值为 6 114.3 元/公顷,湿地的单位面积服务价值 55 489 元/公顷。目前许多专家认为水稻应属于湿地范畴,提供的单位面积服务效益比别的农作物要高得多。因此,可计算出平均耕地非农化后应获得的经济补偿为每年 1 390.24 元/亩,水稻为每年 4 877.01 元/亩。但目前农地承包权长久不变,农民失去农地是永久性的,而且具有不可逆转性,所以按承包合同 30 年预期收益折现,目前一年期银行定期存款利率 2.52% 为安全利率,农民失去土地后耕地每亩可获得收益 29 018.5 元,而水稻应获得 101 797.9 元。

2) 保护类功能区生态补偿

2006 年颁布的《中华人民共和国国民经济和社会发展第十一个五年规划纲要》指出,"将国土空间划分为优化开发、重点开发、限制开发和禁止开发四类主体功能区"。按照主体功能区划的构想,优化、重点开发区在经济发展水平上较突出,限制、禁止开发区在生态环境、社会发展上较为突出。两类开发区分别为区域整体的发展提供各自的主体功能保障。限制、禁止开发是保护类功能区,侧重于对环境和生态系统的保护与修复,对生态脆弱性、重要性高的地区加以保护,为国家提供稳定的生态保障。按照主体功能分区,许多地区将被划定为国家的"限制开发区"和"禁止开发区",并在未来相当一段时期继续作为国家宏观经济发展的"影子区",应该给予其经济补偿。

土地发展权是指土地变更用途使用和对土地原有集约度的改变之权。保护类功能区实际上限制土地用途的变更或者集约度的改变,最终导致实际土地经济收益减少而不是增加,是对土地发展权的一种限制。

限制、禁止开发区生态补偿＝土地发展权价值＋生态服务价值

下面以基本农田保护区为例进行介绍。基本农田可以在农地内部流转,可以流转为非农用地。耕地流转为建设用地,比较收益较高,一般从短期效益来讲,农民具有流转的意愿,以武汉经济圈工业用地最低等级基准地价 10 万元/亩来核算,扣除土地整理各项费用 30% 后,农民可以得到的收益为 7 万元/亩,加上生态服务价值扣除耕地时获得收益,农民获得的总生态补偿应为 70 122 元/亩。

对于国家级的重点自然保护区,无土地变更用途可能,主要补偿依据是生态系统提供的服务价值,如森林应每亩补偿 1 288.9 元,草地每亩 427.1 元。

1.2.4 土地生态补偿的主体及方式

1. 补偿主体

补偿主体是指对土地的开放利用过程中造成影响的单位和个人,以及这一个过程涉及的生态建设和环境保护中获益的单位与个人,包括保护者与受益者,破坏者与受害者。受益者从土地利用过程中获得生态效益,就应该对保护者提供经济补偿,保护者为生态保护做出贡献者,应得到经济激励,因为土地资源是一种公共性的物品,不能完全按照市场

机制来运行,而需要运用政府干预补偿机制来解决,通过对生态保护的经济主体进行补偿,来激励和保护他们的积极性。破坏者不但要为破坏行为付出代价,而且要承担破坏生态的责任和成本,受害者应得到经济赔偿。党中央、国务院提出按照"谁开发谁保护、谁破坏谁治理、谁受益谁补偿的原则"来建立生态补偿机制就是对这这一补偿主体的最好的诠释。

2. 补偿方式

生态补偿的方法和途径多元化,按照不同的准则有不同的分类体系。按照补偿方式可以分为资金补偿、实物补偿、政策补偿和智力补偿等。资金补偿是目前的主要的方式,也是人们比较容易接受的方式。退耕还林还草政策中国家对于那些无耕地可种的农民用粮食作为补偿,就是一种实物补偿方式。国家为了调动农民种地的积极性,取消农业税并对农业进行补贴,如种粮补贴、良种补贴、农资补贴、农机补贴、生猪补贴等。国家政府资金技术投入实际上就是一种补贴,种粮补贴是一种直接补贴。为了保护耕地资源,实现耕地质量不降低和数量的不减少,国家出台耕地占补平衡政策,占一补一。这都是实物补偿、政策补偿的体现。由于部分农民的受教育程度较低,智力补偿是一个较好方式,政府增加农业基础设施、科技等方面的投入,通过提供无偿技术咨询或者对受补偿地区的技术人才进行培训,输送专业人才,提高受补偿地区的总体技术含量、生产技能和管理组织水平。虽然资金补偿是人们最迫切的补偿需求,但经济补偿的资金有限,在某些情况下,实施政策补偿、智力补偿或不同方式的组合比经济补偿更具现实和长远意义。

按照实施主体和运作机制的差异,补偿方式大致可以分为政府补偿和市场补偿两大类型。

政府补偿是指由政府作为补偿的主要承担者来对补偿主体进行补偿,即各级政府通过非市场途径对合理利用土地资源者或保护者进行补偿,如直接给予财政补贴、提供优惠贷款、减免收费、实施利率优惠等对有利于环境保护的行为予以鼓励。市场补偿是指通过市场途径,市场交易主体依法利用经济手段,通过市场行为改善生态环境。因市场主体是有理性的自然人,土地资源的公共性、破坏的负外部性等会产生市场失灵,而生态效益很难像普通的商品进入流通市场,其市场化成本也较高,生态补偿是一项非常庞大、复杂的系统工程。例如,国家大型自然保护区、生态防护林、防沙治理工程等工程项目庞大,需要大量的资金支持,个人市场无法完成,只适宜由政府进行养护。政府进行生态补偿在实践中存在诸多缺点,如成本较高、资金使用效率低下、容易滋生腐败等,所以在政府主导的生态补偿机制中充分引入市场机制,是有效克服我国土地资源生态补偿上述弊病的关键一环。

3. 融资渠道

我国目前的生态补偿资金来源主要有财政转移支付和专项基金两种。个别是破坏者对其行为承担其责任,但只是小部分的受损价值,大部分依靠政府的财政力量,如财政支付转移、政策优惠、税收减免、发放补贴、设立自然保护区生态补偿专项基金。目前政府实行的一般是纵向转移支付,即中央对地方的转移支付,其占绝对主导地位,而区域之间不同社会群体之间的横向转移支付微乎其微。这种完全由中央政府买单的方式显然与"受益者付费"的原则不协调。

1.2.5 土地生态补偿政策建议

2005年12月颁布的《国务院关于落实科学发展观加强环境保护的决定》、2006年颁布的《"十一五"规划纲要》等关系到中国未来环境与发展方向的纲领性文件都明确提出，要尽快建立生态补偿机制。党的十七大报告又指出，要建立健全资源有偿使用制度和生态环境补偿机制。可以清晰地看到生态补偿作为一种重要的生态保护和环境管制工具目前已经受到政府的广泛重视。但在生态补偿的具体实践上，尚存在一些亟待解决的问题，主要包括生态补偿的标准不合理、生态补偿的观念和意识还比较淡薄、生态补偿的相关法律还不完善、生态补偿的体制机制还不健全。

1. 合理确定补偿范围和标准

本书保守计算出耕地征用的补偿每亩最低为29 018.5元/亩，高于补偿标准较高的广东省15 800元/亩和江苏省的18 000元/亩。而根据《中华人民共和国土地管理法》规定，农村土地征收赔偿标准由土地补偿费、安置补助费、青苗补偿费构成。其中，土地补偿费一般为该耕地被征收前三年平均年产值的6～10倍；每一个需要安置的农业人口的安置补助费标准，为该耕地被征收前三年平均年产值的4～6倍。因此，可以看出现行的补偿标准较低，为保护生态环境，应将生态补偿考虑到总体补偿范围中，以提高整体补偿标准。由前文所得，保护区基本农田生态补偿范围在每亩332.9～70 122元，各地应参照该地区的平均发展水平、保护者的生活水平与受益方经济实力和经济承受能力，确定上下调动的幅度。标准过高、过低都达不到保护生态的目的。

2. 多元化的融资渠道

融资渠道多元化和补偿方式多样化是生态补偿的必然。多元化的补偿方式使得补偿资金不再单纯由政府负担，减轻了政府的财政压力。目前政府纵向财政转移支付应向横向转移支付转变，依据区域之间生态赤字或盈余计算出的生态补偿量，该区域消费其他区域的生态足迹就应该支付生态补偿，而提供生态足迹的地区应获得生态补偿，根据计算结果，生态赤字地区应向生态盈余地区支付补偿费用。例如，广州市政府应向其他区域提供256 304.980万元的生态补偿款，抚顺应该收到其他地区提供的3 963.005万元的生态补偿款。还可以利用市场机制发行环保政府债券、土地福利彩票，吸引民间组织尤其是个人对生态建设的资金投入，利用这部分收入来对土地资源进行治理，从而保护土地资源，实现土地可持续发展。

3. 通过立法来保障土地生态保护区群众的权益

目前很多法规和政策文件中都规定了对生态保护与建设的扶持、补偿的要求及操作办法。例如，《中华人民共和国土地管理法》第四十七条规定的土地补偿费、被征用土地上的附着物和青苗补偿费、安置补助费等。《中华人民共和国水法》规定了水资源的有偿使用制度和水资源费的征收制度，各地也制定了相应的水资源费管理条例。但从上两个法规可以看出，这些补偿费用只是对成本的补偿，没有把资源保护纳入补偿范围。《中华人民共和国土地管理法》没有看到土地改变用途后生态效益损失的补偿,《中华人民共和国水法》没有将水资源保护补偿、水土保持纳入水资源费的项目中。因此,应建立专门的生态补偿法规,使生态补偿有法可依。

4. 加强宣传,提高土地生态补偿的观念与意识

生态补偿必须基于对当地农民的深入了解,使居民的行为通过生态补偿得到修正,就是让居民了解到保护生态环境给自己带来的实惠,让居民有补偿的意愿。我国土地生态补偿的理论研究和实践还处于探索阶段,需要把生态补偿的理念与两型社会建设结合起来,逐步积累经验,形成可操作的生态补偿机制,促进区域协调发展。同时还要继续加大宣传,提高全社会对生态补偿的认知度,努力引导生态补偿涉及的各方,从"坚持科学发展、加快富民强省、建设两型社会"的大局出发,处理好长远利益与近期利益、生态效益与经济效益、整体利益与局部利益、受益区利益与生态建设区利益的密切关系,营造社会各界携手共建生态补偿机制的良好氛围。

第2章 实验区两型社会建设战略目标与土地利用的挑战

2.1 武汉城市圈两型社会建设战略目标与土地利用的挑战

2.1.1 武汉城市圈两型社会建设战略目标

武汉城市圈是指以武汉市为中心,由武汉及周边100千米范围内的黄石、鄂州、孝感、黄冈、咸宁、仙桃、天门、潜江9市构成的区域经济联合体(图2-1),2003年11月8日,湖北省正式做出打造武汉城市圈的战略决策,旨在形成以武汉为核心,优势互补、资源共享、市场共通和利益共有的城市圈一体化格局,2007年12月8日,城市圈获批成为我国两型社会综合配套改革试点区域,结合两型社会建设的要求,未来城市圈将着力于经济可持续发展能力和区域经济一体化程度的提升,到2020年,率先在湖北省和中部地区实现工业化、城市化、基本现代化和全面建设小康社会的目标。同时,力争成为全国宜居的生态城市圈,重要的先进制造业基地、高新技术产业基地、优质农产品生产加工基地、现代服务业中心和综合交通运输枢纽,成为全国两型社会建设的典型示范区,具体目标如下。

1. 工业化目标

着力推进"工业立市"和"项目立市"的发展战略,到2010年,基本完成圈内各项基础设施的建设,为工业现代化的实现打好基础,到2020年,实现城市圈内的全面工业化。

图 2-1　武汉城市圈分布示意图

2. 城市化目标

2012年,圈内城市化水平达到55%以上;2020年,达到70%,全面实现圈内城市化。

3. 产业结构目标

要以发展生产性服务业为重点,全面实现经济增长方式的转变,以先进制造业和高技术产业作为工业的主体,加快壮大现代服务业,促进三大产业协同带动发展。2012年,服务业比重增加3个百分点以上,同时,重点发展以东湖高新技术开发区为龙头,光电子信息、钢材制造及新材料、生物工程及新医药和环保等产业集群的黄石、鄂州、黄冈、咸宁产业带,以武汉经济技术开发区为龙头,汽车制造业、IT设备、精细化工、轻工食品和出口加工等产业集群的仙桃、潜江、天门产业聚集带,以及以吴家山海峡两岸科技产业园区为龙头,汽车零配件、食口工业、农产品加工及盐、磷化工等产业集群的孝感产业带,到2020年,三大产业带全面形成。

4. 人均经济收入目标

力争在今后十年里,保持人均GDP的年增长速度在10%以上,城乡居民收入和生活质量得到显著提高,到2010年,人均GDP比2003年翻一番,2020年,人均GDP水平接近6万元,圈内城市全面达到小康社会的水平。

5. 区域一体化建设目标

到2010年,初步形成基础设施、产业布局、市场和城乡一体化的格局,2015年,基本实现城市圈内外的快速轨道、高速公路、公用通信网络的现代化,武汉、黄石、潜江、仙桃等率先实现全面建设小康社会的目标,2020年,全面实现圈内的快捷通畅和高效连接,形成武汉到8城市1小时,至周边重要城市2小时的交通圈,城乡差距不断缩小,环境污染得到基本控制,基本建成生态型城市圈,在圈内全面实现小康。

2.1.2 武汉城市圈建设现状与战略目标的差距

1. 工业化现状

根据钱里纳和贝尔的划分标准,笔者以人均 GDP、产业结构、从业人口结构及人口非农化情况对各市当前工业化发展阶段进行了评估,划分的标准见表 2-1。

表 2-1 工业化发展阶段的划分标准

划分标准	前工业化阶段	工业化早期	工业化成熟期	工业化后期	后工业化阶段
1998 年人均 GDP/美元	530~1 200	1 200~2 400	2 400~4 800	4 800~9 000	9 000~25 000
三次产业产值比重	I>II>III	II>I>III	II>III>I	III>II>I	III>II>I
非农业人口占总人口比重	<20%	上升至 30%	上升至 50%	上升至 70%	>70%

注:人均 GDP 按汇率法换算;表中 I、II、III 分别表示第一、二、三产业的产值

据表 2-1 的划分标准,城市圈当前的工业化水平如表 2-2 所示,武汉市已进入后工业化时代,此外,除了黄冈市、咸宁市,圈内的其他城市均完全走出工业化早期阶段,工业化程度较高,城市化水平超过中期规划目标,但距离全面实现工业化的目标还有一定的差距。

表 2-2 城市圈的工业化现状

地区	人均 GDP/美元	三次产业产值结构	非农业人口占总人口比重/%	所处工业化阶段
武汉	16 506.38	0.03:0.46:0.51	79.41	后工业化阶段
黄石	8 021.93	0.09:0.55:0.36	61.30	工业化成熟期向工业化后期过渡
鄂州	14 094.58	0.12:0.58:0.30	64.30	工业化后期向后工业化期过渡
孝感	4 796.24	0.18:0.48:0.34	53.60	工业化成熟期向工业化后期转变
黄冈	4 055.957	0.24:0.39:0.37	43.32	工业化早期向工业化成熟期转变
咸宁	6 596.839	0.17:0.49:0.34	49.95	工业化早期向工业化成熟期转变
仙桃	8 307.29	0.15:0.53:0.32	54.60	工业化成熟期向工业化后期转变
潜江	5 469.056	0.12:0.55:0.33	54.80	工业化成熟期向工业化后期转变
天门	9 344.529	0.17:0.50:0.33	60.00	工业化成熟期向工业化后期转变
城市圈	9 639.405	0.09:0.47:0.44	61.26	工业化成熟期向工业化后期转变

资料来源:《湖北统计年鉴 2016》

2. 城市化现状

本节采用非农业人口占总人口的比重作为对圈内城市化水平的衡量,并按照国际上对城市化发展阶段的划分,城市化水平 30% 以下为城市化初级阶段,30%~70% 为城市

化中期或快速推进阶段,70%以上为城市化缓慢发展或趋于稳定阶段。2015年,城市圈的城市化水平如表2-3所示,城市圈各城市的城市化水平均处于城市化中期或快速推进阶段,城市化水平整体较高,与2020年圈内城市化水平70%的目标存在距离。

表2-3 城市圈的城市化现状

地区	非农业人口/万人	总人口/万人	城市化水平/%	城市化发展阶段
武汉	842.357 5	1 060.77	79.41	城市化中期或快速推进阶段
黄石	150.68	245.8	61.30	城市化中期或快速推进阶段
鄂州	68.13	105.95	64.30	城市化中期或快速推进阶段
孝感	261.460 8	487.8	53.60	城市化中期或快速推进阶段
黄冈	272.526 1	629.1	43.32	城市化中期或快速推进阶段
咸宁	125.224 7	250.7	49.95	城市化中期或快速推进阶段
仙桃	63.063	115.5	54.60	城市化中期或快速推进阶段
潜江	70.801 6	129.2	54.80	城市化中期或快速推进阶段
天门	57.48	95.8	60.00	城市化初级阶段
城市圈	3 120.62	3 120.62	61.26	城市化中期或快速推进阶段

资料来源:《湖北统计年鉴2016》

3. 产业结构现状

1) 产业结构低下,升级需求迫切

城市圈内三次产业的产值状况如表2-4所示,从产业结构来看,当前,武汉城市圈内第一产业所占比重仍然偏大,比重在10%以下的仅有武汉和黄石两市,鄂州为14.91%,其余6市均在20%以上。根据蒋清海的经济发展阶段理论,随着经济的发展和工业化水平的提高,产业结构会经历I>II>III①、II>I>III、II>III>I和III>II>I的变化,圈内绝大多数城市还处于II>III>I的阶段,仅有武汉市已经进入III>II>I的阶段,绝大多数城市第一产业的比重仍在30%左右,产业结构依然低下,升级需求迫切。

表2-4 城市圈各城市产业结构现状

地区	第一产业 产值/亿元	所占比重	第二产业 产值/亿元	所占比重	第三产业产值 产值/亿元	所占比重	三次产业产值大小比较
武汉	359.81	3.30%	4 981.54	45.68%	5 564.25	51.02%	III>II>I
黄石	108.56	8.84%	679.88	55.36%	439.67	35.80%	II>III>I
鄂州	84.66	11.60%	422.44	57.87%	222.91	30.54%	II>III>I
孝感	259.45	17.80%	705.76	48.43%	491.99	33.76%	II>III>I
黄冈	379.62	23.89%	618.42	38.91%	591.2	37.20%	II>III>I
咸宁	178.59	17.34%	500.47	48.59%	351.01	34.08%	II>III>I
仙桃	87.99	14.72%	318.14	53.24%	191.48	32.04%	II>III>I

---

① I、II、III分别表示第一、二、三产业的产值。

续表

地区	第一产业 产值/亿元	所占比重	第二产业 产值/亿元	所占比重	第三产业产值 产值/亿元	所占比重	三次产业产值 大小比较
潜江	69.88	12.53%	305.17	54.73%	182.52	32.73%	II>III>I
天门	76.92	17.48%	221.46	50.32%	141.72	32.20%	II>III>I
城市圈	1 605.48	8.66%	8 753.28	47.22%	8 176.75	44.11%	II>III>I

资料来源：《湖北统计年鉴2016》

2) 圈内各市产业同构现象严重

由湖北省统计局给出的各城市现状的支柱产业情况（表2-5）来看，机械、化工、建材、纺织、食品等产业已成为武汉城市圈内多个城市的主导产业，圈内各市间产业同构现象严重，这使得圈内的产业配套水平较低、关联度小、专业分工不明显，从而影响城市圈的整体优势和综合经济效益的发挥。

表2-5　城市圈各城市现状支柱产业

城市	现状支柱产业
武汉	钢铁、机械、化工、建材、纺织、食品、造纸
黄石	冶金、建材、纺织、机械、化工、医药、轻工、食品、电子
鄂州	冶金、服装、食品
孝感	机电、食品、建材、化工
黄冈	建材、纺织、机械加工
咸宁	轻纺、机械、建材、食品、运输
仙桃	纺织服装、轻工、食品、医药化工
潜江	机械、轻纺、石油、盐化工及医药化
天门	农产品加工、食品、纺织

资料来源：湖北省统计局网站（http://www.stats-hb.gov.cn）

4. 人均经济收入现状

本节采用人均GDP、农村居民人均可支配收入、城镇居民人均可支配收入和居民人均储蓄来衡量圈内居民的人均经济收入现状，各市的指标值见表2-6。

表2-6　城市圈各城市人均经济收入现状　　　　　　　　　　（单位：元）

地区	人均GDP	农村居民人均可支配收入	城镇居民人均可支配收入	人均居民储蓄
武汉	102 808	17 722	36 436	179 654.0
黄石	49 963.8	12 004	27 536	54 589.5
鄂州	87 786.7	13 812	24 774	47 938.7
孝感	29 872.9	12 655	25 753	38 060.7
黄冈	25 262.1	10 252	22 620	36 893.5
咸宁	41 087.8	11 940	23 505	41 302.0

续表

地区	人均GDP	农村居民人均可支配收入	城镇居民人均可支配收入	人均居民储蓄
仙桃	51 741.1	14 422	24 641	42 278.8
潜江	34 063.5	14 076	24 721	37 714.4
天门	58 201.5	13 178	22 618	46 636.7
城市圈	60 038.1	13 954	28 477	88 259.0

资料来源:《湖北统计年鉴2016》

由表2-6中可以看出,当前城市圈内的人均经济收入情况表现出了如下特点:

(1) 人均GDP水平较高。2015年,武汉城市圈人均GDP水平为60 038.1元,远超规划中期2010年圈中人均GDP水平,比2003年翻一番,即21 339.38元(据《湖北统计年鉴2004》中的数据,2003年圈内人均GDP水平为10 669.69元),已达到2020年圈中人均GDP接近6万元的目标。

(2) 城乡间和各市间人均可支配差距过大。当前圈内城镇居民的人均可支配收入为28 477元,而农村居民的人均可支配收入为13 954元,不到城镇居民的1/2,城乡间的居民收入差距明显。此外,各市间,因发展水平的不同,居民收入差距也很明显,这一点主要表现在城镇居民的可支配收入上,如图2-2所示。

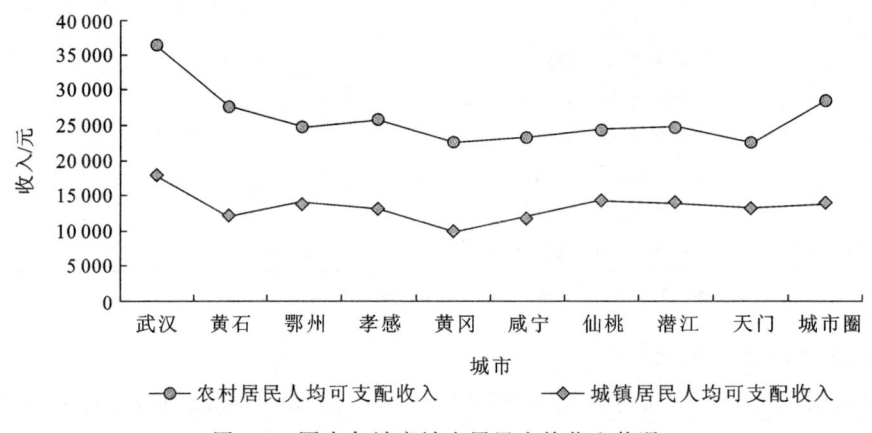

图2-2 圈内各城市城乡居民人均收入状况

(3) 地区间居民人均储蓄水平差距明显。据《湖北统计年鉴2016》中的数据,圈内居民的人均储蓄水平表现为武汉一城领先而其他各市基本持平的现状,如图2-3所示。说明武汉市的居民生活水平远高于圈内的其他城市,要想实现圈内的全面小康还有相当的距离。

5. 区域一体化建设现状

采用当前城市圈内各市的非农业人口数计算四城市指数来评估武汉在城市圈内的首位度。据《湖北统计年鉴2016》中的数据,圈内非农业人口规模较大的四个城市分别为:武汉842.36万人、黄冈272.53万人、孝感261.46万人、黄石150.68万人,计算得到武汉城市圈的四城市指数为1.23,高于其正常水平(正常情况下的四城市指数应为1),表明武

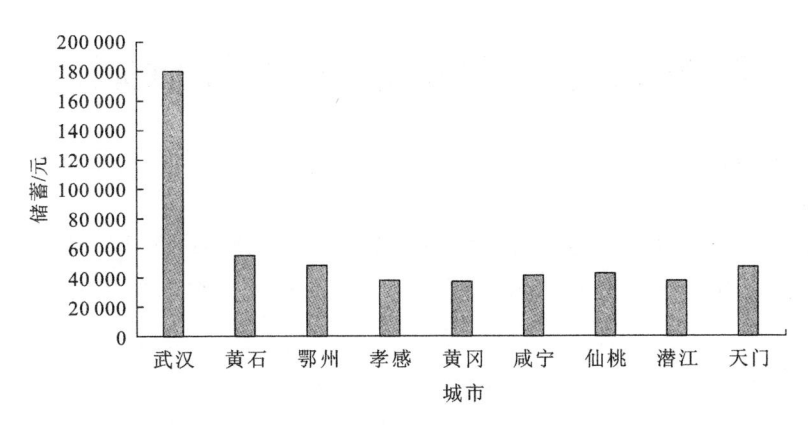

第 2 章 实验区两型社会建设战略目标与土地利用的挑战

图 2-3 圈内各市居民人均储蓄水平

汉在城市圈内的首位度过高,"一城独大"的现象较为严重。

为进一步说明城市圈的区域一体化程度,选取了人均 GDP、人均居民储蓄、地均固定资产投资和地均财政收入四项指标进行衡量。据《湖北统计年鉴 2016》中的数据,圈内 9 市四项指标值的分布如图 2-4 所示。

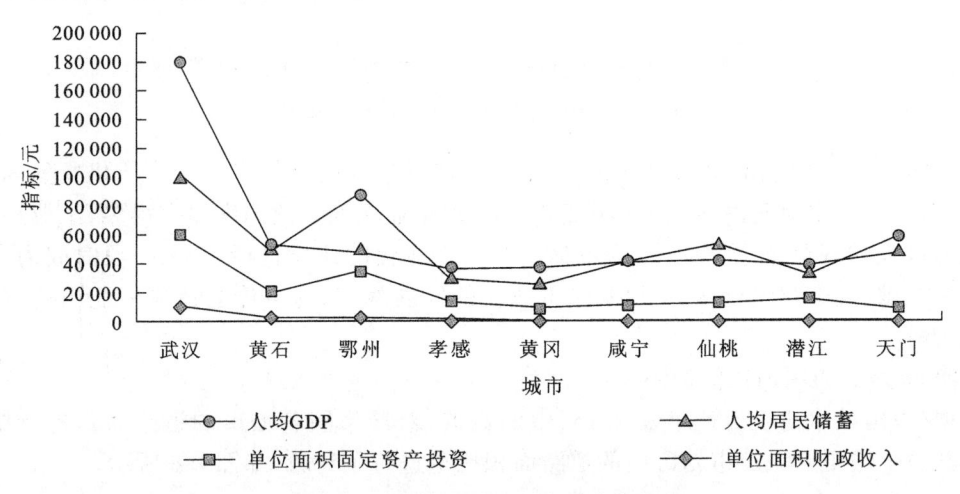

图 2-4 武汉城市圈四项指标分布状况

由图 2-4 可以看出,圈内除武汉外的其他 8 市各项指标差距不大,但其与武汉相比则有较大的差距,城市圈内武汉"一城独大"的现象严重,发展极不平衡。此外,由于圈内各市的产业同构现象严重,地方政府为"扶持"本地区的支柱产业而获得利益,常采取一些或明或暗的措施筑起区域壁垒,如各地有一个不成文的规定,"烟要抽地产烟,酒要喝地产酒"[1],区域一体化建设形势严峻。

---

[1] 推销小糊涂仙酒竟发红头文件.楚天都市报,2006-04-06

2.1.3 武汉城市圈两型社会建设战略目标实现面临的土地问题

1. 用地结构失调的土地问题

1) 工业用地比例偏大

据《中国城市建设统计年鉴 2015》中的数据,计算得到圈内各市 2014 年工业用地占建设用地的比例,如图 2-5 所示,图中水平线表示发达国家工业用地在建设用地中所占的比重(7%)。

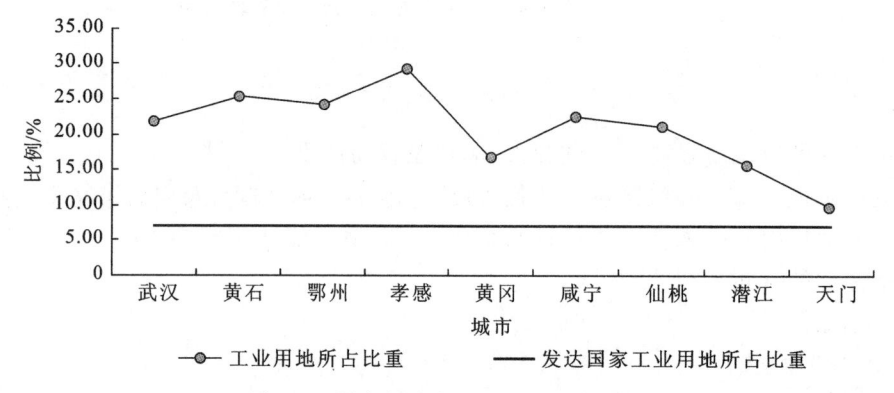

图 2-5 圈内各城市工业用地所占比例

由图 2-5 可以看出,城市圈各市中,尽管除武汉市外的 8 市尚处于工业化成熟期过渡阶段,但其工业用地所占的比重却比那些已实现工业化的发达国家要大得多,工业用地所占比例过大的现象严重。此外,为了达到全面工业化的建设目标,未来一段时间内,圈内将实施"工业立市""项目立市"和率先工业化的发展战略,这可能会造成工业用地比例的进一步增加。

2) 道路交通用地比例偏小

据《中国城市建设统计年鉴 2015》中的数据,对城市圈各城市的道路面积进行统计,并将其与全国主要城市市辖区内的道路面积比重进行了比较,如图 2-6 所示。

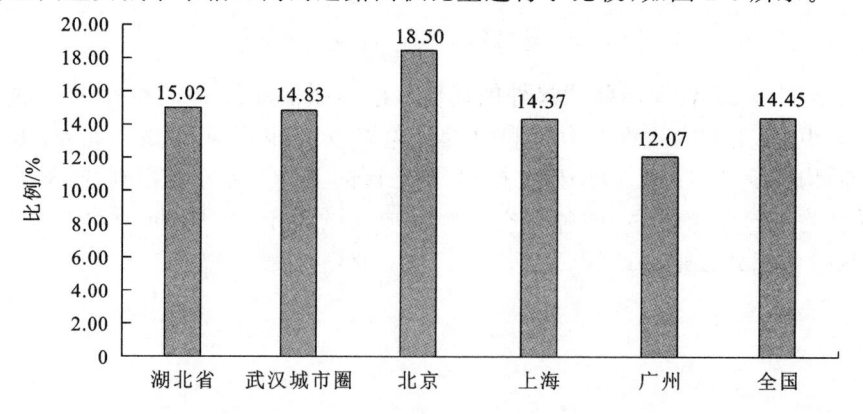

图 2-6 城市圈与全国主要城市道路交通用地比重的比较

由图 2-6 可以看出，当前武汉城市圈内的道路交通用地面积高于湖北省的平均水平，与全国城市的道路交通用地平均水平基本持平，为 14.45%。但与国内较发达的北京相比还有很大的差距，北京市市辖区内道路面积所占比重为 18.50%，相较而言城市圈内道路交通面积比例过小。

3）园林地面积所占比重不足

据《中国城市建设统计年鉴 2015》中的数据，对城市圈各城市的绿地公园的面积进行统计，其与全国主要城市的比较如图 2-7 所示。

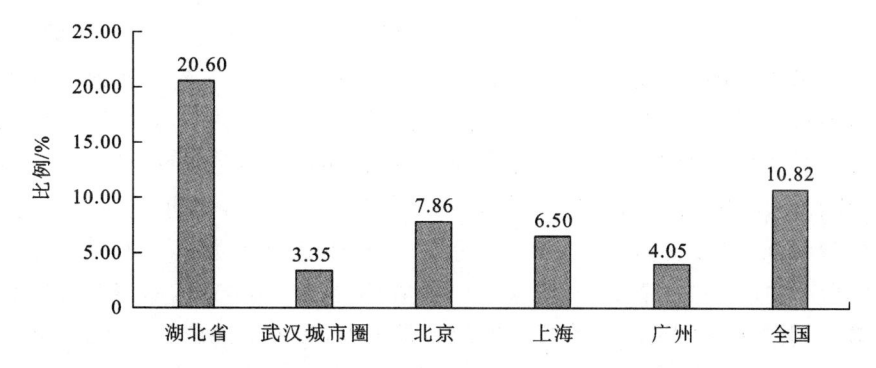

图 2-7　城市圈与全国主要城市绿地公园面积比重的比较

由图 2-7 可以看出，圈内的绿地公园面积比重要低于全国和湖北省的平均水平，仅为 3.35%，而湖北省的平均水平为 20.60%，全国城市的平均水平则为 10.82%。与北京、上海和广州三市相比同样存在差距，北京为 7.86%，上海为 6.50%，而广州为 4.05%，圈内的绿地公园面积严重不足。

2. 城市化与农地城市流转控制问题

农地城市流转的规模采用城镇用地面积的扩张来衡量，圈内 2010～2015 年间建成区面积与城市化水平的变化情况如图 2-8 所示。

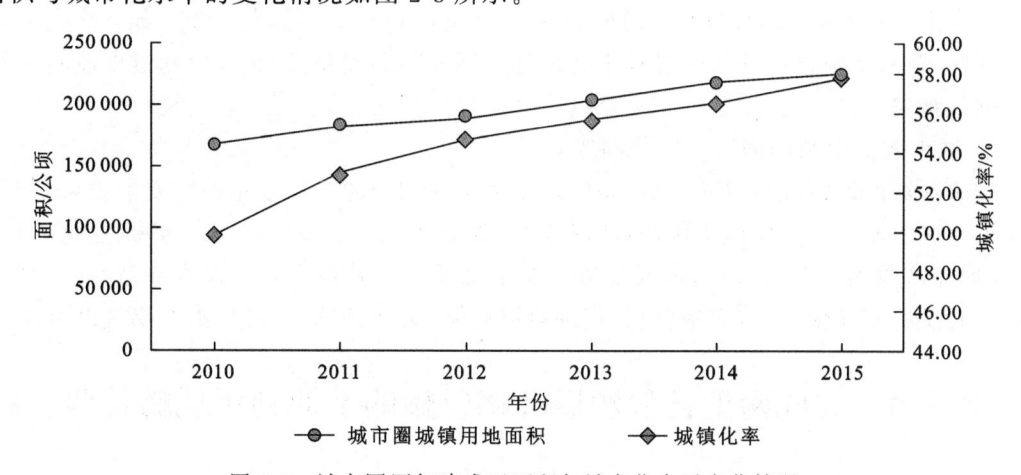

图 2-8　城市圈历年建成区面积与城市化水平变化情况

由图 2-8 可以看出,表征建成区面积和城市化水平变化的两条曲线基本是平行的,说明城市化水平的提高与农地城市流转的规模是成正比的,随着城市化水平的提高,农地城市流转的规模也会越来越大。

当前,圈内的城市化水平较高,距离 2020 年城市化水平 70% 的目标已不遥远,要实现这一目标,必须大力推进圈内的城市化进程,与此同时,如何在保证圈内城市化目标实现的情况下控制农地城市流转的规模是将要面临的一个重要问题。

3. 重点发展与节约型、集约型用地问题

据武汉城市圈的主体功能区划,天门—仙桃—潜江、孝感—汉川—应城、咸宁—赤壁—嘉鱼三个城镇组团,以及京广—京珠、长江—沪渝、武十等三条发展轴沿线为武汉城市圈的重点发展区,划为重点发展区说明这些地区发展的不足和潜力,这些地区也是当前城市圈内发展较为落后的地方。为充分发掘这些地方的潜力,实现城市圈全面工业化、城市化、现代化和小康的目标,未来几年里这些地区必将经历一个跨越式发展的阶段,基础设施大规模建设、大量投资涌入、重点项目纷纷上马,在这一过程中,尤其是跨越式发展的初期,土地利用可能会有一个粗放期,并且会造成环境的负外部性,如何在对这些区域进行重点发展的同时保证尽量减少建设用地的扩张规模,实现土地的节约、集约利用是这些地区所要面对的一个重要问题。

4. 土地利用的城乡统筹和区域统筹问题

土地利用的城乡统筹和区域统筹问题归根结底就是一个效率与公平的问题。土地利用方式及各地区间自然、社会经济条件的差异,土地利用的效率在城乡之间、区域之间差别很大,从而导致城乡之间、区域之间发展的不平衡。

1) 城市圈土地利用的城乡统筹问题

由于农地和市地在土地利用效率上的差异,当前,农村居民的人均可支配收入仅为城市居民人均可支配收入的 1/2 左右,城乡居民的生活水平差距较大。在这种情况下,若以效率优先来进行发展,农地的城市流转将不可避免,而农地又是居民粮食安全的重要保障。因此,在对土地进行开发的过程中必须统筹城乡间的利益,防止农地的过度流转危及居民的粮食安全。

2) 城市圈土地利用的区域统筹问题

按照区域的比较优势寻求发展,是保证经济发展和资源利用效率的主要前提,但却无法保证效率的实现。当前城市圈内,武汉市"一城独大"的现象严重,无论是工业化、城市化、人均经济收入状况、发展阶段及发展效率上都领先于其他 8 市。圈内除黄石外,其他城市与武汉的差异很大,若效率至上,周围难以协调,若均衡统筹发展,则效率难以保证。

2.1.4 实现两型社会建设战略目标的土地利用战略转变

1. 实验区土地利用总量的控制与产业用地结构优化协调战略

1) 土地利用总量控制战略

(1) 推进"城市建设用地增加与农村建设用地减少挂钩"的深化实施,控制建设用地的增加规模,减少闲置土地量。

(2) 在城市圈内实行耕地和基本农田占补平衡,逐步构建耕地和基本农田保护与补偿机制,保证耕地和基本农田的数量不减少。

(3) 严格控制圈内建设用地增量和占有耕地数量,加大建设项目审批力度,把盘活存量和内部挖潜作为土地政策的着力点。

2) 产业结构优化协调战略

实行在土地资源约束条件下进行产业用地结构调整的产业结构优化协调战略。

(1) 结合区域内人口的粮食安全和生态保护等需求确定可供利用的土地资源总量,输入经济系统进行分配的土地资源总量不能超过此标准。

(2) 土地资源在各产业间的分配应以可供利用的资源量为限定条件,根据不同产业的技术水平来进行。

(3) 各产业间土地资源的分配应保证在此资源限制条件下各产业经济产值的最大化。

2. 实验区农地城市流转的时序优化战略

(1) 加快农村社会保障功能的建设,通过"社会保障"转换"土地保障",弱化农村土地的保障功能,为农地流转奠定基础。

(2) 在农村集体土地所有权性质不变的情况下,保持农地经营权和流转权的独立性,保证农地的流转权不受所有权的干涉。

(3) 清晰界定改变土地用途或者提高土地利用度的权利,即土地发展权,尤其是农地发展权,保证在农地流转的过程中农民的利益不受损害。

(4) 建立健全农村土地流转机制,在基层成立农地流转交易市场和农地流转服务机构,对土地流转提供法律咨询、评估和登记等服务,规范农地流转行为。

3. 实验区土地节约和集约利用的战略

1) 结合土地集约利用评价制度的建设,规范下位规划的实施与调整

在土地利用总体规划中设立区域性建设用地集约利用指标,结合土地集约利用评价制度的建设,规范下位规划的实施与调整。

(1) 强化土地利用总体规划的整体控制作用,各类与土地利用相关的规划必须与土地利用总体规划相衔接,建设用地规模和年度用地安排的确定必须符合总体规划的要求。

(2) 切实加强重大基础设施和基础产业的科学规划,避免盲目投资、过度超前和低水平重复建设浪费土地资源。

(3) 严格土地使用标准,按照节约集约用地的原则,在满足功能和安全要求的前提下,重新审改现有各类工程项目的建设用地标准,对不符合节约集约利用要求的及时修订。

(4) 从严控制城市用地规模。按照节约集约用地的要求,合理确定各项建设建筑密度、容积率和绿地率,严格按照国家标准进行各项市政基础设施和生态绿化建设,严禁规划建设脱离实际需要的宽马路、大广场和绿化带。

2) 促进城市圈土地市场发育,建立健全土地利用的市场机制

(1) 深入推进土地有偿使用制度改革,严格按照国土资源部限定的划拨用地范围进行划拨供地,对范围外的土地一律实行有偿使用。

(2) 建立并完善工业用地出让最低价标准统一公布制度,防止各地在招商引资中竞相压低地价的恶性竞争行为。

(3) 改革工业用地的供给方式,积极探索工业用地出让全面招拍挂的有效途径,解决工业用地无序竞争的问题。

(4) 大力发展二、三级土地市场,提高土地配置效率。

3) 充分利用现有建设用地,大力提高建设用地利用效率

(1) 严格执行闲置土地处置政策,对于土地闲置满两年、依法应当无偿收回的,坚决无偿收回,重新安排使用,不符合法定收回条件的,采取改变用途、等价置换、安排临时使用、纳入政府储备等途径及时处置并充分利用。土地闲置满一年不满两年的,按出让或划拨土地价款的20%征收土地闲置费。

(2) 积极引导使用未利用地和废弃地。对可用于农用的废弃地积极复垦;对因单位撤销、迁移等原因停止使用,以及经核准报废的公路、铁路、机场、矿场等使用的原划拨土地,依法及时收回,重新安排使用。除可以继续划拨使用的以外,经依法批准由原土地使用者自行开发的,按市场价补缴土地价款。

(3) 鼓励开发利用地上地下空间。对现有工业用地,在符合规划、不改变用途的前提下提高土地利用率和增加容积率的,不再增收土地价款;对新增工业用地,要进一步提高工业用地控制指标,厂房建筑面积高于容积率控制指标的部分,不再增收土地价款。

4. 实验区土地利用的空间结构优化协调战略

1) 建立武汉城市圈空间结构优化的科学机制

建立统一、开放的市场环境,共同的基础设施建设,以及统一的经济运行、管理机制以促进空间结构优化的实现。

2) 搞好武汉城市圈城镇体系建设和生产力布局

城市圈的城镇化体系建设方面,应重点发展武汉市主城区,次重点发展黄石、鄂州、孝感、黄冈、咸宁、仙桃、潜江、天门等市(县),积极发展一批条件比较好的小城镇,有计划地将一部分县升格为市。

生产力布局方面,可根据城市职能定位和产业地域分工,将圈内区域划分为居住区、高新技术产业区、先进制造业区、高效农业区、资源深加工区、市政商贸服务区、交通运输物流区、自然景观旅游区、人文景观旅游区、通勤居住及服务区等功能区域,借此突出特色并发挥其优势。

3) 以产业合理分工引导空间布局优化

根据两型社会的建设要求,逐步淘汰高污染、高能耗的产业,转而发展高科技产业、环保产业,以此形成合理的地域产业分工和企业集群布局。

4) 推进组团式、网状式、生态化基础设施空间布局

大力发展交通同管、电力同网、金融同城、信息同享、环保同治、长江风光带和汉江产业带的高品位协调建设及旅游业一体化开发等,实现区域基础设施建设的共建、共享和共管。同时,重点发展城市公共交通计划,并以铁路和公路交通为重点,形成武汉城市圈的综合交通运输网络,促进南北向发展轴和东西向发展轴及其二级派生轴的形成,与珠江三角洲、长江产业带保持密切的衔接。

5) 优化土地利用功能分区

城市圈的土地利用应以紧凑型模式(即土地的节约集约利用)和环境友好空间优化模式为指导,以城市圈发展战略的"区域视野"对圈内的土地利用做出"理性预期",并结合各地的自然经济条件和土地利用现状在圈内进行土地利用功能分区。

6) 设置生态绿心和生态隔离带

在城市群内部,根据风向、河流流向、生态绿化区域等要素合理设置绿化带和生态隔离带,处理好工业区、生活区、市政区、旅游区、商业区、交通枢纽区、城郊农业区等不同城市功能区域的关系,尽可能减少产业活动对居民生活的干扰。可采取集中与分散相结合的布局方式,中心城区侧重发展第三产业和高新技术,边缘城镇侧重发展加工制造业,工业区与生活区之间设置生态隔离带。

7) 加强武汉城市圈空间规划引导

从宏观层面上完善城市圈区域规划体系,将区域规划、土地利用总体规划、控制性详细规划、城市和产业发展规划落实到空间上,编制武汉城市圈统一的空间发展规划,确立与城市体系、产业带、生态建设及基础设施建设相吻合的原则体系、规划期和技术标准。

2.2 长株潭城市群两型社会建设战略目标与土地利用的挑战

长沙、株洲、湘潭三市位于湖南省东北部、湘江下游,三市土地总面积为2.8万平方千米,占全省总面积的13.3%;2015年人口1 425.6万,经济总量6 716.6亿元,分别占湖南全省的21.0%和41.9%。长株潭城市群是中国重要的城市群之一,区域社会经济发展水平在全省地位突出,它以占全省1/5的人口和占全省1/7的土地,产出了全省2/5的GDP,是湖南省经济发展的核心增长极。三市沿湘江呈"品"字形分布,市中心之间相距为49千米(长—株)、37千米(潭—株)和51千米(长—潭),在空间上相互交叠,无论在历史还是在现实中都具有不可分割的经济联系和社会联系,这种组合形式在国内是独一无二的(图2-9)。从宏观区域背景来看,长株潭正处在中部过渡地带,受到以武汉为核心的武汉经济圈、以珠江三角洲为核心的华南经济圈、以长江三角洲为核心的华东经济圈的叠加影响。由于空间距离的限制,长株潭并没有与上述任何一个经济圈建立足够密切的经济联系,而是在几大经济圈的边缘形成了一个相对独立的经济区。

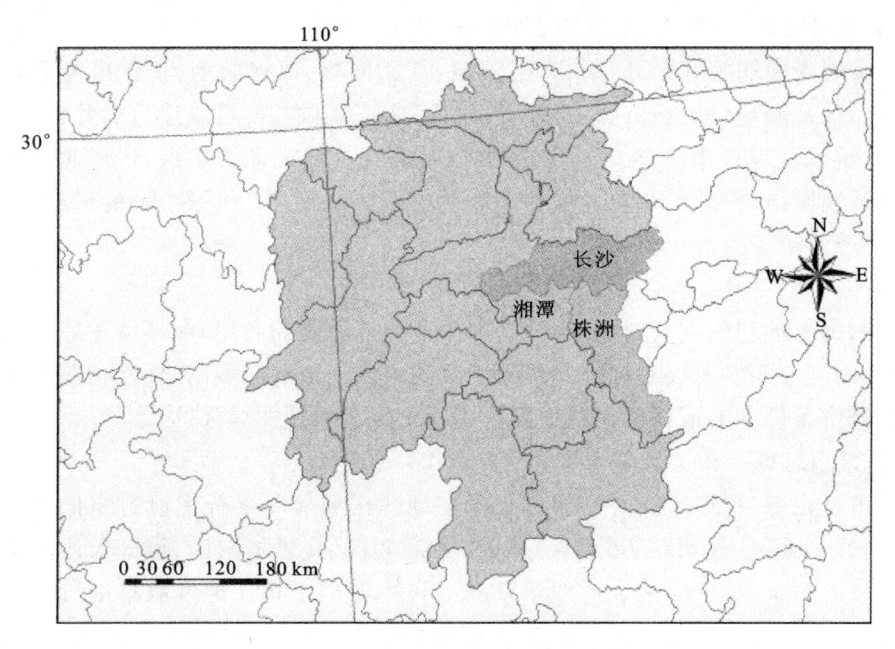

图 2-9 长株潭城市圈示意图

2.2.1 长株潭城市群两型社会建设战略目标

1. 经济增长目标

长株潭三市 GDP 年均增长 12%,高出全省 2 个百分点以上,经济保持中高速增长。增速继续保持高于全国平均水平,2020 年前在省内率先实现地区生产总值和城乡居民人均收入比 2010 年翻一番,人均地区生产总值与全国平均水平的差距明显缩小,主要经济指标平衡协调。长株潭地区率先迈向基本现代化。

2. 城市化目标

城市化水平每年提高 1.8 个百分点左右,到 2020 年,达到 72% 以上。城市群常住人口达 7 000 万,户籍人口城镇化率加快提高。

3. 产业结构目标

2020 年,长株潭三市第一、二、三次产业比重为 5∶50∶45。工业增加值年均增长 15%;高新技术产业增加值年均增长 25%;服务业增加值年均增长 13%。工业化和信息化融合发展水平进一步提高,产业迈向中高端水平,先进制造业加快发展,新产业新业态不断成长,服务业比重进一步提升,农业现代化取得明显进展。投资效率和企业效率明显上升,出口和消费对经济增长的作用明显增大,经济外向度提升,经济增长的科技含量提高。

4. 人均经济收入目标

2015 年末,长株潭人均 GDP 达到 8 万元,进入全国城市群先进行列。再经过 5 年努力,到 2020 年,长株潭人均 GDP 将达到 14 万元左右,收入差距缩小,中等收入人口比重上升。现行标准下农村贫困人口实现脱贫,贫困县全部摘帽。

5. 区域一体化建设目标

打破行政区划界限,对国土、环保、质监、海关、金融、城建、规划、教育、劳动和社会保障等职能,按"六个一体化"的思路推进区域性管理。未来五年长株潭着力实现区域布局一体化、基础设施一体化、产业发展一体化、城乡建设一体化、市场一体化、社会发展一体化"六个一体化"。

《长株潭经济一体化规划(2008~2020)》中规定的经济社会发展主要目标如表2-7所示。

表2-7 长株潭经济社会发展主要目标

指标	单位	2015年目标	2020年目标
人口占全省比重	%	22	25
GDP占全省比重	%	45	47
人均GDP	万元	9	14
高新技术产业增加值占GDP比重	%	25	35
服务业增加值占GDP比重	%	42	50
进出口贸易占GDP比重	%	10	16
R&D经费支出占GDP比重	%	1.8	2.5
城市基础设施占固定资产投资比重	%	7.5	9
城镇化水平	%	67	72
城乡收入比	%	1.8	1.6

2.2.2 长株潭城市群建设现状与战略目标的差距

1. 经济增长现状

2015年,长株潭城市群GDP达到12 548.33万元,同比增长9.8%,在全省GDP中的比重达41.9%;规模以上工业增加值同比增长8.5%;固定资产投资(不含农户)达到10 350.0亿元,同比增长17.9%;地区居民人均可支配收入30 655元,增长8.4%。可以看出,长株潭城市群是湖南省的经济核心地区。2015年长沙市GDP为8 510.13万元,同比增长8.6%,株洲市GDP为2 335.1万元,同比下降1.1%,湘潭市GDP为17 031万元,同比增长8.4%,三市增长速度不一,说明区域经济发展不平衡,长沙处于龙头地位,拉动区域经济增长。

图2-10为2010~2015年长沙、株洲、湘潭三市及总城市群的GDP,从图中可以看出,株洲市和湘潭市GDP的增加值增长缓慢,5年间历年增长速度均小于长株潭城市群的历年增长速度;长沙市的GDP增长速度较快,在2011~2014年均达到10%以上的增长速度,2014~2015年增速降为8.6%;长株潭城市群的GDP的增长率在2011~2014年间也

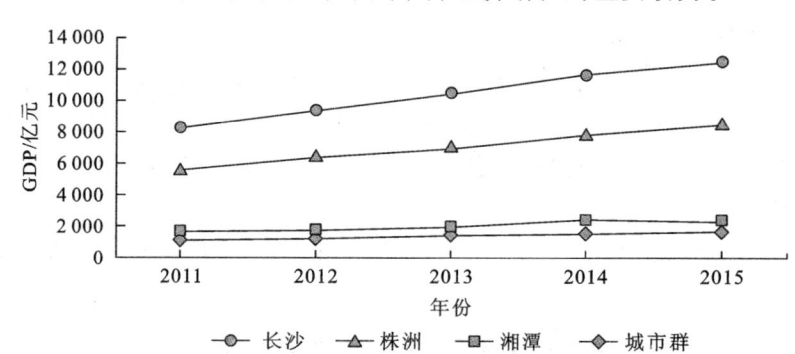

保持10%以上增速,长沙市是拉动长株潭城市群经济增长的主要动力。

图 2-10　2011~2015年长株潭城市群GDP

从图2-11可以看出,长沙市GDP占长株潭城市群总GDP的比重逐年增加,由2011年的67.6%增加到2015年的67.8%,株洲市GDP占长株潭城市群总GDP的比重则逐年减少,分别由2011年的18.8%下降到2015年的18.6%,湘潭市GDP基本不变,维持在13.5%,地区经济发展不平衡凸显。

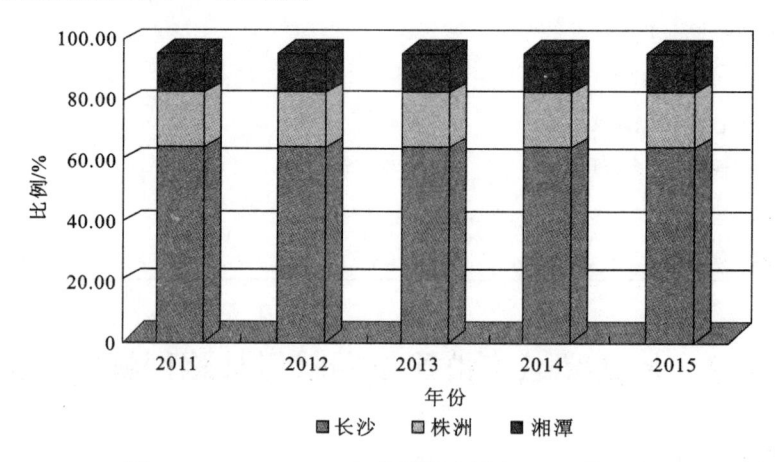

图 2-11　2011~2015年长株潭各城市GDP的比重

2. 城市化现状

城市化的发展和经济区域的形成壮大是发展中国家激活地区经济的发展,以"点—线—面"的路径,逐步消除二元经济结构,带动整个国民经济的发展,走向文明和现代化的有效方式。长株潭地区经过几十年的发展,由于地域专业化分工、产业和贸易联系的作用,城市经济一体化的趋势日益显著,新的区域经济格局正在形成之中。从世界城市化的进程看,当城市人口占总人数的比重超过30%以后,城市要素积聚能力和产业辐射能力迅速增强,城市文明普及率加速,城市化进程明显加快。

20世纪90年代后期以来,长株潭城市化发展呈快速增长势态。从2011~2015年长株潭城市化进程可以看出,整个区域城市化率由2011年的62.08%增加到67.57%,净增了5.49%,增长缓慢。总体水平上,长株潭城市化水平仍然处于发展的中级阶段。城市化进程中各个城市的发展水平存在差距,长沙市城市化水平在2011年已经达到68.49%,株洲市和湘潭市的城市化水平在2015年分别达到62.10%和58.28%,2011～2015年非农人口增长速度均介于1%～2%,长株潭城市群的城市化水平进入稳速发展阶段。

表2-8 长株潭城市群城市化水平 （单位:%）

	长沙	株洲	湘潭	长株潭城市群
2011	68.49	57.48	52.08	62.08
2012	69.38	59.10	54.02	63.39
2013	70.60	60.12	55.10	64.56
2014	72.34	61.00	56.55	66.00
2015	74.38	62.10	58.28	67.75

资料来源:《湖南省统计年鉴2016》

3. 产业结构现状

自湖南省政府做出加快长株潭经济一体化的战略决策以来,长株潭三市社会、经济各方面都得到了迅速发展,对长株潭产业结构的调整产生了重大影响。三市中长沙、株洲、湘潭三次产业结构均呈"二、三、一"的结构类型,且第二产业优势明显。2015年长株潭城市群三次产业比重为5.28∶52.63∶42.09,第二、三产业占国民生产总值达到94.72%,与2011年相比,第一产业比重降低0.49个百分点,第二产业比重降低4.73个百分点,第三产业比重上升5.22个百分点,从表2-9可以看出长株潭三次产业结构逐步优化,在第二产业保持对国民经济的有力支撑的同时,第三产业对国民经济的贡献力日益增大,第一产业比重逐年下降。2011～2015年,长沙、株洲和湘潭三市的第一产业和第二产业比重总体呈现降低趋势,长沙第一产业由4.33%下降到4.02%,第二产业由56.09%下降到50.92%;第三产业比重稳步上升,产业发展呈现出良好态势,为实现产业一体化奠定了基础。

表2-9 长株潭城市群三次产业比重

	长沙	株洲	湘潭	长株潭城市群
2011	4.33∶56.09∶39.58	8.52∶60.45∶31.03	9.12∶59.46∶31.41	5.77∶57.36∶36.87
2012	4.27∶56.13∶39.60	8.31∶61.04∶30.66	8.62∶59.71∶31.66	5.61∶57.52∶36.87
2013	3.51∶55.53∶40.96	8.01∶60.03∶31.96	8.38∶59.03∶32.59	5.02∶56.85∶38.14
2014	3.99∶54.20∶41.81	7.07∶54.22∶38.71	8.13∶56.98∶34.89	5.16∶54.58∶40.26
2015	4.02∶50.92∶45.06	7.69∶57.26∶35.05	8.26∶54.83∶36.91	5.28∶52.63∶42.09

资料来源:《湖南省统计年鉴2016》

人口产业结构的变化是随社会分工、科学技术和生产力的变化而变化的,是城市生产力发展和经济因素变动引起的,人口产业结构反映了区域产业从业人员比重,一般经济发达地区第一产业人口比重较小,第二、三产业人口比重占优,因此可以通过对人口产业结构变化的分析来研究区域产业结构的经济发展。据研究,当人均GDP达到1000美元时,劳动力配置结构中的第一、二、三产业从业人员之比为25.2∶32.5∶42.3。由表2-10可知，2015年长株潭三市人均GDP为88 543元，折合13 622美元（按汇率人民币：美元=6.5∶1），第一、二、三产业从业人员之比为27.86∶32.59∶39.55，就业结构比较合理。

表 2-10 长株潭城市群三次产业从业人口比重

	长沙	株洲	湘潭	长株潭城市群
2011	25.73∶32.92∶41.35	36.80∶29.80∶33.40	46.37∶28.04∶25.59	32.96∶31.07∶35.97
2012	24.39∶33.21∶42.40	35.50∶30.30∶34.20	45.33∶29.43∶25.24	31.73∶31.63∶36.64
2013	23.13∶33.65∶43.22	33.73∶30.79∶35.48	42.37∶30.64∶26.99	30.06∶32.24∶37.71
2014	22.72∶33.71∶43.56	31.81∶31.81∶36.38	40.95∶28.41∶30.64	28.96∶32.11∶38.94
2015	22.16∶34.00∶43.84	30.15∶33.29∶36.55	39.40∶27.93∶32.67	27.86∶32.59∶39.55

注：资料来源《湖南省统计年鉴2016》

4. 人均经济收入现状

人均经济总量即人均GDP水平是衡量一个地区经济实力的重要指标。《湖南省统计年鉴2016》显示，长株潭城市群各市的人均GDP水平如表2-11所示。从表2-11中可以看出，长株潭城市群人均GDP呈现逐年上涨趋势，长沙市人均GDP最高，株洲市和湘潭市两者相差不大。2015年，长株潭城市群人均GDP为88 543元，其中长沙市人均GDP最高，其次为湘潭市，最后为株洲市，5年间三市平均增长率分别为2.34%、9.76%和10.38%。

表 2-11 长株潭城市群人均GDP　　　　　　（单位：元/人）

	长沙	株洲	湘潭	长株潭城市群
2011	79 530	40 431	40 753	60 671
2012	8 990	45 235	46 249	68 506
2013	99 570	49 723	51 717	75 896
2014	107 683	54 741	55 968	82 425
2015	115 443	58 661	60 430	88 543

资料来源：《中国城市经济年鉴》

5. 区域一体化建设现状

2006年6月，第一届长株潭三市党政领导联席会议通过了《长株潭三市党政领导联席会议议事规则》，签署了《长株潭区域合作框架协议》《长株潭工业合作协议》《长株潭科技合作协议》《长株潭环保合作协议》四个协议。会议的高调进行，预示着长株潭一体化的推进步伐大大加快，区域经济一体化重新启动。在"十二五"期间，长株潭区域现已基本形成通达的综合交通网络，结合武广、沪长专线，城际轻轨，湘江综合枢纽建设及黄花机场扩建，依托新一轮城乡电网改造及三市成品油输送管道建设，将有利于尽快形成国家级大交通、大能源格局。与此同时，随着三市通信、广电、电子政务系统等互联互通的推进，将率先打造全省信息化平台。

湖南省发展和改革委员会认为:"从全国城市群加快发展的大背景来观察,长株潭一体化进程不够快,与社会期望差距较远。"所谓"差距",主要表现在四个"不够"上。一是整体实力提升不够,相比长江三角洲、珠江三角洲等重要城市群,长株潭优势产业链尚未形成,辐射带动功能不强;二是体制机制突破不够,行政壁垒、无序竞争阻碍了三地城市要素的合理配置;三是城镇功能拓展不够,城市公共服务滞后制约城镇扩容提质;四是结构调整突破不够,缺乏引领未来的战略性支柱产业。长株潭区域经济增长较快,区域经济优势凸显,核心增长极初步形成,但经济总量还不大,经济发展水平还不高,自主创新的能力还不强;经济一体化取得了很大进展,尤其是"五同"网络规划的实施取得了显著成效,但不同程度的行政分割和地方保护还很突出;产业结构调整不断推进,并取得了较好的成绩,但主要依靠资源、资本、劳动投入的粗放式增长方式还没有发生根本转变。

2.2.3 长株潭城市群两型社会建设战略目标实现面临的土地问题

1. 长株潭城市群用地结构失调

从资源配置的角度分析,土地利用数量结构主要指不同用途下土地资源的数量构成。近年来,长株潭在城市化进程中,对土地的需求不断增加,表现为总体用地结构发生改变(表2-12)。

表2-12 长株潭土地利用总体结构的变化(2010～2015年)

用地类型	2010年 面积/万亩	2010年 比重/%	2015年 面积/万亩	2015年 比重/%	净增减数量/万亩
耕地	966	22.98	955.2	22.71	−10.8
园地	36.3	0.86	34.6	0.82	−1.7
林地	2 249.7	53.51	2 223.9	52.88	−25.8
草地	60.7	1.44	58.6	1.39	−2.1
城镇及工矿用地	450.1	10.71	489.3	11.63	39.2
交通运输	91.1	2.17	99.2	2.36	8.1
水利设施	278	6.61	273.2	6.50	−4.8
其他土地	72	1.71	71.8	1.71	−0.2

资料来源:国土资源部信息平台

从表2-12中可以看出,2010～2015年长株潭耕地面积净减少10.8千米^2,而建设用地面积则增加了39.2千米^2。从上述分析可知,推进城市化过程带来的是耕地的减少和建设用地的增加,因而在长株潭城市化不断推进的趋势下,实现在耕地保护前提下的城市化发展是长株潭土地可持续利用和经济社会协调发展的必然要求。

从长株潭城市群的土地利用现状结构来看,2015年长沙市以林地为主,其次是耕地和城镇及工矿用地,分别占总建设面积的 50.59%、23.43%、13.8%;株洲市和湘潭市也为林地最多,其次为耕地和城镇及工矿用地。其中长沙市的城镇及工矿用地比重为三个城市最大,林地和草地比重为株洲市最多,耕地和水利设施用地比重最大的是湘潭市。在长株潭一体化过程中,土地利用结构存在一定的差距,产业结构发展变化也受到其一定程度的限制,随着长株潭一体化进程的加快,经济发展水平得到不断提升,建设用地结构调整的力度还将加大。

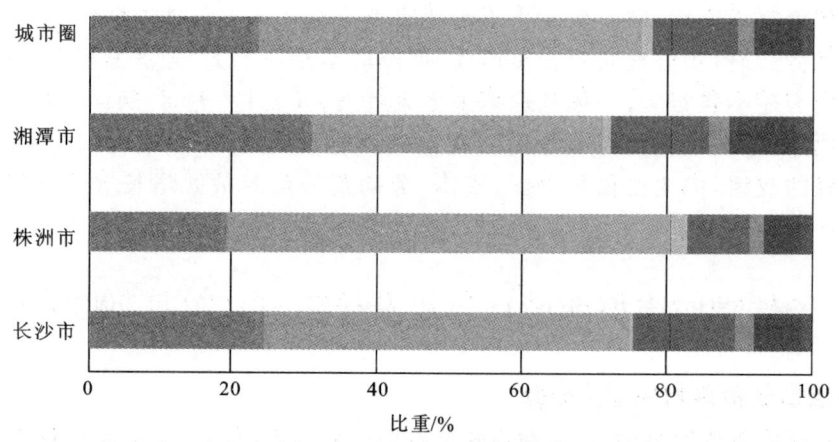

图 2-12 2015 年长株潭城市群建设用地结构比重

2. 城市化与农地城市流转控制问题

城市化水平进一步提高、产业结构升级及人口的迁移,是城市圈建设过程中必须进行的,在对我国各地区情况进行研究时发现,我国城市化水平每提高 1%,城市建设用地平均增长 1.145 km²,城市住宅用地增长 0.282 km²,城市工业用地增长 0.402 km²。也就是说,在长株潭城市群建设过程中,不可避免地会有大量的农地流转,这将与国家严格控制农地城市流转的政策形成矛盾。从图 2-13 可以看出,长株潭城镇用地面积逐年增长趋势和城市化率的增长率趋势基本一致,在实现目标年的城市化水平时,需要更多的农地流转为城市建设用地。

在城市规模的扩张过程中,大部分占用的是周围质量较高的农田或耕地,随着长株潭园区的建设,长株潭地区 5 年来城市化率由 62.08% 上升到 67.75%,城市化大约导致 300 多万农民失去土地。尽管近年来政府部门加强了管理,耕地侵占的势头有所遏制,但仍然出现很多问题。尽管部分农民已得到妥善安置,成为市民、工人,但是还有大部分农民可能成为无地可种、无班可上、无社保可领的"三无"农民。随着经济发展和城镇化进程的加快,今后各类建设对耕地的占用将呈增长趋势,耕地保护矛盾更加突出,人地关系矛盾日益加剧。因此,实现耕地总量动态平衡和保护耕地的形势将相当严峻。

3. 重点发展与节约型、集约型用地问题

近年来,长株潭经济发展较快,但由于对城市化的认识还存在着一定的偏差,局部区

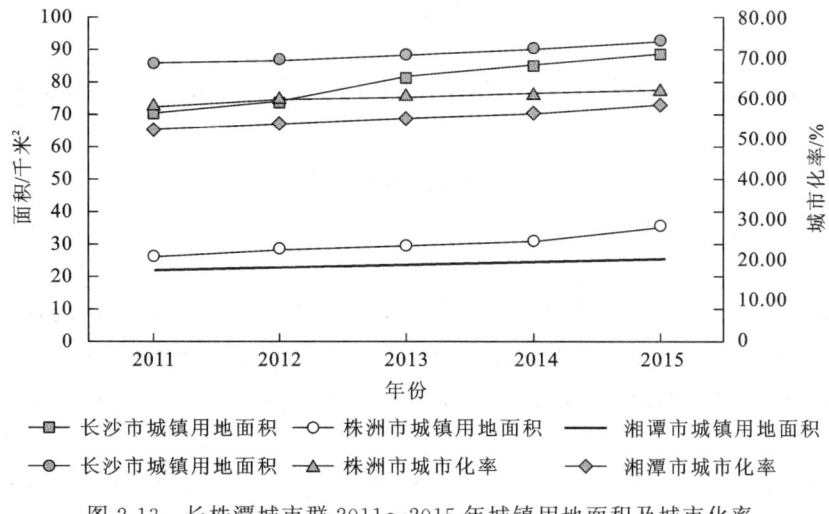

图 2-13 长株潭城市群 2011~2015 年城镇用地面积及城市化率

域城市用地规模和建设用地增长快,城市建设呈现一种"摊大饼"式的外延发展,其结果是一方面加剧了城市用地的供需矛盾,另一方面导致用地粗放,土地集约利用程度偏低。同时,长株潭城市土地利用呈现出粗放式的经营模式,如长株潭开发区占地规模偏大,而经济效益却表现出明显的地效性特征。

土地是发展经济的必要资源,也是人类赖以生存的场所,在发展长株潭城市群经济的同时应注重合理利用土地资源。2015 年,长珠潭地区耕地面积为 955.2 万亩,人均耕地面积为 0.14 亩,远远低于全国 1.48 亩/人的水平。可见,长株潭城市群的人均耕地面积是非常有限的,如何在土地利用方式上进行节约集约用地,落实资源节约型、环境友好型社会建设的目标是个非常重要的课题。

4. 土地利用的城乡统筹和区域统筹问题

土地利用的城乡统筹问题主要由于城乡二元结构的存在。城镇建设用地属国有,土地可以进入市场流转,农村建设用地为集体所有依法不能流转所导致,农村空心村、闲置的宅基地大量存在,却无法进入市场,使得农村建设用地整理集中改造难度较大,农村建设用地低效粗放利用状况不易改变,这种二元结构也是城乡土地利用在收益上存在巨大差异的主要原因。农业土地利用效益明显低于城市,造成城镇用地扩张迅速,耕地保护困难重重。在两型社会建设中,应打破城乡二元结构,建立资源节约型社会,推进农村土地流转,建立公平有效的市场秩序。

土地利用的区域统筹问题主要是由于缺乏有效的区域统筹协调,各个城市都盲目扩张用地、产业结构趋同、重复建设严重、无序竞争、竞相压低地价,这不仅造成土地资源浪费、土地资产流失,更严重的是土地利用结构失调,进而易造成经济结构失调。在布局上,长株潭城市群存在"摊大饼"式的外延发展,沿交通线和水域线分布,区域建设用地布局混乱无序,工业遍地开花,用地布局上的不合理不仅造成土地资源的浪费,也造成人居环境恶化。区域统筹应该兼顾各地区的经济发展,对长株潭三市进行统一规划建设,避免盲目无序的开发,考虑项目布局,以及如何融入长株潭的总体发展。

2.2.4 实现两型社会建设战略目标的土地利用战略转变

1. 实验区土地利用总量的控制与产业用地结构优化协调战略

土地利用结构与产业结构之间存在复杂非线性动力过程。一方面,土地是产业系统演化的资源基础,用地结构变化决定产业结构演进的方向与进程;另一方面,产业活动主导土地利用方式的形成,产业结构演进是土地利用结构变化的重要影响因素。从实践上看,两系统作用于对方的非线性动力强度因地区及其所处的经济社会发展阶段而异。

长株潭城市群建设时应加快建立利益协调机制,充分调动各个区域协调发展的积极性,保障整个地区经济的快速发展和土地结构的合理利用。这可分几个层面考虑:其一,建立三市间利益协调对话机制,就三市间的利益协调进行经常性对话;其二,对大型的跨区域的盈利性项目,可采取联合共建、股份化运作、利益分享的方式;其三,对大型的跨区域的纯公益性项目,可按不同行政区域受益程度的大小确定出资比例;其四,以社保为核心,以现有承担比重为基础,构筑三市包括社保、基础教育、就业等在内的统一的社会服务体系,做到承认历史、面向未来、共建共享。

2. 实验区农地城市流转的时序优化战略

从土地利用与经济发展的关系来看,产业结构演变和就业结构演变影响土地占有方式,收入水平高低影响消费结构,而消费结构变化反过来对产业结构产生作用。根据产业结构变动规律,不同经济发展阶段产业结构会呈现一定的规律性变化,进而带动农地城市流转呈规律性变化,即在不同的经济发展阶段,土地利用的主要矛盾不同,农地城市流转的需求数量也不同。在传统经济发展阶段,农业是区域的主导产业,经济基本处于自给自足状态,这个阶段土地利用的主要矛盾是耕地和生态用地之间的竞争,农地城市流转的需求数量很小;在工业化阶段,产业结构发生演变,从以第一产业比重占优势逐渐转向第二产业、第三产业比重占优势,这个阶段土地利用的目的是市场交换,影响土地利用变化的主导因素是土地产品或服务的市场供求状况和土地利用的比较效益,土地利用的主要矛盾是非农化建设用地、农业用地和生态用地之间的竞争,土地利用变化的主要特点表现为农地迅速减少、农用地向建设用地和生态用地快速转移、农地城市流转的需求量很大。

长株潭城市群两型社会经济建设中,应参考不同经济发展阶段的用地总量,制定合理的用地总规模,注重城市土地内部挖潜,做好土地储备,针对不同发展阶段提供不同数量的城市土地供给量,通过调控城市土地的市场价格,保护失地农民的权益等政策手段,促进城市用地向集约化方向发展,建设紧凑新区,提高土地的投入产出效益。

3. 实验区土地节约和集约利用的战略

首先,应该科学合理地编制城市土地利用总体规划,增强土地利用区域协调性。紧紧抓住全国正在积极开展编制第三轮土地利用总体规划这个契机,在时空上进行土地资源的合理分配和组织,实现土地利用经济、生态和社会效益最大化。为了提高土地的集约利用程度,有必要实行土地置换制度,促进工业园区整合与企业退城进园。

其次,利用建设用地指标体系,设置土地利用准入门槛。应建立并完善工业用地出让最低价标准统一公布制度。当前土地调控中一个突出问题就是工业用地增速过快,除了投资拉动外,一个重要的原因就是地区之间的恶性竞争。通过建立和完善工业用地出让最低价标准统一公布制度,可以有效遏制各地招商引资中竞相压低地价的恶性竞争行为,也有利于提高各地引资的质量。利用定额指标控制建设项目,提高建设项目尤其是工业项目的门槛,是实现土地集约利用的必要保障。

最后,改革工业用地的供给方式,积极探索工业用地出让全面招拍挂的有效途径。推行工业用地招拍挂是土地市场建设进一步成熟完善的重要环节,有利于营造公平、公正、公开的市场竞争环境,解决工业用地无序竞争的问题,防止各地竞相压低地价造成国有土地资产流失;有利于通过市场经济杠杆,发挥土地资源市场配置的基础性作用,促进节约集约用地,提高土地利用效率,增强土地资源对社会经济可持续发展的保障能力。我们还应该建立完善二、三级土地市场,充分发挥市场的供求机制、价格机制和竞争机制,建立统一的土地价格体系,促进土地资源流动,提升土地市场整体竞争性与土地配置效率。

4. 实验区土地利用的空间结构优化协调战略

长株潭城市群一主二副地域空间结构的形成是自然条件、制度创新与规划引导等一系列因素共同作用的结果,地域空间结构的进一步发展变化继续受这些因素的制约,做好两型社会建设,必须优化土地利用空间结构。加强土地利用总体规划的权威性和总纲性,与土地利用总体规划相关的各类专业规划,应严格执行土地利用总体规划,防止宽打窄用和乱占滥用土地。必须依据国情和区域具体情况,在城乡体系规划、城市总体规划、近期建设规划、控制性详细规划等不同层次的规划中,对城市布局、功能分区、基础设施配置等进行科学安排,确定合理的城镇规模;要优化土地利用结构,合理控制城市基础设施和行政办公用地规模,严格控制大型商业设施和高档商品房用地;适当提高工业建筑的容积率、公共建筑密度,合理确定住宅建筑的密度和容积率,推广节能省地建筑技术,大力开发利用城市地下空间。

长株潭城市群土地利用应以节约集约(紧凑型模式)和环境友好(环境友好型模式)空间优化模式为指导,以城市群发展战略的"区域视野"对城市群土地利用做出"理性预期"。根据长株潭城市群的自然经济条件和土地利用现状,可将其划分为五个土地利用功能区:①以湘江为轴线、长株潭为核心的城市重点建设区。②重点城镇发展区。重点发展一批地理区位优越、经济特色突出的小城镇,形成各具特色、有机组合、分工明确的小城镇网络体系,加速城乡一体化建设的步伐。③形成五个高科技农业示范区和观光旅游农业区。该区域基础设施完善,耕作条件优越,是农业重点生产地域。④在城市密集区周围规划建设高质量的森林公园和生态绿地,主要用于改善城市环境生态,成为大面积建成区的"绿肺"。⑤规划建设特色突出的岗地—丘陵农林景观区。本区以农田、绿地和水面为主,居民点分布密度低,土地利用类型多样化,可建设成为生物多样性丰富、生态功能显著的城市外围生态区域。

全面实行土地有偿使用,充分运用地租地价杠杆,挖掘土地利用潜力,提高利用效率。逐步转换土地配置机制,由划拨配置机制转换为以出让、转让为主的市场调节配置机制,长株潭要因地制宜地采取土地使用权出让、租赁、作价出资(或入股)等多种方式供应土地。建议设立长株潭一体化的土地收购、储备和供给机制,对城区和下辖县城的建设用地坚持统一规划、统一征地、统一储备、统一开发、统一出让、统一管理的原则。

2.3 本章小结

2.3.1 武汉城市圈

2015年,武汉城市圈处于工业化成熟期向工业化后期过渡的阶段,基本进入工业化成熟阶段。城市化水平为61.26%,人均GDP为9 639.4美元,与圈内工业化、城市化、现代化和小康的目标尚有差距。产业结构方面,圈内产业以第二产业为主导,且第一产业的比重达到了10%以上,生产性服务业所占比重较小,产业结构低下,升级需求迫切,这些给两型社会建设目标的实现带来了很大的挑战。此外,在武汉城市圈两型社会建设的过程中,还面临着"工业立市""项目立市"发展战略与用地结构失调,工业用地比例过大、道路交通用地和园林地比例偏小的矛盾,人口迁移、产业升级、城市化水平提高与农地城市流转的控制,跨越式发展、基础设施大规模建设与用地扩张,以及区域间、城乡间差距过大,武汉市在圈内"一城独大"现象严重等问题。为确保两型社会建设目标的顺利实现,在圈内两型社会建设的过程中应实行土地利用总量控制与产业用地结构优化调整、农地城市流转的时序优化、土地节约集约利用及土地利用的空间结构优化战略。

2.3.2 长株潭城市群

2015年,长株潭城市群GDP达到12 548.33亿元,同比增长9.8%,以占全省13.3%的面积、21.0%的人口,创造占全省41.9%的地区生产总值,可以说,长株潭城市群是湖南省的经济核心地区。城市化水平已经超过60%,进入快速发展阶段。产业结构中,长沙、株洲、湘潭呈"二、三、一"的结构类型,第二产业优势明显。从业人口数量来看,长株潭城市群的第二、三产业比重基本一致,三次产业从业人口比重与产业结构比重基本协调发展。2015年,长株潭城市群人均GDP为88 453元,其中长沙市人均GDP最高,其次为株洲市,最后为湘潭市,超过全国及湖南省平均水平。区域一体化进程加快,已基本形成通达的综合交通网络,新一轮城乡电网改造及三市成品油输送管道建设,将有利于尽快形成国家级大交通、大能源格局。但是仍然与区域规划目标存在一定的差距,实现两型社会建设战略目标面临一定的土地问题,如用地结构失调,土地利用粗放,农地非农化速度过快,区域发展不协调等问题,需要协调好土地利用与经济发展的关系。

2.3.3 对比分析

通过对武汉城市圈和长株潭城市群发展现状与发展目标的分析,可以看出,武汉和长沙在区域中的中心地位均较为突出,但是武汉"一家独大"更为严重,长株潭城市群发展更为均衡。整体来看,长株潭城市群城市化水平和经济发展水平比武汉城市群更高、城市化率和人均 GDP 水平更高、产业结构更优。由于发展程度不同,发展面临的问题和发展重心也随之表现出空间差异性,武汉城市圈主要问题在于控制农地城市化时序,实现产业和用地结构优化,而长株潭城市群主要目标在于控制农地非农化速度以协调土地利用与经济发展的关系。

因此,结合两区发展优势和面临的问题,需差别化提出因地适宜的土地调控政策。针对武汉城市圈,要实现两型社会构建,土地调控方向应注意以下几点。

(1) 严格控制建设用地总量,结合区域内粮食安全和生态保护的要求确定可供利用的土地数量,并在此基础上依据各行业的土地利用效益合理分配土地,在可供利用土地数量不变的情况下达到土地产出效益的最大化。

(2) 加快农村社会保障体系的建设,明晰土地产权,建立健全农地流转机制,促进农地有序合理流转。

(3) 开展节约集约利用评价机制,充分挖掘现有建设用地的潜力,促进土地的节约集约利用。

(4) 着力建设统一、开放的市场环境,共同的基础设施建设和统一的经济运行管理机制,以合理的产业分工来引导空间布局的优化,推进组团式、网状式和生态化的基础设施空间布局,优化土地利用功能分区,实现土地利用空间结构的优化。

而针对长株潭城市群,土地调控政策的制定应遵循以下几点。

(1) 长株潭城市群建设时应加快建立利益协调机制,充分调动各个区域协调发展的积极性,保障整个地区经济的快速发展和土地结构的合理利用。

(2) 长株潭城市群两型社会经济建设中,应参考不同经济发展阶段的用地总量,制定合理的用地总规模,注重城市土地内部挖潜,做好土地储备,针对不同发展阶段提供不同数量的城市土地供给量。

(3) 改革工业用地的供给方式,积极探索工业用地出让全面招拍挂的有效途径。通过市场经济杠杆,发挥土地资源市场配置的基础性作用,促进节约集约用地,提高土地利用效率,增强土地资源对社会经济可持续发展的保障能力。

(4) 建立完善二、三级土地市场,充分发挥市场的供求机制、价格机制和竞争机制,建立统一的土地价格体系,促进土地资源流动,提升土地市场整体竞争性与土地配置效率。

(5) 利用建设用地指标体系,设置土地利用准入门槛,建立并完善用地出让最低价标准统一公布制度。利用定额指标控制建设项目,提高建设项目尤其是工业项目的门槛,这是实现土地集约利用的必要保障。

第 3 章 实验区土地储备与供地政策

3.1 实验区土地的储备和土地储备政策的创新

3.1.1 土地储备制度设置的前提

国务院对武汉市两型社会建设方案的批复中指出,将武汉市城市圈、长株潭城市群作为一体化开发,支持跨市占补平衡,重点开发区及优化开发区的征地占用指标可以在限制开发区和禁止开发区内实现,这为农地发展权的确立提供了政策依据。就土地储备而言,不论是禁止土地进行开发,还是禁止土地进行非农开发,其在法律意义上而言,都是对土地发展权一定程度上的限制。而我国目前的土地储备制度并没有明确这一点,从而导致了一系列政策失灵的问题。因此,有必要明确界定土地发展权的性质,将发展权与所有权、使用权剥离开,通过在市场上转移土地的发展权,从而达到合理的储备土地的目的。因此,建议在限制开发区和禁止开发区设立可转移农地发展权,通过设立农地储备项目区及生态环境保护区来实行对农地资源的保护。

3.1.2 土地储备的对象

《武汉城市圈总体规划》中指出,将大别山脉和幕阜山脉的生态脆弱区、各地风景名胜区、自然保护区周边地区、各类分蓄洪区列为限制开发区,保护优先,适度开发;城市圈内风景名胜区、自然保护区、水源地保护区、基本农田保护区则被列为禁止开发区,实行强制保护,鼓励生态移民。土地储备的对象也多是限制开发区与禁止开发区的土地,根据对开发区土地发展权的限制程度不同,可以分为禁止进行非农开发的土地及禁止开发的土地。

1. 禁止进行非农开发的土地

禁止非农开发的土地主要是基本农田保护区、自然保护区周边地区、水源地保护区及一部分分蓄洪区等,这些地区由于农地保护、生态保护及特殊区位的限制,只能进行农业开发。因此,将这类土地划入基本农田储备区,在自然保护区周边储备区、水源地保护区及分蓄洪区储备区,分别进行不同程度的农业开发。在基本农田储备区中,要加强优质农田的开发及保护,强调基本农田生产能力的动态均衡。在自然保护区周边储备区的农业开发要有一定的限制,以不破坏自然保护区的生态环境为前提,进行适度的农业开发,在一定的区域内,还应配合当地的自然景观风貌来进行相宜的农业开发。水源地保护区的农业开发要注重减少氮污染及水土流失的污染,大力发展有机农业,减少化肥的施用。对于保护区内的林荒山、25度以上坡度耕地进行退耕还林计划,或改为果园的种植。对于分蓄洪区储备区而言,由于土壤的肥力相对较差,以及分蓄洪的周期性特点,应尽量种植投入小、生产周期短、对土壤肥力要求不高的作物。

2. 禁止开发的土地

对于生态脆弱区、风景名胜区和自然保护区往往应采取禁止任何开发的保护措施。对生态脆弱区进行生态退耕,并休养保护。对风景名胜区和自然保护区的农业开发及非农开发都应做出限制。

3.1.3　土地储备的机制设计

1. 使用土地发展权进行土地储备的构想

1) 土地发展权的界定

1947年英国的《城乡规划法》以法律制度的形式建立了土地发展权制度。土地发展权是指将土地转作其他用途的权利。因此,土地发展权的所有者就拥有决定土地用途的权利。20世纪50~60年代,美国对土地区划与土地使用管制制度进行改革,土地发展权的概念得到进一步的发展。

根据科斯定理,在有交易成本的情况下,产权的初始界定会影响资源配置的效率,并影响交易双方的收益。因此,在土地储备过程中,对于土地发展权的初始界定也影响着土地储备效率及发展权受限者的权益。就国际上而言,对于发展权的界定主要有美国的归于土地所有者的模式、英国的国家所有模式及法国的预先限价模式。三种模式的出发点各不相同。其中美国模式的初衷是保护农地及开敞空间的需要,英国的土地发展权的设立主要是为了调控工业用地的过度密集。根据两型社会城市圈建设土地储备的目标来看,设立土地发展权主要是为了保护农地及生态安全,因此基于保护土地所有者利益的角度出发,应主要参照美国模式,将土地发展权界定给土地所有者所有。

2) 通过土地发展权的设置来保护农地

农地作为公共物品提供了愉悦的居住环境,这一公共物品的特征使得其在私人市场上会供应不足,这给农地储备项目提供了理论基础。我国的农业税减免制度,一定程度上减少了农地的抛荒,增加了农地的耕种,但是对于农地开发压力的抵制,就显得能力不足。我国的基本农田保护制度严格限制了农地的转用,但是在执行中,基本农田的具体划定影响着所保护农地的质量,并且只限制、不补偿的方式很大程度上伤害了农民的积极性,因此,一系列土地灰色市场的出现也就不足为奇,开发所得到的回报远远超过了农业的收入,也高过了农地的使用价值。防止农地转换的唯一有效的决定性方案是对土地所有者放弃土地开发收入进行补偿。

发展权最早被称为保护性地役权,在国外已逐渐成为最普遍的土地保护的工具。在地役权转移的情况下,土地所有者能够继续持有农地,但失去在未来将拥有的地块转作开发用途的权利。因此,地役权通常用作保护农地、开敞空间及野生物栖息地等。

Levinson(1996)曾指出,发展权的设置可能会导致过度开发,就笔者看来,过度是个相对而言的概念,Levinson论述的过度是基于美国当时的城市化发展水平,就武汉城市圈及长株潭城市群而言,除了武汉、长沙等几个大城市之外,大部分城市的城市化水平还比较低,不到40%。并且,开发的增加并不一定等于城市面积的扩张及农地面积的减少,两型社会建设中对于优化开发区与重点开发区的开发建设都强调了节约集约用地,对于土地利用容积率的提高,在不造成城市过度拥挤的情况,还是鼓励的。土地发展权的设置中对于需求区密度附加的设置,正可以为这一点提供约束。

土地发展权的转移包括供给区与需求区,其中,供给区一般界定为需要限制开发的区域,需求区则是需要进一步开发的区域,需求区需要进一步开发时,则需要从供给区购买发展权,这与国务院批准的两型社会城市圈建设中的跨市占补平衡政策相符合。因此,拟将限制开发、禁止开发设置为发展权的供给区,优化开发区与重点开发区设置为发展权的需求区。优化开发区和重点开发区进行更大强度及面积的开发,必须从限制开发区或禁止开发区中购买转移发展权,而售出发展权的地块则受到保护,限制一定的发展权。

3) 土地发展权转移市场与调控的结合

从理论上来说,可转移发展权市场主要遵循以下内容:政府决定最大数目的居住开发总数,颁布相应的许可证或者发展权。土地所有者可以在限制范围内进行开发,土地开发拥有者之间可以进行发展权的交易。由于土地所有者对于不开发他们的土地有着不同的机会成本,一些人将会停止开发并卖出自己的发展权,另一些则购买发展权以期在自己的土地上建成比原本许可的更高密度的建筑。

可转移发展权政策同样可以调节由传统分区政策带来的无效率。尽管分区理论和各区域的不同分区也许提高了效率,有时亦提高了土地的价值,但这些增值通常由于土地所有者的寻租行为而消失。对于土地所有者来说,分区允许更高密度的开发会导致该地块地租的上升,这就刺激了土地所有者花费资源寻求体现更高价值土地利用的分区上。可转移发展权市场通过使各个土地所有者公平地获得发展权来抑制这样的寻租行为。

然而,对于土地发展权的交易来说,又有不同于其他市场的特点,这决定了土地发展权的市场交易的特殊性。首先,决定开发土地或转售可转移发展权所造成的结果具有不可逆性,这使得可转移发展权的市场与其他类似市场,如排污权市场有着重要的区别。土地所有者必须跨时期做出一系列的决策,包括是否及何时出售可转移发展权,并且在什么时候售出多少等。一旦他们做出出售可转移发展权或开发土地的决策,就将导致永久性的后果。其次,可转移发展权市场有时会仅由少数的买者和卖者构成,导致高额的交易成本,降低市场基础下的系统的有效性。最后,政府在市场中扮演的角色通常比概念定义得要更大、更广泛,通常包括在可转移发展权市场中施加一系列强制因素。因此,可转移发展权市场的行政干预将会更加明显。

4) 政府所扮演的角色

(1) 可转移发展权市场的建立和分区。可转移发展权一般都有着分区的限制,这些限制对发展权市场有着重要的影响。规划作保护的区域通常被称为供给区,规划作开发的区域通常被称为需求区。不同的规划决定了发展权的需求与供给。

对于两型社会的土地储备来说,供给区为限制开发区与禁止开发区,需求区为优化开发区与重点开发区。

(2) 可转移发展权的转移率的确定。发展权的转移率同样是由政府制定的,可转移发展权的转移率界定了在需求区建一额外建筑单位所需要的可转移发展权数量。分区和发展权转移率共同确定了可转移发展权项目的两个指标:转移比率和密度附加。转移比率是指需求区从供给区受让所得发展权可以用于多开发数量与供给区可以建设的开发数量之比。高的转移率会使得土地所有者在出售发展权和开发自己的发展权之间更倾向于前者,这就促进了土地所有者参与到发展权的项目中来。发展权项目的转移率一般超过1∶1。密度附加是指某一区域上,开发者可以通过使用发展权,建设超过区划基准线的多少,密度附加的制定更加刺激了开发将被限制。在一些特定区域转移率和密度附加并不容易确定,如果需求区的高密度开发的需求较小,开发商对于可转移发展权的需求也同样较小。此时,发展权的价格将会下降,成交量减少。

(3) 提供信息。政府在促进可转移发展权市场中还应扮演一个重要的角色,就是信息的提供者。通过提供信息给市场的潜在参与者,可以增加市场参与者的数目,降低交易成本,缓和垄断问题。政府还可以公布各方的信息、以往的销售信息及价格信息,减少交易成本并提高效率。

(4) 直接参与者。由于农地流转的不可逆性,而买卖双方拟进入市场的时间也许并不一致,政府作为储备者预先收购可转移发展权会促进更多的交易。

而另一个思路是政府向其他参与者一样买卖发展权。这样政府的买卖行为将成为买卖双方的风向标,这也是另一种提供市场参与者价格信息的方法。

2. 土地储备项目的运行

土地储备项目一旦建立,要保证发展权市场的顺利运行、政策的顺利实施及与现有土地、市场、金融机构的衔接配合,必须建立一系列的相关机构。

1) 土地储备管理委员会

土地储备管理委员会的主要职责是制定合理的土地储备项目运行机制及保证发展权市场的顺利开展,向需求方收取发展权购买费用后,选取适合的基金组织实施补偿,并监督基金组织的运行。土地储备管理委员会根据各个土地储备项目的不同特点,设计合理的转移比率和密度附加等参数,并随着项目区的发展而进行合理的修改。

2) 土地储备基金运行人

土地储备基金运行人是土地储备的重要执行者,负责土地发展权购买费用的管理及土地储备相关利益者补偿的实施,并且通过对闲置发展权购买费用进行投资,使得基金可持续运行。土地储备基金运行人通过投标产生,接受土地储备管理委员会的监督。

3) 村集体组织及村民代表大会

村集体组织及村民代表大会是具体的储备个体的代表,他们在土地储备过程中,可以结合本村的实际,决定储备项目的具体实施。

3. 农地发展权的定价

1) 农地定价模型的建立

假设土地只有两种用途:农用或者开发。根据基本的收入现金流折算的资产评估方法,农地的当前市场价值为

$$P(t^*, z, r, c) = \int_0^{t^*} A(s,z) e^{-rs} ds + \int_{t^*}^{\infty} R(s,z) e^{-rs} ds - Ce^{-rt^*} \tag{3-1}$$

式中,$A(t,z)$ 为在 t 时的农业收入,z 为地块的区位,$R(s,z)$ 是开发土地的收入,s 为土地的面积,C 为农地转换为开发用地的成本,$t^* \in [0,\infty]$ 为农地转换的时间,r 为利息率。式(3-1)表明农地的价格等于显示的农地收入直到农地转换用途时的折现,加上转换后的收入的折现,再减去转换成本。由于开发一般具有不可逆性,假设在时间 t^* 之后,土地就一直保持开发用途。

特定地块的土地所有者通过选择开发时间 t^* 来实现土地价值的最大化。可以得出:$R(t^*, z) = A(t^*, z) + rC$,这表明当开发用途的土地收入小于农地收入加上转换成本时,农地应保持农用。这一条件说明了 t^* 是 z、r、C 的函数,这些变量被归并为一个单一向量 w,以其替代转换时间后,得到农地价值的简化公式为

$$P(w) = \int_0^{t^*(w)} A(s,z) e^{-rs} ds + \int_{t^*(w)}^{\infty} R(s,z) e^{-rs} ds - Ce^{-rt^*(w)} \tag{3-2}$$

式(3-2)表明农地的价格是未来开发收入、农业收入、利率和转换成本的非线性函数。

农地的未来开发收入是无法观测的,因此必须选择合适的替代变量。在 Capoz 和 Helsley 的竞争性土地市场模型中,人们围绕着城市中心居住,并且受雇于城市中心的商业区,随着时间的推移,城市范围会向周围的农地扩张以适应增长的人口。Capoza 和 Helsley 的竞争性土地市场模型为

$$R(t,z) = A + rC + (T/L)[\bar{z}(t) - z] \tag{3-3}$$

式中,A 为固定农业收入,T 为交易成本,L 为固定土地需求,z 为土地到城市中心的距离,$\bar{z}(t)$ 为城市边界到城市中心的距离。在式(3-3)中,开发收入在某一特定地区会随着时间而增长,这是由于人口的增加($\partial R(t,z)/\partial t > 0$)促进了城市的扩张,使得土地的级差地租 I 升高($\partial \bar{z}(t)/\partial t > 0$),开发收入随着距离市中心的距离而递减($\partial R(t,z)/\partial z < 0$)。式(3-3)表明未来开发收入是农业收入、转换成本、至市区距离及市区人口变化的函数。

一些农地价值的研究使用市平均人口指标作为未来开发收入指标的替代,笔者的理

论模型认为,一个市的现时人口,是不会对将来的开发有所影响的。这是因为,就平衡理论而言,为了适应当前人口而需要的土地开发已然进行了,只有潜在的新的居民才会对一个市的未来开发收入起着推动作用。在笔者的模型中,城市地区为了适应城市扩张的人口而向农村地区扩张,相应地,使用城市圈(群)的中心城市的人口变化作为未来周边地区开发增长的指标。

因此,为了得到土地价值与解释变量的非线性关系,对 $P(w)$ 的全部项做二阶导数,得出定价等式为

$$P_{it}=\alpha_{0t}+\alpha_1 AR_{it}+\alpha_2 PC1_{it}+\alpha_3 TT1_{it}+\alpha_4 PC2_{it}+\alpha_5 TT2_{it}+\beta_{11}(AR_{it})^2+\beta_{22}(PC1_{it})^2 \\ +\beta_{33}(TT1_{it})^2+\beta_{44}(PC2_{it})^2+\beta_{55}(TT2_{it})^2+\gamma_{12} AR_{it} PC1_{it}+\gamma_{13} AR_{it} TT1_{it} \\ +\gamma_{14} AR_{it} PC2_{it}+\gamma_{15} AR_{it} TT2_{it}+\gamma_{23} PC1_{it} TT1_{it}+\gamma_{24} PC1_{it} PC2_{it} \\ +\gamma_{25} PC1_{it} TT2_{it}+\gamma_{34} TT1_{it} PC2_{it}+\gamma_{35} TT1_{it} TT2_{it}+\gamma_{45} PC2_{it} TT2_{it}+\varepsilon_{it}$$

(3-4)

式中,P_{it} 为村庄 i 在 t 时的平均每亩的农地价值,AR_{it} 为农地平均每亩的年净收益,$PC1_{it}$ 为最近的大城市的人口变化,$TT1_{it}$ 为从村庄 i 到城市中心的驾车时间,$PC2_{it}$ 和 $TT2_{it}$ 则为相对第二近的城市的参数,$\alpha、\beta、\gamma$ 为变量的系数,ε_{it} 为随机差。假设边际转换和转换成本在一定的时空范围内保持不变,而利息率在全国范围内相同但随着时间而变动,转换成本和利息率由时间常数变量 α_{0t} 决定。农地平均每亩的年净收益以及大城市的人口变动率可以通过统计资料得到,从村庄到城市中心的驾车时间可以通过测量得到。

2) 土地价值的实证计算

通过得出发展权的价值以确定土地储备的资金需求及补偿标准,由于数据获得的限制性,以及理论在实际中的应用限制,仅计算各个地级市市级水平的平均农地价值。由以前的研究可以得知,一般来说,旅行时间对于农地价值的影响是很明显的,根据 Andrew J. Plantinga 在 2001 年的研究,一分钟旅行时间的增加会导致平均每英亩[①]减少 8~32 美元。根据统计资料显示,武汉市"8+1"城市圈的 8 个地级市到其第二近的省会城市的距离都超过了 3 小时,这使得第二近的省会城市对这 8 个地级市的土地价值的影响变得很小,对于长株潭城市群来说亦是如此。因此,除去了第二近的省会城市对于土地价值的影响项,仅考虑距离最近的省会城市的人口变动及旅行时间对于所处城市的价值的影响。

采用土地招拍挂的价值来代替市场价值,分别得出各地级市的农地价值相关数据(2013~2015 年)及农地价值的计算模型。利用式(3-4)来进行购价模型的分析,分析的结果如表 3-1 所示。

表 3-1 农地价值定价模型分析结果

参数	变量	观测值	t 检验
α	常数	8.869 756	8.83
$\alpha 1$	AR	−16.956 36	−1.14

---

① 1 英亩≈4 046.86 平方米

续表

参数	变量	观测值	t 检验
α_2	PC1	15.598 33	1.12
α_3	TT1	32.935 15	2.94
β_{11}	AR×AR	24.142 38	2.21
β_{22}	PC×PC	−10.554 11	−0.21
β_{33}	TT1×TT1	−2.457 381	−0.97
γ_{12}	AR×PC1	−15.928 02	−1.32
γ_{13}	AR×TT1	−14.924 02	−1.18
γ_{23}	TT1×PC1	3.735 518	0.2

注：样本容量：50

因此，得出农地定价模型为

$$\ln P = -16.96\ln AR + 15.60\ln PC + 33.94\ln TT + 24.14\ln AR^2 - 2.46\ln TT^2 \\ -10.55\ln PC^2 - 15.93\ln ARPC - 14.92\ln ARTT + 3.74 TTPC + 8.87 \quad (3-5)$$

3) 土地发展权定价模型的建立

土地保护性地役权已经日益成为一项普遍的农地保护手段，地役权通常涉及未来发展权的购买，然而，利用标准定价方法对发展权进行定价因受到诸多因素的影响而变得复杂。一般的收入理论指出农地现有价值等于土地未来发展收入减去农业收入，这一理论应用的难题在于，对于一块给定定价的地块来说，不论是发展收入或是开发时间都是不可观测的，定价者必须对这些进行严格的假定。而比较交易方法需要预先获得相似地块的转移性地役权的价值，而在一些地区，这一信息在没有预先建立地役权时是很难得到的。

一个替代方法是通过现有的可观测的农地价格和收入来估算可转移地役权的价值，为了实现未来发展的权利，土地所有者必须对其地块的最大收益（式 3-2）与未开发农地用途 $\left(\int_{t^*(w)}^{\infty} A(s,z)e^{-rs}ds\right)$ 进行补偿，公式为

$$VDR(w) = \int_{t^*(w)}^{\infty} [R(s,z) - A(s,z)]e^{-rs}ds - Ce^{-rt^*(w)} \quad (3-6)$$

若假设农业收入在一定时间段内是固定的，发展权的价值是 $VDR = P - A/r$，在这一情况下，可以计算一个市的平均发展权价值，使用的数据是可观测的 AR_{it} 和可以计算得出的 P_{it}，以及一个假设的利息率值。

对于还原率的假定，一般采用的做法是用银行一年期的存款利率加上风险利率及通货膨胀率。风险利率受到众多因素的影响，包括决策人的风险偏好程度、开发的市场环境，以及资产开发类别的不同造成的风险性的不同。因此，在不同的估计中，对于风险利率也应有合理的估计。通货膨胀率是为了考虑到消除在定价过程中通货膨胀造成土地的名义收益上升对发展权的定价造成影响。因此，对于利息率值的选择，选用当年一年期的

债券的票面利率。这是由于：

票面利率＝无风险真实利率＋通货膨胀溢价＋违约风险溢价＋流动性溢价＋期限风险溢价

其中

违约风险溢价＋流动性溢价＋期限风险溢价＝风险利率

在此，采用2015年的中国一年期债券利息3.39%作为还原率。

为此，可以通过土地的定价模型来建立发展权（VDR）的定价模型：

$$VDR = e^{(-16.96\ln AR + 15.60\ln PC + 33.94\ln TT + 24.14\ln AR^2 - 2.46\ln TT^2 - 10.55\ln PC^2 - 15.93\ln ARPC - 14.92\ln ARTT + 3.74TTPC + 8.87)} - 29.50AR$$

(3-7)

这一方程既可以求取单个地块的发展权价值，也可以求取全市发展权均价，并可以通过选择一定量分布的点状数据，利用Arcview软件生成某一地区的发展权分布图。在此，因主要求取的是发展权的价值总量，作为土地储备的补偿资金需要的依据，并且由于单个地块数据获得的困难性，仅求取各个地级市的发展权均价及总价，在实施的过程中，对同市不同位置及质量的土地储备的补偿可作相应的调整。

4）发展权价值的实证计算

通过2014年各地级市的相关数据，并通过物价指数调整至2015年的水平，可以求得在2015年各市的发展权总价值及均价如表3-2所示。

表 3-2 各地级市发展权均价及总值

城市	发展权均价/(元/米²)	发展权总价值/万元
黄石	120.45	14 226 796
鄂州	54.01	3 073 112
孝感	73.81	32 529 961
黄冈	43.66	23 289 144
咸宁	54.98	11 090 896
仙桃	74.36	8 844 585
潜江	42.21	5 192 775
天门	33.05	5 557 601
株洲	34.96	7 299 648
湘潭	113.66	17 223 278

4. 储备区相关利益损失者的补偿

由上一部分对于各地级市发展权均价的计算我们得出储备区相关利益损失者补偿的参照值，从理论上来说，对于土地储备者放弃开发收入这一行为的补偿应等于土地的发展权价值。由于发展权价值的巨大性，在两型社会城市圈（群）建设实施的过程中，不可能对相关的利益损失者进行一次性的补偿。就目前湖北、湖南地区而言，村集体的建设仍不够完善，这一补偿在地方政府及村集体之内的分配也是个复杂的问题。在此，我们提出建立发展权补偿基金的想法，对于发展权的征收，我们通过建立基金、分期补偿的方式进行，既对农民的利益有所保障，在资金筹措上也减轻了不少的压力。

发展权补偿基金一般以村为单位建立,主要用于基础设施建设、医疗及养老保险的完善、农业技能培训、定期的补偿支付及一定份额的证券等投资。基金的运行人应选取独立的基金机构,与行政管理相分开,基金的运行人主要起监督作用,运行人、村集体组织、村民代表大会共同决定基金的运行。运行人的选择可以通过投标进行,由各基金组织分别对基金的运行做出策划书后交各地方政府土地储备管理委员会公开投标产生。

基础设施的建设主要包括村集体内道路、农田水利设施、娱乐设施甚至可以开办村属的工厂等,由村集体组织提出,村民代表大会投票决定,基金运行人拥有否决权。

由于我国现有的农村医疗及养老体制不够完善,对于农民的生活保障来说有着不确定性。对于保持农业生产的农民来说,失业及最低保障是不必要的,但医疗保障和养老保障对于农业这一体力劳动来说尤为必要。

同样的,基金组织还可以定期组织农业技能培训,在提高农民的生产素质的同时,也可以使农民更多地了解到保护农地的重要性,积极参与到农地保护中来。

对于农民的发展权的补偿可以采用分期支付的方式进行,采用每年递增的分期支付可以保证农民长期支持储备项目的运行。

为保证基金组织的顺利运行,如同所有的基金组织一样,需要进行一定的投资,其中一般的投资组合以低风险性投资为主,同时适当进行高风险性的投资。

3.1.4 土地储备的资金调控

土地储备的资金调控包括收入和支出两个方面的内容:一方面是从资金来源进行控制;另一方面是从资金使用进行控制。其中,土地储备的资金来源主要有发展权的购买支付、生态环保基金、农业发展银行的贷款支持和土地储备基金项目盈利四大途径,而土地储备的资金收益主要用于支持农业和培育市场。

1. 土地储备的资金来源

1) 发展权的购买支付

土地储备项目运行的主要资金来源是发展权的购买支付,优化开发区与重点开发区需要进行超过基准规划密度的开发时,就必须要在限制开发区及禁止开发区中购买发展权,其为购买发展权所支付的费用由土地储备管理委员会支付给土地储备基金运行人,以进行土地储备项目的长期运行。

2) 生态环保基金

农地与资源景观区、生态脆弱区都是不可再生的资源,由于其公共物品的属性,通常需要由政府供给。在两型社会建设中,政府将会建立生态环保基金保护这些稀缺的资源,这一基金支持了储备项目的运行。

3) 农业发展银行的贷款支持

根据国务院对于武汉城市圈两型社会建设方案的批示,对于一些农业生产项目,农业发展银行可发放小额低息贷款,这对于储备区农产业的发展有着积极的意义。

4) 土地储备基金项目盈利

土地储备基金项目投资的收益保证了一些保障项目,如医疗保险和养老保险的实施运行,也会带来部分经营收益以支持储备项目运行。

2. 土地储备的资金收益运用

土地储备的资金收益主要用于维持土地储备项目的进一步运行,对于土地储备项目来说,储备区农地保护的补偿固然重要,但土地储备的意义远不止如此。土地储备资金收益的作用还包括支持农业和培育市场。

1) 支持农业

对于储备区农业的支持主要包括农业技能的教育培训、农业基础设施的建设,以及农业机械的出租等,在提高农业产值的同时推进农业的产业化生产。积极就储备区的实际进行研究,引进适宜品种,发展农产品的深加工,以形成地方特色。对于放弃耕种的农户的土地,应收回并予以出租做农业生产用途,以维持储备的农业土地覆被。

2) 培育市场

培育市场主要包括建立储备区品牌、城市支持农业发展及适当发展观光旅游业等。

(1) 建立储备区品牌。土地储备区应建立一个储备区品牌的商标,用作储备区的农产品的品牌商标,再加上推销策略,可以使消费者很容易接受当地的农业和保持土地储备的特色,消费者可以了解到他们购买产品还可以帮助保护重要的自然资源。

(2) 城市支持农业发展。个体农户在谷物种类足够多时应该申请城市支持农业项目,土地储备基金运行人应监督储备区范围内的城市支持农业项目的运行,把生产出来的新鲜的谷物送至生长期就已确定定购的城市居民处。居民们在季节的开始支付一个固定数目的钱或通过每个月的分期付款来支付,然后每周可以固定获得一箱或多种的谷物。城市支持农业项目保障了从事农业家庭的收入,同时给非农家庭以合理的价格提供最新鲜的产品,生产和消费的双方都从合作中获益。

(3) 发展观光旅游业。在合适的农业地区可以进行农业生产与农业观光的结合,尤其是果树种植区。例如,柑橘生产区,在秋天收获的季节可以吸引城市居民到柑橘生产地采摘新鲜的柑橘,结合当地的自然风光,合理经营应会有较好的发展。

3.2 供地结构和供地总量的控制政策

3.2.1 实验区供地现状

1. 实验区供地存在的问题

改革开放以来,随着商品经济发展和土地使用制度改革的不断推进,城市化水平逐渐提高,虽然土地利用结构总的来讲是向着优化的方向发展,但是武汉城市圈和长株潭城市群土地利用结构存在不少问题,根据实地调查和调研我们发现问题具体可分为以下几点。

1) 城市用地规模极度扩张,供需矛盾突出

城市化是"十五"期间经济社会发展的五大战略之一,标志着我国城市化进程进入了

加速发展时期,也标志着城市建设用地需求将明显增加。有关资料显示,我国 GDP 总量每增长一个百分点,建设占用耕地的总量将增长 0.87 个百分点。1978~2003 年我国经济建设占用耕地共计 470.15 万公顷,年均 18.81 万公顷。近年来武汉市的 GDP 一直保持两位数的增长,高速发展的背后付出了用地过多的代价。资料统计显示,武汉市 GDP 每增长一个百分点,就会增加建设用地 0.43 万亩。根据 2007 年土地变更调查资料,武汉人均耕地 0.61 亩,远低于全国 1.43 亩的平均水平。依据"十三五"规划,武汉固定投资预计 6 万亿元,建设用地需求预计 120 000 公顷,与实际建设用地供给有很大缺口。根据规划到 2020 年左右,长株潭的经济总量预计达到湖南省的一半,城市化率达到 82%。城区的发展必定导致大量土地被占用,而实验区基本处于人多地少的中部地带,耕地后备资源不足,随着社会经济的高速发展,在既要保证耕地总体数量的相对稳定,又要保证经济建设的用地需求的前提下,城镇建设用地供需矛盾将日趋突出。

2) 土地需求区域差异大,城市发展质量不高

由于地区经济发展的自然历史、文化、社会经济条件差异,武汉城市圈和长株潭城市群中各个城市发展水平存在明显的地域差异。在此,利用武汉城市圈、长株潭城市群设立初期(2007 年)相关数据对其进行分析。从城市化水平来看(表 3-3),两圈设立初期,除武汉和黄石外,武汉城市圈内大多处在城市化初期,而长株潭城市群城市化水平提升过快,发展结构不平均,实验区城市化的道路还很漫长。土地需求上的区域差异和城市土地后备资源的稀缺程度差异容易造成实验区中不够发达的地区出现城市化进程中的外延扩张过度,城市基础公用设施难以跟上或者降低城市化质量,"城中村"的现象频繁出现。由于土地成本低,在不发达的城市容易出现"圈而不用"的现象,而比较发达的地区却无地可用,这成为城市化的瓶颈,限制一些小城市发展为中等城市。土地价格不断上涨,企业投资成本加大,不利于招商引资,也不利于通过城市群、都市圈的发展来提高城市化水平、提升区域城市整体竞争力。

表 3-3　设立初期武汉城市圈和长株潭城市群城市化率　　　　(单位:%)

武汉城市圈	武汉	黄石	鄂州	孝感	黄冈	咸宁	仙桃	潜江	天门
城市化率	67.82	44.93	29.94	22.65	22.10	25.42	22.55	34.60	23.87
长株潭城市群	长沙	株洲	湘潭						
城市化率	56.50	46.00	45.50						

资料来源:《湖北统计年鉴 2008》《湖南统计年鉴 2008》

3) 城市蔓延迅速,用地结构不合理

伴随城市化进程的不断加快,城市扩张也进入了高峰期。从城镇建设用地区域结构来看,大城市"摊大饼"式的急剧外延式扩张与小城镇"遍地开花"现象并存,造成区域城镇规模结构不合理,与区域土地利用不相衔接。另外,城市内部建设用地结构不合理,在房地产开发过程中,高档宾馆、酒楼、大型商场、人造景点、高尔夫球场等设施显得开发过热,城市居民迫切需要的经济适用房开发建设不足,与之相配套的绿地、体育场地、停车场等公共设施的建设更显不足,这就造成土地利用结构新的不平衡。在城市用地的空间布局中,许多城市党政机关用地占据了城市中心优越的地理位置,工业用地面积过大且位于良

好地段,使得土地的资源高效配置机制扭曲,致使稀缺的城市土地严重浪费。工业用地偏高,居住用地、绿地等相对偏低;土地供给结构失衡,房地产用地供给过多等。最终形成城市整体效益和环境质量低下的格局(表3-4,表3-5)。

表3-4 设立初期武汉城市圈和长株潭城市群土地利用结构 (单位:千米²)

城市圈	地类	居住用地	公共设施用地	工业用地	仓储用地	对外交通用地	道路广场用地	市政公用设施用地	绿地	特殊用地
武汉城市圈	武汉	70.65	45.64	57.58	12.01	13.00	21.52	12.00	14.00	9.02
	鄂州	11.14	2.77	12.36	1.04	2.89	4.66	2.06	7.14	0.88
	黄石	12.85	5.44	17.47	1.72	3.11	7.18	3.17	7.30	0.44
	黄冈	9.67	4.83	4.17	0.42	0.44	3.52	1.50	2.32	0.39
	孝感	2.10	5.25	6.11	1.21	1.57	3.60	1.12	3.19	2.00
	咸宁	7.65	4.23	3.92	1.50	1.90	4.20	1.80	3.77	0.63
	仙桃	14.88	4.83	4.99	0.87	1.44	2.43	1.47	1.85	0.34
	潜江	10.99	7.81	8.00	2.70	2.83	2.43	1.06	1.86	0.54
	天门	10.75	6.21	7.21	1.60	1.10	3.21	1.84	9.99	0.20
长株潭城市群	长沙	47.32	38.16	22.73	5.12	5.23	21.72	6.11	17.28	9.52
	株洲	15.10	39.25	15.60	0.01	10.50	5.60	0.74	1.85	0.00
	湘潭	22.00	10.10	26.92	1.95	3.90	4.33	2.15	3.80	0.75

资料来源:城市建设统计年报

表3-5 设立初期武汉城市圈和长株潭城市群土地利用结构比例表

城市圈	地类	居住用地	公共设施用地	工业用地	仓储用地	对外交通用地	道路广场用地	市政公用设施用地	绿地	特殊用地
武汉城市圈	武汉	0.276 6	0.178 6	0.225 4	0.047 0	0.050 8	0.084 2	0.046 9	0.054 8	0.035 3
	鄂州	0.247 8	0.061 6	0.275 0	0.023 1	0.064 3	0.103 6	0.045 8	0.158 9	0.019 6
	黄石	0.218 9	0.092 7	0.297 7	0.029 3	0.052 9	0.122 3	0.054 0	0.124 40	0.007 5
	黄冈	0.354 7	0.177 1	0.152 9	0.015 4	0.016 1	0.129 1	0.055 0	0.085 11	0.014 3
武汉城市圈	孝感	0.080 3	0.200 7	0.233 6	0.046 2	0.060 0	0.137 66	0.042 8	0.121 99	0.076 5
	咸宁	0.258 4	0.142 9	0.132 4	0.050 6	0.064 1	0.141 8	0.060 0	0.127 36	0.021 3
	仙桃	0.449 5	0.145 9	0.150 7	0.026 2	0.043 5	0.073 4	0.044 4	0.055 89	0.010 3
	潜江	0.284 7	0.202 3	0.207 8	0.069 9	0.073 3	0.072 5	0.027 4	0.048 20	0.014 0
	天门	0.255 2	0.147 4	0.171 2	0.037 9	0.026 1	0.076 2	0.043 6	0.237 24	0.004 7
长株潭城市群	长沙	0.273 2	0.220 3	0.131 2	0.029 5	0.030 2	0.125 4	0.035 2	0.099 9	0.055 0
	株洲	0.170 3	0.442 7	0.175 9	0.000 1	0.118 4	0.063 1	0.008 3	0.020 8	0.000 0
	湘潭	0.289 8	0.133 0	0.354 6	0.025 6	0.051 3	0.057 0	0.028 2	0.050 0	0.009 9

4) 开发区土地缺乏规划,土地利用率低

开发区作为地方工业发展的重要载体,在推动实验区工业化与城市化快速发展的同时,也存在着盲目扩张的倾向。尤其是一些城市在确定开发区的规划范围时,对开发区的发展前景缺乏充分的可行性论证,存在着审批程序不完善、土地浪费严重等问题。随着经济的迅猛发展,城镇各类开发区和园区布局集中、密度大,建设用地外延扩展迅速,非农建设占用耕地数量较大。城市郊区兴建高档别墅和大型超市;开发区开而不发,白白荒废大量耕地资源;兴建的各种工业区和开发区普遍存在建筑容积率低的现象,用地效率低下,地下资源浪费。数据显示,武汉城市容积率偏低,工业厂房容积率一般在 0.8~1.0。

2. 实验区供地的制约因素

1) 制度制约因素

(1) 产权不清晰。土地产权制度缺陷是影响土地出让市场发展的首要因素。土地出让市场运行状况,取决于土地市场机制能否发挥作用及其发挥作用的程度,而土地市场机制能否发挥作用及其发挥作用的程度,又取决于土地产权是否明确,因此明晰的土地产权是土地出让市场有序运行的基本前提。城镇土地使用制度改革以来,城镇土地产权制度由土地产权行政化向市场化转变,形成土地行政划拨制与土地批租制并存的二元体制。这种城镇土地配置方式是一种进步,但这种产权制度存在缺陷,并阻碍了城镇土地出让市场的快速健康发展。

(2) 土地出让制度不完善。尽管近年来我国已制定了一系列相关的土地出让法律法规,对土地市场的健康发展起到了重要作用,但是由于立法本身具有滞后性,加之土地出让制度在立法上的不完善,以及人们对于客观事物的认识有局限性和深化过程,现行的土地法律法规还难以适应土地资源市场化配置的要求,从而急需加快立法,并修订已有的法规。对于一些具体问题,法律规定不够明确,较为笼统、含糊。比如,只规定土地出让的最高年限而没有具体年限,对于不同地块采取不同的出让方式也只是笼统规定,虽然有条件具备的土地应用招标拍卖方式、条件不具备的可用协议方式等条文,但所谓"条件具备与不具备"则法律未作规定,这是立法不严密所致。因此如果不将例外适用的条件具体化,容易使一些人钻制度的空子,造成不必要的损失。

(3) 土地税制不健全。生产要素的自由流动是市场机制发挥作用的重要基础,也是市场优化配置资源的重要前提。对我国城镇建设用地来说,市场机制难以发挥作用的重要原因之一是不健全的税制对土地流动所造成的障碍太大,行政配置形成的不合理形态难以通过市场配置予以合理化。我国城镇土地税制不健全主要表现在税负结构不合理,即在土地流转环节中税负水平偏重,而在土地持有环节中的税负水平偏轻。

2) 体制制约因素

土地初始配置非完全市场化是阻碍土地出让市场健康发展的体制原因,它们是影响城镇土地市场的体制性因素。我国土地配置非完全市场化主要表现是公开的招标、拍卖、挂牌的竞争性出让方式和"一对一"的非竞争性协议出让方式并存,且以协议出让为主。招标出让、拍卖出让、挂牌出让、协议出让四种交易方式的市场竞争程度不同造成了出让价格的差异。四种交易方式都是合法的,但实际操作中并不见得都合理,尽管国家相关法规、文件规定"商业、旅游、娱乐和商品住宅等各类经营性用地,必须以招标、拍卖或者挂牌方式出让。前款规定以外用途的土地的供地计划公布后,同一宗地有两个以上意向用地者的,也应当采用招标、拍卖或者挂牌方式出让",并严格限定了协议出让的范围,少用或避免协议方式,但只要没有被禁止,协议方式就会大量存在。竞争性土地出让和非竞争性土地出让交易方式并存的结果同样导致市场主体间竞争的非公平性,城市土地资源难以实现优化配置。

3) 机制制约因素

（1）价格体系扭曲。土地资源市场化配置的核心是价格的市场化形成。市场是依赖价格而运行的,市场经济的高效率与价格机制的高效率密切相关。城市土地价格作为城市土地交换价值的客观标准,是土地市场建设和土地资产管理的重要工具。城市地价作为城市经济发展的晴雨表,是调节城市土地供需的枢纽,其作用越来越重要。根据我国土地管理体制的特点和土地市场中管理者及土地使用者、交易者等多方面、多层次的需求,我国地价体系主要由基准地价、标定地价、出让底价和市场交易价等构成。就总体而言,我国的土地价格是非有效价格,不能反映土地资源的稀缺性,土地的实际使用价值与价格相背离,整个土地价格体系被扭曲。

（2）约束机制缺乏。随着资源的资本化,政府所能掌握的资产中,土地是最为重要的资产。根据调查,各个区县城镇存量土地和增量土地出让所产生的土地收益80%左右都留在了区县政府,区县政府可以通过土地出让,获得巨大的经济收益,而且土地收益往往被作为预算外资金使用,并已成为地方财政的重要渠道,也是维持城市运营资本的重要来源。加之长期以来我国城镇发展水平低,基础设施建设欠账多,区县政府只能靠土地收入来弥补城镇建设的"公共亏损"。又由于农地取得费远低于城镇土地价格,征用农地再出让可获得较大的土地用途转换差价,而城镇内部拆迁费用高且难度大,地方政府一般都热衷于增量土地出让。这种"谁卖地谁得益""多卖地多得益"的土地收益分配办法,对区县政府的供地行为没有约束作用,反而刺激了区政府将农地转化为城镇土地的欲望,甚至通过"以租代征"的方式违规将农用地转化为城建设用地。我国政府兼具土地市场的管理者和国家土地产权的代表者双重身份,因而土地市场中的政府行为比一般意义上的政府行为更为复杂。

3.2.2 实验区供地结构和土地供给总量研究

1. 国内外供地经验对比

针对实验区设立初期的用地情况,对比国外其他国家,可以发现国外工业用地一般不超过15%(表3-6),而在2007年,武汉工业用地比例22.54%,黄石29.7%,鄂州27.5%明显偏高,而长株潭城市群中湘潭市高达35.46%。道路广场用地按照国际上用地标准应占城市用地比例为8%~15%(表3-7),武汉城市圈与长株潭城市群中道路广场占建设用地为8.42%~14.18%基本符合这个标准,但是与东京23.59%、纽约曼哈顿的37.6%、伦敦中心区的 26.1%、香港的 14.57% 差距明显。绿地的国际标准为城市用地的 8%～15%，虽然武汉城市圈与长株潭城市群平均比例达到了这个下限，但一些城市如 1+8 中的核心特大城市武汉为 5.48%，而长株潭中湘潭和株洲只有 5.0% 和 2.08% 远没达到其下线。居住用地国外一般占城市用地总面积的 45%，而武汉城市圈与长株潭城市群中只有仙桃接近这个标准；其他城市除黄冈为 35.47% 外其余城市皆低于 30% 的比例，大多数在 20% 左右，更有孝感其居住用地面积只占总建设面积的 8.03%。从表 3-8、表 3-9 可知，实验区设立初期，其居住用地、工业仓储用地、公共设施用地、市政公用设施用地和特殊用地比重分别高于中国澳门地区相应用地比重 6.33%、18.70%、0.90%、0.60%、1.83%；而对外交通用地、道路广场用地、绿地比重则分别低 0.8%、15.6%、4.8%。

因此，通过供地结构对比可以发现。整体来看两大实验区工业用地比重高，绿地、交通用地所占比重较低，供地结构有待进一步优化。其中，长株潭城市圈供地不协调程度更为严重，工业用地供给比重更高，湘潭高达 35.46%，而绿色占城市用地的比重更低，株洲市绿地比重仅占 2.08%。

表 3-6 国外部分城市工业用地情况

城市	工业增加值/美元	工业用地面积/千米²	工业用地比重/%	工业用地产出率/(亿美元/年/千米²)
纽约	451.44	71.31	7.48	52.37
芝加哥	201.90	40.76	6.90	41.00
东京都	34 158.00	30.00	2.64	81.52
大阪	20 584.00	31.40	15.35	46.94
横滨	18 758.00	31.30	7.34	42.91

表 3-7 日本及世界主要城市人均道路和人均公园面积（刘维新，1996）

日本			其他国家		
城市	道路	公园	城市	道路	公园
东京	10	2.6	纽约	28	21
横滨	15	2.0	华盛顿	24	46
名古屋	23	5.0	伦敦	26	25
大阪	14	2.5	巴黎	11	14
京都	14	2.8	莫斯科	7.6	19
神户	17	6.6	华沙	26	5.3
北九州	19	6.5	布达佩斯	9.5	7.5
福冈	16	4.9	慕尼黑	15	10
札幌	16	9.2			
川崎	13	4.3			

表 3-8　澳门人均建设用地指标(董珂,2003)

地类	总面积	绿地水域	工业仓储	住宅	公共服务	特殊	交通	市政用地	广场道路
面积/平方千米	14.71	2.14	0.81	2.94	2.48	0.05	1.99	0.52	3.77
人均面积/(米²/人)	34.20	5.00	1.90	6.80	5.80	0.10	4.60	1.20	8.80
百分比/%	100.0	14.60	5.50	20.00	16.90	0.40	13.50	3.50	25.60

表 3-9　设立初期实验区平均用地比例　　　　　　　　(单位:%)

地类	居住用地	公共设施用地	工业用地	仓储用地	对外交通用地	道路广场用地	市政公用设施用地	绿地	特殊用地
实验区	26.33	17.88	20.90	3.34	5.42	9.89	4.10	9.87	2.23

2. 供地结构与供给总量确定的研究方法

1) 国内外城市土地供给定量化研究方法

20 世纪 60 年代,西方国家的学者们就开始研究城市空间区位与土地利用的模式、模型的计算机模拟方法。20 世纪 70 年代开始,在联合国的推动下,多数西方发达国家都已经实现了人口普查统计数据的城市分区储存与可视化,并在此基础上形成了许多商业和经济数据的城市分区储存与可视化,为开展以城市分区为地理单元的城市土地市场需求分析奠定了良好的数据基础。美国最早的土地用途预测是 20 世纪 60 年代早期的底特律城市运输研究,美国学者约·汉堡等利用底特律项目研究的数据,设计了一个土地利用预测模型。以后,城市土地利用预测模型向两个方向发展:一是以布雷顿·哈里斯、宾·泽西、唐纳德·希尔等为代表的计量经济模型;二是以美国劳力和英国威尔逊的重力模型为基础的重力类模型。近几年,这两类模型有与城市土地年度供应量预测方法研究交叉融合之势,并随着计算机技术的发展,其数据处理能力和预测功能得到了极大加强,这就为美国等国家实行城市土地供给定量化管理提供了很好的预测手段。

2) 我国城市土地年度供应量预测方法

城市土地年度供应量预测方法在国内还是一个尚待探讨的研究课题。各种计量方法在城市土地供应量预测中的应用还处于起步阶段。目前,只有少数城市根据城市土地市场需求的特点进行年度土地供应量的预测,建立了一些数学模型。例如,BP 神经网络模型,这种模型具有一个输入层、一个隐含层和一个输出层的三层反向传播人工神经网络模型结构。信息从输入层经隐含层处理后传向输出层,如果在输出层得不到期望的输出,则输出层的希望输出与实际输出之间的误差信号反向传播,由输出层经隐含层到输入层,修正层与层之间的连接权,使得误差信号逐步降低,最后达到预定阈值,从而满足要求;动态仿真与回归辅助模型,该模型主要通过对社会经济的发展状态的仿真分析,来揭示土地资源的需求,在动态仿真模型的建模过程中,应用回归分析技术识别其有关因素之间的相互关系,辅助建模;线性规划模型,主要用于确定土地供应总量与各类土地利用分量之间的关系,土地供应总量是目标函数,变量是各类用地的数量,使它们满足一组约束条件:城市经济动态模型,该模型是通过一些经济学原理揭示城市增长与土地价值间的关系。

3) 土地利用结构合理性分析研究

土地利用结构优化是土地利用总体规划的核心内容。土地是社会经济活动的载体,如何做到土地合理、高效及节约利用是我们制定土地政策的主要目的之一。在区域经济一体化、快速城市化和区域产业整体转型的背景下,提出新时期城乡土地空间合理利用问题显得十分必要,因为做到土地空间利用的合理化是区域土地利用规划的一个宏观基础。城乡土地利用系统是一个多层次、相互反馈的复杂系统,对其合理性评价时必须从全局和统一发展的角度,正确把握其合理利用的方向,实现土地空间利用的经济、社会、生态效益。

3. 实验区和土地供给总量与供地结构优化

1) 土地供给结构和总量控制的基本思路

基于实验区过去土地利用结构数据,运用马尔可夫模型来预测实验区土地利用趋势,结合多目标规划与灰色关联相结合的分析方法,并结合国内外土地利用结构经验,突出不同功能区人地比例不同、发展阶段不同、发展定位不同的特点,对实验区土地供给结构的合理性进行定量评判,以期提出较合理的土地供给结构,为实验区制定土地供给结构和总量控制政策提供依据。

2) 研究方法简介

(1) 结构预测模型。马尔可夫模型已被国内外学者广泛应用于土地利用格局及动态演化趋势分析,并已被证明是实用和可行的预测方法,模拟结果与实际情况基本相符。马尔可夫过程是研究某一事物的状态及状态之间转移规律的随机运动过程,它通过对 t_0 时刻事件不同状态的初始概率及状态之间的转移关系来研究 t_0+t 时刻状态的变化趋势。马尔可夫过程具有无后效性,即状态转移概率仅与转移出发态、转移步数、转移后状态有关,而与转移前的时刻无关。

转移概率是指从一种状态转移到另一种状态的概率。土地利用具有多种类型,且每块土地只能处于一种利用类型,而每一种利用类型都具有转向其他利用类型的条件,将这种转移的可能性用概率来描述,就是状态转移概率。马尔可夫过程的转移概率矩阵可以通过研究时间段内某类土地利用类型的年平均转化率获得,其数学表达式为

$$a = \boldsymbol{a}_{mn}^{N} = \begin{pmatrix} a_{11} & \cdots & a_{1n} \\ \vdots & & \vdots \\ a_{m1} & \cdots & a_{mn} \end{pmatrix} \tag{3-8}$$

式中,a_{mn} 为土地类型 m 转变为土地类型 n 的转移概率,N 为土地利用类型的数目。

假设系统 $n=0$ 时所处的初始状态 $A^{(0)}=(A_1^{(0)},A_2^{(0)},\cdots,A_n^{(0)})$ 为已知,经过 n 次转移后所处的状态向量 $\boldsymbol{A}^{(n)}=(A_1^{(n)},A_2^{(n)},\cdots,A_n^{(n)})$($n=1,2,\cdots$),则马尔可夫模型定义为

$$A^{(n)} = A^{(0)} \boldsymbol{a}_{mn}^{N} \tag{3-9}$$

式中,$A^{(0)}$ 和 $A^{(n)}$ 分别为 N 种土地利用类型的初始状态和 n 时刻后的预测期状态,$\boldsymbol{a}_{mn}^{N}$ 为初始状态土地利用类型概率矩阵经过 n 步转移后的概率矩阵。由式(3-9)可以看出,系

在经过 n 次转移后所处的状态 $A^{(n)}$ 只取决于它的初始状态 $A^{(0)}$ 和转移矩阵 a_{mm}^N，即一个运动系统在 $t+1$ 时刻的状态和 t 时刻的状态有关，而与以前的状态无关。这一特点用于土地利用/土地覆盖变化的预测是合适的。

(2) 结构优化模型。城乡土地利用结构合理性标准的确立实际上是一个参考系统认知的问题，也是一个价值评判问题。本节根据马尔可夫模型预测的土地供给结构变化趋势，选取目标法对实验区城乡土地利用类型构成情况进行合理性评价，为了突出实验区不同功能区的定位，我们对不同的区域发展权重赋值不一。其步骤如下。

第一，确定决策变量。结合上面的土地利用现状评价，为简单起见，确定了居住用地(x_1)、公共设施用地(x_2)、工业用地(x_3)、仓储用地(x_4)、对外交通用地(x_5)、道路广场用地(x_6)、市政公用设施用地(x_7)、绿地(x_8)、特殊用地(x_9)共9种二级地类作为决策变量。

第二，确定目标函数，即线性方程，它含有代表解决问题的目标的决策变量，可以表示出在选择不同决策变量值时对目标的各种影响。这里可以统一表示为

$$\text{Max} Z = Z(f_1, f_2, \cdots, f_i, \cdots, f_m) = \sum_{i=1}^{m} w_i f_i = \sum_{i=1}^{m}\sum_{j=1}^{n} w_i(c_{ij} x_j) \quad (3\text{-}10)$$

在模型应用时，$m=3$，f_1，f_2，f_3 分别代表经济、社会、生态效益，c_{ij} 为各效益的当量值。为了使得目标间具有可累加性，子目标函数 f_1，f_2，f_3 以无量纲的效益当量来计算，每个目标的重要性由权重 w_i 体现。为了体现规划的弹性，在咨询当地土地管理部门意见的基础上，设计了两种方案来比较权重的合适程度(表 3-10)；同时，根据趋势外推法和生态足迹理论对两种效益的当量值 C_{1j}、C_{2j} 分别进行确定。

表 3-10 模型子目标设置权重方案

分区	经济效益权重 w_1	社会效益权重 w_2	生态效益权重 w_3
重点开发区	5/10	2/10	3/10
优化开发区	3/10	5/10	2/10

第三，确定约束条件，即含有决策变量的线性表达式，它对于可能做出的决策规定出限制条件，决策变量取满足这些约束条件的不同值，进而可以产生出各种待选方案。共选取 27 个约束方程，分别从综合约束、经济发展约束、农产品需求约束、生态约束、调整力度域五个方面来规范。遵从经济、社会和生态三原则的基础上，通过多目标规划确定了参照目标值(表 3-11)。

表 3-11 实验区土地供给总量预测与供地结构优化

功能区	地类	居住用地	公共设施用地	工业用地	仓储用地	对外交通用地	道路广场用地	市政公用设施用地	绿地	特殊用地
优化开发区	武汉	0.324 7	0.176 1	0.179 2	0.030 6	0.049 8	0.082 9	0.047 0	0.074 9	0.034 8
优化开发区	鄂州	0.340 7	0.104 3	0.191 5	0.020 2	0.032 0	0.111 3	0.046 8	0.136 5	0.017 3
优化开发区	黄石	0.359 4	0.084 6	0.203 7	0.016 9	0.030 2	0.111 2	0.058 5	0.131 2	0.004 3
重点开发区	黄冈	0.296 4	0.174 8	0.251 9	0.012 5	0.012 5	0.107 8	0.053 0	0.080 0	0.011 2

续表

功能区	地类	居住用地	公共设施用地	工业用地	仓储用地	对外交通用地	道路广场用地	市政公用设施用地	绿地	特殊用地
重点开发区	孝感	0.2576	0.1169	0.2425	0.0403	0.0447	0.0718	0.0429	0.1359	0.0474
重点开发区	咸宁	0.2582	0.1428	0.1722	0.0502	0.0557	0.1114	0.0608	0.1273	0.0213
重点开发区	仙桃	0.3486	0.1275	0.2618	0.0297	0.0373	0.0625	0.0410	0.0826	0.0096
重点开发区	潜江	0.2843	0.2019	0.2094	0.0696	0.0731	0.0722	0.0274	0.0481	0.0140
重点开发区	天门	0.2533	0.1113	0.2822	0.0369	0.0561	0.09551	0.0522	0.0801	0.0330
优化开发区	长沙	0.3148	0.1648	0.1421	0.0359	0.0363	0.1806	0.0341	0.0901	0.0022
重点开发区	株洲	0.3417	0.1351	0.2408	0.0243	0.1211	0.0513	0.0083	0.0714	0.0057
重点开发区	湘潭	0.2458	0.1598	0.3524	0.007	0.0146	0.1307	0.0304	0.0571	0.0029

3.2.3 供地结构和供地总量的控制政策建议

1. 设置供地门槛的意义

1978年以来,随着经济建设的迅速发展,城市数量猛增,城市用地规模日益扩张。1978~1996年,全国城市用地面积由7140千米^{2}扩大到13 887千米^2,18年间增长了94.5%,平均每年扩大374.8千米^2,年均递增率高达3.76%。这些城市用地面积的扩大,基本上是"摊大饼"式扩展,是靠征用城市近郊的土地,主要是耕地。城市用地规模增大系数是表明城市土地合理利用的重要指标,在1981~1999年,我国城市规模增大系数高达1.91,超出合理限度1.12的70.5%,另外,我国目前施工技术水平低、建筑设计落后、建筑物容积率低,导致土地利用率低。纽约城市土地20世纪90年代容积率为7.18,中国香港中心用地高达21.7,据调查,我国1990年455个设市城市建成区平均整体容积率只有0.31,1996年只有0.45,新建设的建筑物土地容积率只有4.14,土地利用粗放显而易见。由以上内容可以看出,我国城市土地市场供给门槛低,导致大多数城市土地利用粗放,土地利用效率和土地产出效率低。而我国的国情是人多地少,耕地和后备耕地资源短缺,土地资源的稀缺与人口膨胀的矛盾将会越来越突出,这种土地供给的刚性和城市建设对土地需求的弹性矛盾,以及目前我国城市土地利用粗放和低效状况决定我国城市要走土地集约利用的道路,也就是说必须存在"供地门槛"之说,即土地集约化利用情况下的市场准入条件。提高城市土地供地门槛,从宏观上来说,就是加强土地利用的宏观控制,确保一定区域范围内城市土地的集约利用,严格按照土地利用总体规划来合理确定城镇建设用地规模,统筹安排各类用地,实现区域城市、经济的可持续发展。此外,就一个城市而言,设置供地门槛就是指优化土地利用结构,包括两方面的内容:一是土地利用的比例结构;二是土地利用的空间结构。城市用地的比例结构,从世界城市发展的历程看,第三产业随着城市的发展其比例越来越大,其城市用地结构的比例也应表现同样的规律。城市的空间结构,主要是城市功能区的分布与组合,也就是商业、工业、住宅区等的分布与组合。这些规则使供地时必须优化用地结构,提高城市建筑容积率和经济效益,促进内涵挖掘。从微观的角度来说,供地门槛就意味着就某一块土地供地时必须考虑此地块上的投资规模、投资强度、环境污染等方面的问题,从而在可持续的条件下,最有效地利用土地,使得土地的产出率最大。因此,我们在不同的区域设置土地供给门槛来调节土地供给结构和供给总量。

2. 供地门槛的设置

实验区土地供给结构和总量控制政策,主要体现在建设用地的控制上,也就是工业用地、住宅用地和商务用地的控制。按照主体功能区的有关要求,依据土地利用总体规划,实行差别化的土地利用政策,在确保18亿亩耕地数量不减少、质量不下降的原则下,对优化开发区域实行更严格的建设用地增量控制,适当扩大重点开发区域建设用地供给,严格对限制开发区域和禁止开发区域的土地用途进行管制,严禁改变其生态用地用途。

1) 工业用地门槛设置及用地政策

对于工业用地供给总策,在总量上要实行严格的控制政策。各类工业和开发区(园区)用地要纳入土地利用总体规划、城镇体系规划和城市总体规划统一管理。对省政府确定、国家有关部委认可保留的工业和开发区(园区)的规划建设用地范围,不得擅自突破,并要限制企业占用非工业用地及园区外用地。对工业区和开发区(园区)内道路等基础设施要统一规划、分步实施,防止因配套基础设施过度超前建设而造成控制区域内土地抛荒现象。提高工业区和开发区(园区)生产性项目用地比例,通过集中布置建造行政管理、生活服务、污水处理、热电、仓储及绿化等配套设施,控制非生产性辅助性的用地规模,提高区域性社会资源的共享程度。

按照具体建设项目审批供应土地。实行供地目录制度,严格执行国家产业政策,调整优化产业结构,制止盲目投资和低水平重复建设,对淘汰类、限制类的投资项目,要禁止或限制用地。完善实验区建设项目用地控制指标,对工业项目投资强度的区域修正系数进行适度上调,对具体建设项目的绿地控制指标作适度下调;对企业等用地单位内部行政办公和生活服务等配套设施用地要严格控制,禁止建造成套职工住宅、专家楼、宾馆和招待所等设施;结合各市的实际情况,对投资规模小于一定规模的工业建设项目,实行项目投资规模最低值控制办法,原则上不单独供地,适时修订建设用地定额标准体系,工商业项目用地要规定单位土地投资强度和开发进度。执行国家产业政策,对项目可行性研究报告确定分期实施的大型建设项目可预留规划用地,但必须根据其生产建设进度分期确定供地数量和时间;对企业技改项目要充分利用原有的建设用地,确需扩建的,要将原用地面积和新增建设用地面积一起计算。加强建设用地批后管理,对已批准农用地转用、征用的建设用地供应情况,实行年度跟踪检查制度。交通、水利、电力等公益性基础设施建设工程项目,要充分论证、优化方案设计、科学选址、节约用地。

健全集约用地机制,促使企业提高土地利用率,对企业利用原有土地增加投资、扩大生产规模,在有关政策上给予优惠,包括鼓励建设多层厂房,对生产工艺无特殊要求的项目,不得建造单层厂房;通过减免厂房加层配套费等措施,鼓励有条件的地方建造多层标准厂房。鼓励和引导企业依法转让或出租闲置厂房,实施厂房加层、老厂改造、内部整理和余缺调剂,引进先进设备,节约生产空间等途径将存量变增量,提高土地利用效率。

在实验区总体工业用地政策的框架下,在重点开发区和优化开发区工业用地供给上还需区分对待。

(1) 重点开发区工业用地政策

要有针对性地适当扩大建设用地供给量,可以适当放宽工业企业用地限制的前提。在土地出让价格的上升幅度略低于土地市场价值的上涨水平时,将土地集约利用水平提升引致的部分土地增值让利于用地企业;部分存量建设用地增加土地投资,在规划许可范围内提升建筑容积率的,可以不要求追加土地出让金。在近期内加强产业用地调控,加快产业结构升级与梯度转移不仅是经济发展的基础战略,也是优化资源配置、促进土地集约利用的重要途径。

建立统一的产业用地门槛,结合产业发展政策与产业用地评价成果,明确不同地区、不同产业用地的单位面积投资底线与非生产性用地比例上限,并依据企业的产业性质和投资—产出规模合理确定供地数量与布局。优先保障工业园区内布局、与当地产业发展有紧密联系、能吸纳较多就业项目的用地需求,对于国家批准的重大基础设施项目、重大产业布局项目的控制性工程,经报批程序后,可以先行用地。对于重要的产业项目,可以作为单独批次报批用地。积极开展土地整理,增加建设用地和耕地的供应潜力。采取耕地异地置换、耕地指标异地转让等方式,实现耕地数量和质量的相对稳定。

(2) 优化开发区工业用地政策

优化开发区工业用地主要依靠盘活城市土地存量,整理利用综合区片闲置、破产、停产或低效利用的建设用地转换而来的新增建设用地。因此,根据优化开发区域的产业结构特点,制定每个行业的产业效能指标。针对优化开发区域的发展条件和资源环境状况,提出比其他区域更高标准的产业效能要求,同时设定高标准的产业用地门槛和利用水平。加快制定适合优化开发区域的指导性标准,明确工业项目用地的投资强度、容积率、建筑系数、土地产出效益和用地结构等指标的具体标准。在具体实施过程中严格按照相应的标准进行管理,对于达不到相关标准的企业用地需求坚决不予审批,同时对于土地集约利用强度高的企业还可以给予一定的优惠和奖励。

实施产业集群发展模式。积极实施产业集群发展战略,以产业集群发展提升土地集约利用水平。制定产业优化和转移导向目录,鼓励优先发展高技术产业、出口导向产业和现代服务业,引导发展资源消耗少、环境破坏小、附加价值高、产业带动性强的产业,严格限制资源消耗多、环境污染大、工艺落后、附加值低、技术含量小的产业发展。明确限期转移的产业必须在一定期限内转移,出台土地、转岗工人安置等方面的扶持政策。引导和督促一些目前尚能维持生产、产业转移动力不足的产业积极主动转移,依靠市场机制和手段促进一批产业加快退出与转移。而对执行产业效能标准和提高资源利用水平较好的区域制定相应的奖励政策。要按照工业园区化、园区产业化、产业集群化、集群效益化的建设原则,提升土地节约集约利用、高效优化配置水平。立体开发,提高土地利用率。要以标准厂房建设为载体,不断强化"立体型"用地意识,向空中、向地下、向集约要土地,多渠道促进企业集聚。

2) 住宅用地和商服用地门槛及用地政策

实施都市圈发展战略,建立城市间的同城共建共享模式。都市圈发展模式有利于节约土地,尤其是可以压缩交通用地规模。通过构建"大文化"、集聚"大产业"、培育"大市场"、建设"大交通"、共兴"城市群"等一体化区域经济模式,缓解人口和产业的急剧增长给城市土地承载能力带来的压力,不断提升城市综合承载能力。

提高城市建设项目的容积率。容积率是指规划建设用地范围内全部建筑面积与规划建设用地面积的比例。针对城市新城区和旧城区、重点地段和一般地段分别提出不同的容积率规定,鼓励城市新区高容积率、低密度建设,适当控制旧城区的建筑容积率,科学控制人口密度分布,积极引导开发建设单位改善城市居民生活质量。

控制建设项目的建筑密度。建筑密度是指各类建筑的基底总面积与规划建设用地面积的比率;住宅建筑净密度是指住宅建筑基底总面积与住宅用地的比率;绿地率是指建设用地范围内的绿地总面积占建设用地面积的比率。在适度提高建筑容积率的同时,严格控制建筑密度和绿地率。根据国内外城市建设经验,一般多层住宅项目的住宅建筑净密度不宜大于28%,高层住宅项目的住宅建筑净密度不宜大于20%;城市中心区的公共建筑在不影响停车和人流集散的前提下,一般建筑密度不应超过40%;特殊地段可适当提高建筑密度,但不宜超过60%。旧城区住宅改造项目的绿地率不应小于25%,新城区住宅建设项目规划绿地率不应小于30%;公共建筑项目的绿地率参照住宅项目绿地率规定执行。

3.3 本章小结

本章分析了两型社会建设中的土地储备问题及供地结构问题。在两型社会建设中,如何平衡限制开发区与禁止开发区的土地储备保护及优化开发区与重点开发区的新增土地需求,是一个重要论题。国务院在对武汉城市圈两型社会建设方案的批示中,指出了两型社会建设中的用地指标可以通过跨地区实现占补平衡,这给予了土地储备及开发的新思路,使得发展权转移的农地保护思想有了实施的政策基础。

对于土地储备,我们通过针对不同土地,建立各类土地储备区,包括农地储备区、自然景观储备区、生态脆弱储备区及水源区储备区等。对于进入储备区的土地有着一定的要求,一旦进入储备区,土地即被施加保护性地役权,即在一定的时期内,土地需要保持农用或禁止开发。而相应的,这些土地的发展权被转移至重点开发区与优化开发区,发展权的转移需要通过发展权市场进行。发展权的购买价格是在对发展权定价的基础上,受市场的供给与需求影响而形成的。本章建立了发展权定价的模型,并分别计算10个地级市的发展权均价及总量,得出发展权的价值相对于我国现行的征地补偿标准而言,要高出数倍。本章亦对发展权转移的补偿机制做出了设想,其中包括分期的货币补偿、医疗及养老保险的建立、基础设施的建设及对农业技能的培训等。

对于土地的供地结构,本章在分析了武汉城市圈及长株潭城市群12个城市现有的供地结构时,得出了城市用地规模极度扩张、供需矛盾突出、土地需求区域差异大、城市发展质量不高、城市蔓延迅速、用地结构不合理、开发区土地缺乏规划、土地利用率低的结论,并分别从制度制约、体制制约及机制制约等方面对于供地结构的主要限制因素进行了分析。在此基础之上,通过将国内的供地结构与国外发达国家的供地结构进行对比及对国外供地经验的借鉴,我们选用了马尔可夫模型确定了实验区两型社会建设的供给总量,并得出了优化的供给结构。同时,我们提出设置建设用地的供给门槛,通过分别设置工业用地、住宅及商务用地的供给门槛,以促进土地合理开发和有效利用,减少土地开发对于资源及环境的负外部性,最终实现对土地供给结构和供给总量的有效调控。

第4章 实验区土地节约与需求控制政策

两型社会建设的目标和内涵就是在保证一定产出水平、满足人类日益增长的物质文化需要的同时,尽量地节约资源利用量,并减少资源开发利用对环境的破坏,为人类营造一个适宜的生存环境。两型社会建设对我国有限土地资源的开发利用提出了更高的要求:一方面,由于我国人多地少,土地资源的稀缺性更为突出;另一方面,土地资源的开发利用,尤其是土地用于非农建设时对生态环境造成的负外部性普遍存在,因此在我国的土地开发利用中,必须在满足13多亿人口对土地所提供的产品和服务的正当需求的情况下,尽量节约利用土地资源,严格限制非农建设用地的扩张,在节约利用土地资源的同时减少对环境的不利影响。

随着人口的增加,人均占有的土地资源不断减少,而人类的生活水平、生活质量又不断提高,日益提高的生活水平及生活质量需要日益增加的物质产品作保障。为了解决这一矛盾,人类逐渐在实践中探索出通过增加对土地的物质和劳动投入,不断增加单位土地面积产出物的途径(毕宝德,2005)。在土地面积一定的情况下,单位土地面积产出的增加必然带来总产出的增加;反过来,在总产出一定的情况下,通过追加单位土地面积上的投资,使单位土地面积上的产出增加就可以节约土地资源的使用量。因此,从一定程度上来说,土地节约利用是目标,而集约利用则是实现这一目标的途径和手段。所以研究土地节约利用,离不开对土地集约利用的研究。

此外,随着我国社会经济的快速发展,人们生活水平的逐步提高,对土地产生了巨大的需求,而这些需求一部分是满足社会经济发展所必需的正常需求,另一部分则是不合理的或者说是过度需求,因此必须调整土地利用政策,控制土地需求,压缩不合理的土地需求,使有限的土地资源能够为社会经济的发展提供长远保障，从而实现社会经济的可持续发展。

本章主要是结合武汉城市圈和长株潭城市群两型社会建设实验区的实际情况，研究实现实验区土地节约利用与需求控制的具体政策。本章的研究内容包括：一是分析评价实验区土地节约集约利用的现状，通过分析比较，反映实验区内不同地区土地节约集约利用水平的高低，揭示实验区土地节约集约利用的潜力；二是从理论上分析并确定实验区土地利用的政策取向；三是提出实现实验区土地节约集约利用和土地需求控制的具体政策及配套措施。

4.1 实验区土地节约集约利用水平的测度

4.1.1 土地节约集约利用水平测度的理论探讨

1. 土地集约利用水平测度

土地与人类劳动、资金等要素结合，才能生产出满足人类需求的各种产品和服务，而且不同投入要素之间可以相互替代。相对于劳动、资本等非土地要素来说，土地总量是固定的，尽管人类可以在土地自然供给的基础上增加土地的经济供给，但其增长弹性很小，土地资源更加稀缺。因此，人类总是用劳动、资本等非土地要素来替代土地要素，即增加单位土地面积上的可变要素的投入，提高单位土地面积上的产出，从而增加总的产出，以满足人类日益增长的物质文化需要。

土地集约利用，就是通过适当增加单位土地面积上的劳动、资本等非土地要素的投入，提高土地利用效益的一种经营方式。但是受土地报酬递减规律的制约，即在单位土地面积上连续追加资本或劳动等可变要素的投入时，其边际报酬呈递减的趋势，而且边际报酬最终会等于零，当边际报酬为零时总产出达到最大，如图4-1所示。

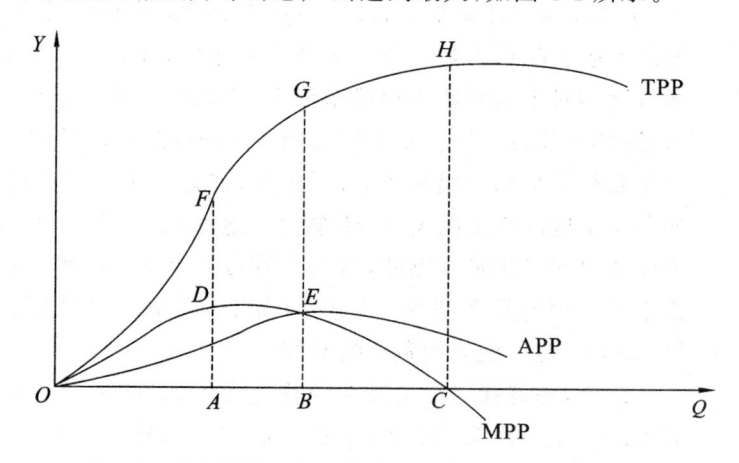

图4-1 单位面积土地上的生产要素投入产出阶段分析

如图 4-1 所示，横坐标表示单位土地面积上某一生产要素（劳动或资本）的投入量，纵坐标表示对应单位土地上的产出。当单位面积土地上的要素投入量从 0 增加到 A 点这一区域内，边际产量（MPP）递增，直至到达最高点 D；总产出（TPP）以递增的速度增加，直至达到拐点 F；平均产出（APP）虽然也平缓增加，但小于边际产出，并未达到最高点。当要素的投入量从 A 点继续增加到 B 点时，边际产量递减，总产出以递减的速度增加，平均产量达到最高点并与边际产量线交于 E 点。当要素的投入量从 B 点继续增加到 C 点时，平均产量也开始递减，但是大于边际产出；当投入量增至 C 点时，边际产出减小为零，总产量达到最大点 H。

如果不考虑价格因素，只考虑实物产出，那么 C 点就是最佳投资点，因为此时总产出最大。但是在市场经济条件下，土地利用者追求的不单是物质产出的最大化，而是利润的最大化，因此还需要考虑投入成本。根据现代经济学的分析，在单位土地上非土地要素的边际收益等于其边际成本时，投资利润达到最大，此时的土地利用效率最高，如图 4-2 所示。

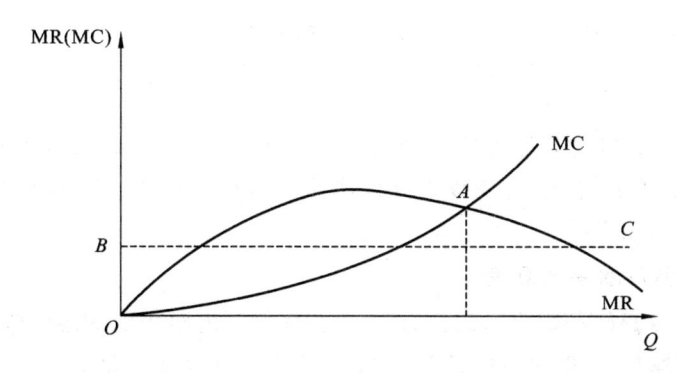

图 4-2 单位面积土地上投入某生产要素的边际收益和边际成本分析

在图 4-2 中，横坐标同样表示单位土地面积上某一生产要素（劳动或资本）的投入量，纵坐标表示投入要素的边际收益和边际成本。投入要素的边际收益遵循土地报酬递减规律，而投入要素的边际成本一般情况下会呈现递增的趋势，当单位面积土地上投入要素的边际收益等于其边际成本时（图 4-2 中 A 点），土地开发利用的利润达到最大，此时为要素投入的最佳量。用公式表示为

$$\mathrm{MR}=\mathrm{MC} \tag{4-1}$$

同时，如果假设在一个较短时期内，投入要素的价格基本保持不变，此时投入要素的边际成本等于其价格，为一直线（即图 4-2 中的直线 BC）。

而投入要素的边际收益又等于边际实物产出乘以产出品价格，边际成本等于边际投入量乘以投入要素的价格，这里边际投入量为追加的每一单位要素，故边际成本在数值上就等于其价格。用公式表示为

$$\mathrm{MP} \times P_Y = 1 \times P_X \tag{4-2}$$

也可以表示为

$$MP = \frac{P_X}{P_Y} \tag{4-3}$$

因此采用科布道格拉斯生产函数①（以下简称 C-D 函数）形式分别对武汉城市圈、长株潭城市群的统计数据进行回归分析，模拟出不同用途的土地单位面积上产出(Y)与劳动(L)、资本(K)投入量之间的函数关系 $Y = A(t)L^\alpha K^\beta$ 以后，就可以通过下式：

$$\begin{cases} \dfrac{\partial Y}{\partial L} = \dfrac{P_L}{P_Y} \\ \dfrac{\partial Y}{\partial K} = \dfrac{P_K}{P_Y} \end{cases} \tag{4-4}$$

计算得到单位土地面积上的最佳劳动投入量（记作 L^*）和最佳资本投入量（记作 K^*）：

$$L^* = \sqrt[\alpha+\beta-1]{\frac{\alpha^{\beta-1} P_K^\beta}{\beta^\beta A(t) P_L^{\beta-1} P_Y}} \tag{4-5}$$

$$K^* = \frac{\beta P_L}{\alpha P_K} L^* \tag{4-6}$$

土地集约利用水平就可以用土地集约利用系数 E 来反映：

$$E = \frac{A(t)L_0^\alpha K_0^\beta}{A(t)L^{*\alpha} K^{*\beta}} = \left(\frac{L_0}{L^*}\right)^\alpha \left(\frac{K_0}{K^*}\right)^\beta \times 100\% \tag{4-7}$$

式中，K_0、L_0 分别表示当前某种用途的单位土地面积上实际资本和劳动的投入量。某地区土地集约利用系数 E 越大，说明该地区该用途土地单位面积上的资金和劳动投入越充足，土地集约利用的水平越高。

2. 土地节约利用水平的测度

在测度土地集约利用水平时，已经计算出了单位土地面积上的最佳资本投入量(K^*)和最佳劳动投入量(L^*)，据此可以计算出最佳（最集约）用地量 Q^*_{land}：

$$Q_1^* = 实际资本投入总量 / K^* \tag{4-8}$$

或

$$Q_2^* = 实际劳动投入总量 / L^* \tag{4-9}$$

当 $Q_1^* < Q_2^*$ 时，取 $Q^*_{\text{land}} = Q_1^*$；当 $Q_1^* > Q_2^*$ 时，取 $Q^*_{\text{land}} = Q_2^*$。

节约利用的土地数量就等于最佳用地量减去实际用地量的差值，因此可以用以下土地节约利用系数 I 来反映土地节约利用水平：

$$I = \frac{Q^*_{\text{land}} - Q_{\text{land}}}{Q^*_{\text{land}}} \times 100\% \tag{4-10}$$

式中，Q_{land} 为某种用途的实际用地面积。在当前情况下，实际用地面积往往是大于最佳用地面积的，因此该系数一般为负值，而且其绝对值越大，说明实际用地面积超过最佳用地面积的幅度越大，土地利用的节约水平越低。

---

① 科布道格拉斯生产函数是经济学中使用最广泛的一种生产函数形式，它在数理经济学与经济计量学的研究与应用中都具有重要的地位，而且该函数最初就是用于研究工业生产中产出与资本、劳动投入之间的关系的，很多学者采用该函数形式分析土地利用中的产出与各种投入要素之间的函数关系，因此我们这里也采用该函数对单位土地面积上的产出和资本、劳动投入进行回归分析。

4.1.2 实验区土地节约集约利用水平的比较分析

1. 土地集约利用水平的比较分析

1）农用地

由于耕地最能体现农用地的集约利用状况，同时受统计数据的限制，在进行实验区农用地集约利用水平的比较分析时，选择耕地作为代表。对实验区设立初期的土地集约利用水平进行比较分析，评价指标体系及相应的指标值如表4-1所示。

表4-1　实验区耕地集约利用水平分析比较指标值

城市	土地垦殖率 X1/%	地均农业机械动力 X2/(千瓦/公顷)	地均农业劳动力 X3/(人/公顷)	地均固定资产投资额 X4/(万元/公顷)	地均种植业产值 X5/(万元/公顷)	粮食单产 X6/(吨/公顷)
武汉	24.37	8.98	3.4	1.36	3.35	6.55
黄石	17.86	5.73	3.6	1.73	2.13	7.93
鄂州	25.99	10.51	5.6	0.89	2.19	7.51
黄冈	27.64	7.19	4.0	1.36	2.17	8.72
孝感	18.24	5.33	4.2	1.77	2.29	8.91
咸宁	15.11	6.56	2.9	1.70	2.31	6.96
仙桃	35.64	10.55	3.1	1.18	1.99	7.25
天门	40.93	7.82	2.6	0.89	1.58	4.63
潜江	33.21	8.76	1.7	1.18	2.13	5.76
长沙	23.84	9.02	4.5	4.21	2.22	7.66
株洲	17.97	9.02	4.3	1.69	2.15	7.66
湘潭	27.73	9.02	5.7	2.76	1.70	7.66

注：长沙、株洲和湘潭的地均农业机械动力和粮食单产采用的是湖南省的平均水平

资料来源：根据《湖北统计年鉴2007》《湖南统计年鉴2007》整理而来

对表4-1数据进行标准化，并赋予每项指标同样的权重，得出综合评价系数，如表4-2所示。

表4-2　实验区耕地集约利用水平分析比较结果

城市	X1	X2	X3	X4	X5	X6	综合评价系数	排名
武汉	0.95	1.09	0.89	0.79	1.53	0.90	1.03	4
黄石	0.69	0.70	0.95	1.00	0.98	1.09	0.90	9
鄂州	1.01	1.28	1.47	0.52	1.00	1.03	1.05	3
黄冈	1.08	0.88	1.05	0.79	0.99	1.20	1.00	6
孝感	0.71	0.65	1.11	1.03	1.05	1.23	0.96	8
咸宁	0.59	0.80	0.76	0.98	1.06	0.96	0.86	11

续表

城市	X1	X2	X3	X4	X5	X6	综合评价系数	排名
仙桃	1.39	1.29	0.82	0.68	0.91	1.00	1.01	5
天门	1.59	0.95	0.68	0.52	0.72	0.64	0.85	12
潜江	1.29	1.07	0.45	0.68	0.98	0.79	0.88	10
长沙	0.93	1.10	1.18	2.44	1.02	1.05	1.29	1
株洲	0.70	1.10	1.13	0.98	0.98	1.05	0.99	7
湘潭	1.08	1.10	1.50	1.60	0.78	1.05	1.18	2

综合评价系数显示，实验区12个地级市的耕地集约利用水平由高到低依次为长沙、湘潭、鄂州、武汉、仙桃、黄冈、株洲、孝感、黄石、潜江、咸宁、天门。

2）建设用地

在进行实验区建设用地集约利用水平的比较分析时，同样受到统计数据的限制，因此选择工业用地作为建设用地的代表，进行分析比较。评价的指标体系及相应的指标值如表4-3所示。

表4-3 实验区工业用地集约利用水平分析比较指标值

城市	地均工业从业人口 X1/(人/公顷)	地均工业企业资产 X2/(万元/公顷)	地均工业增加值 X3/(万元/公顷)	地均利润额 X4/(万元/公顷)	地均利税额 X5/(万元/公顷)
武汉	86	5 408.63	1 529.23	258.93	625.91
黄石	70	2 853.92	1 032.23	173.10	323.41
鄂州	40	1 390.05	628.64	230.42	230.18
黄冈	212	5 247.30	1 634.21	382.98	585.60
孝感	220	3 915.59	1 436.93	85.13	235.25
咸宁	195	3 757.14	1 436.73	218.37	517.35
仙桃	126	1 739.08	946.29	96.59	194.19
天门	91	2 440.38	553.38	317.63	521.38
潜江	38	585.99	395.70	34.67	76.14
长沙	138	5 395.63	2 884.56	402.92	948.28
株洲	79	2 612.84	1 271.15	125.02	249.29
湘潭	101	3 114.22	1 050.32	110.60	237.90

资料来源：根据《湖北统计年鉴2007》《湖南统计年鉴2007》整理而来

对表4-3中的数据进行标准化，并赋予每项指标同样的权重，得出综合评价系数，如表4-4所示。

表 4-4 实验区工业用地集约利用水平分析比较结果

城市	X1	X2	X3	X4	X5	综合评价系数	排名
武汉	0.74	1.69	1.24	1.28	1.58	1.31	3
黄石	0.60	0.89	0.84	0.85	0.82	0.80	8
鄂州	0.34	0.43	0.51	1.13	0.58	0.60	11
黄冈	1.82	1.64	1.33	1.89	1.48	1.63	2
孝感	1.89	1.22	1.17	0.42	0.59	1.06	6
咸宁	1.68	1.17	1.16	1.08	1.31	1.28	5
仙桃	1.08	0.54	0.77	0.48	0.49	0.67	10
天门	0.78	0.76	0.45	1.56	1.32	0.98	7
潜江	0.33	0.18	0.32	0.17	0.19	0.24	12
长沙	1.19	1.68	2.34	1.98	2.40	1.92	1
株洲	0.74	1.69	1.24	1.28	1.58	1.31	4
湘潭	0.60	0.89	0.84	0.85	0.82	0.80	9

综合评价系数显示,实验区 12 个地级市的工业用地集约利用水平由高到低依次为长沙、黄冈、武汉、株洲、咸宁、孝感、天门、黄石、湘潭、仙桃、鄂州、潜江。各市之间的集约利用水平差距十分明显。

2. 土地节约利用水平的比较分析

通过前面的分析,土地节约利用水平与土地集约利用水平是一对有着联系的概念:提高土地集约利用水平,即增加单位土地上的劳动和资本投入,必将使单位土地面积上的产出增加,在社会对土地生产的产品、提供的服务的总需求一定的情况下,提高单位面积土地的产出就可以达到节约利用土地资源的目的。因此,土地节约利用水平与土地集约利用水平成正相关关系,土地集约利用水平越高的地区,土地节约利用的水平也就越高。

因此,对于农用地来说,长沙、湘潭、鄂州、武汉、仙桃、黄冈等市的节约利用水平较高,株洲、孝感、黄石等市的节约利用水平一般,而潜江、咸宁、天门等市的节约利用水平较低,但整体来说实验区内各市之间的差距并不十分明显;对于建设用地来说,长沙、黄冈、武汉、株洲、咸宁、孝感的节约利用水平较高,天门、黄石、湘潭等市的节约利用水平一般,仙桃、鄂州两市的节约利用水平较低,而潜江节约利用水平最低,实验区内各市之间的差距十分明显。

4.2 土地节约集约利用的政策取向

4.2.1 土地节约集约利用的总体政策取向

1. 两型社会建设对土地利用的要求

两型社会建设的本质就是要在保证一定产出水平、满足人类日益增长的物质文化需要的同时,尽量地节约资源利用量,并减少资源开发利用对环境的破坏,为人类营造一个适宜的生存环境。两型社会建设对我国有限土地资源的开发利用提出了更高的要求:一方面,我国人多地少,土地资源的稀缺性更为突出;另一方面,土地资源的开发利用,尤其是土地用于非农建设时对生态环境造成的负外部性普遍存在,因此在我国的土地开发利用中,必须在满足13多亿人口对土地所提供的产品和服务的正当需求的情况下,尽量节约利用土地资源,严格限制非农建设用地的扩张,在节约利用土地资源的同时减少对环境的不利影响。

同时,为了满足人们日益增长的物质文化需要,需要在尽量节约利用土地资源的同时增加单位面积土地的物质产出,从而提高总产出水平。土地集约利用正是人们通过长期实践探索出来的一种解决土地资源有限和人们日益增加的物质文化需要矛盾的途径,即通过适当追加单位土地面积上的资本、劳动等可变要素的投入,增加单位土地面积上的产出,提高土地利用效益,为社会经济发展提供物质保障。

因此,两型社会建设对土地利用的总体要求是通过土地的集约利用,即通过提高土地利用集约度,实现土地资源的节约利用,减少对生态环境的影响和破坏。同时要优化各种生产要素的投入比例,实现用最小的资源和环境代价生产出最大量的物质产出,提高单位资源和环境的承载力,在满足人们日益增长的物质文化需要的同时,实现人口、社会、经济与资源、环境之间的协调发展,进而实现社会经济的持续长远发展。

2. 实验区土地利用的总体政策取向

土地资源的有限性和人类持续增长的物质文化需要之间的矛盾,客观上就要求我们实行土地节约集约利用,而两型社会建设本质上也要求我们节约集约利用有限的土地资源,减少土地开发利用对生态环境的破坏,保障社会经济的可持续发展。因此,实验区土地利用的总体政策取向就是通过观念上的引导、经济上的制约、法律上的控制等手段,促使企业增加单位土地面积上的劳动、资本、技术等要素的投入,提高现有建设用地的利用强度,实现有限土地资源的节约集约利用。

同时还要根据不同产业在国民经济发展中的地位,对生态环境影响程度的大小,单位产品对土地、能源等自然资源的消耗量等方面的不同,实行差异化的土地利用政策,鼓励知识密集型、资本密集型、劳动密集型的高新技术产业的发展,减少传统的高污染、高能耗、高占地率的落后产业。此外,为了推动不同主体功能区的社会经济发展,根据不同功能区的目标定位和发展战略实行差异化的土地利用政策,即通过有所区别的土地利用政策促使优化开发区的产业升级和结构调整,为重点开发区的发展创造有利条件,对限制开发区非农产业的发展予以控制和引导,加强对禁止开发区内土地资源和生态环境的保护。

总之,两型社会建设实验区的土地利用政策应为建设两型社会的总体目标服务,节约集约利用土地资源,建设和维护良好的生态环境。

4.2.2 重点行业的土地利用政策取向

产业结构对土地利用具有重要的影响,反过来,土地资源禀赋和利用政策又会对产业发展产生约束作用,因此,针对不同的产业和行业,应根据产业在国民经济与社会发展中的地位、土地资源占用率、单位能耗及对环境的影响,实行不同的土地利用政策。

目前武汉城市圈和长株潭城市群的产业结构与全国其他地区一样,存在主导产业不明显、重复建设严重、横向联系的层次较低、产业关联度小、集约化程度较低等问题,影响了城市圈整体优势和综合经济效益的发挥,而两型社会的建设要求经济发展从高能耗、高投入、低产出向低能耗、低投入、高产出方向转变。因此,需要通过产业结构的调整和各行业用地的合理调配来实现土地资源的节约集约利用。总体来说,两型社会建设综合配套改革实验区的建设应该按照产业分类改革、分类监管的原则,创新产业发展体制,推进科技创新、产业聚集、结构优化,提高资源综合利用水平,减少污染物的排放,形成以资源节约型和环境友好型产业为主导、合理分工、优势互补、集聚发展的产业新格局。长株潭城市群和武汉城市圈均位于华中地区,且都肩负两型社会的建设重任,因此不同产业在两区的发展定位和政策取向展现出一定趋同性,具体分析如下。

1. 农林牧渔业

包括农、林、牧、渔业是国民经济与社会发展的基础,也是当前需要重点发展的产业,同时两型社会建设实验区又是我国两大粮食主产区,确保区域内的粮食稳定生产不仅关系到两型社会建设的成功,更重要的是关系到国家的稳定和安全。因此必须切实保护耕地,尤其是基本农田,坚决制止非农建设违法占用农地。但是对于农业龙头企业和种养大户所需的生产用地,在不违背国家产业发展政策的前提下,在用地指标方面可以优先考虑。在鼓励和扶持农业发展的同时,必须加大农业基础设施建设投入,提高农民的土地收益,使其能够积极增加投入,逐步提高农地利用的集约度。

2. 采矿业

与其他矿产资源丰富地区相比,武汉城市圈、长株潭城市群内的矿产资源较少,该地区是我国的两大粮食主产区,林地、湖泊等需要保护的土地资源比较丰富,而且在制造业、交通和教育事业中具有十分重要的地位,因此,实验区不利于矿业发展,相应的矿业用地也必须受到限制,尤其是对那种能耗高、污染大、产出小的企业的用地供给应该禁止,迫使其退出该行业,同时对少量矿产开采区要进行生态修复,做好生态环境资源的保护和培育。

3. 制造业

武汉城市圈和长株潭城市群所在的整个华中地区,制造业具有良好的区位优势,产业集群优势明显,产业布局较为合理,有发展制造业需要的资源、技术和信息化领先的条件,产业市场竞争前景广阔,在各行业的发展中应属于重点发展的产业。在制造业的土地供给上,当地政府应该给予相关的优惠政策,吸引投资,做大做强优势产业,使之成为华中地区具有影响力的制造业基地,同时可以调整不同制造业行业之间的用地区域配置,优化产业结构,使之形成产业聚集区,产生良性的聚集效应。但是,在制造业的发展过程中必须注重经济发展方式的转变,要由粗放式向集约式转变,重点发展资源消耗率低、资本和劳动密集型的高新技术产业,减少对资源的消耗和环境的破坏;同时,对传统制造业用地进行优化开发,提高土地利用强度和利用效益。

4. 电力、燃气及水的生产和供应业

电力、燃气及水的生产和供应与人民生活密切相关,在国民经济和社会发展中处于重要地位,因此,理应给予适当的优惠政策,促使其更好地发展。在土地的配置上,政府部门要重点考虑,做到合理规划。对于那种具有比较好的能源供应系统,有节约能源、改善环境、提高供热质量、增加电力供应等综合效益的电力企业用地给予土地优惠政策。

5. 建筑与房地产业

建筑与房地产业是国民经济发展的支柱产业,是城市化的主要动力。建筑与房地产业的发展可以带动能源、金融、证券、人力资源等一系列产业的发展,且房地产业与人民生活密切相关,其健康发展对于解决民生问题具有重要意义。因此,建筑与房地产业理应作为实验区(尤其是重点开发区)的重要行业,重点发展。但是建筑与房地产业对土地有直接需求,且需求量大,对环境的破坏作用也比较明显。因此,要适当提高用地成本,促使企业节约利用土地资源,盘活存量土地,提高已开发土地的利用强度;同时要严格禁止开发商主观囤地导致的土地闲置,促进房地产业土地的节约集约利用。

6. 交通运输、仓储和邮政业

交通运输、仓储和邮政业是两大实验区需要重点照顾的用地行业。长株潭城市群是我国京广经济带、泛珠三角经济区、长江经济带的接合部,区位和交通条件优越;武汉城市圈拥有长江黄金水道、全国铁路公路交通枢纽和中部最大的航空口岸,具有承东启西、联南接北、得天独厚的区位优势。两大实验区都应该着力提升自己经济交通枢纽的地位,将交通运输、仓储和邮政业的用地配置放在两大实验区的核心位置上,进一步增强其集聚、辐射、服务功能和综合承载能力。

7. 信息传输、计算机服务和软件业

信息传输、计算机服务和软件业属于资本和劳动密集型的高新技术产业,在整个国民经济发展中具有重要地位,而且其对环境的影响较小。武汉城市圈中的武汉东湖高新技术开发区、长株潭城市群中的长沙经济技术开发区等一些经济技术开发区是两大实验区中信息传输、计算机服务和软件业比较发达的地方。对于信息传输、计算机服务和软件业的土地利用,应该采取优化开发的形式,进一步提高土地集约利用水平。

8. 商业和服务业

随着社会经济的发展和人民生活水平的提高,产业结构需要不断地进行调整,而第三产业在国民经济中所占比重的上升是经济发展的一个重要方面。因此,作为现代经济发展主要力量的商业和服务业(包括批发和零售业,住宿和餐饮业,租赁和商务服务业,科学研究、技术服务和地质勘查业,居民服务和其他服务业等)理应重点发展。同时,商业属于资本密集型产业,服务业属于劳动密集型产业,对土地的需求和对环境的破坏作用不大,可以通过对房地产业的调控间接实现商业、服务业的土地集约利用。

9. 金融业

金融业在现代经济发展中处于核心地位,可以为其他行业的发展提供资金支持,而且金融业本身就属于资金密集型产业,对土地资源的占用较少,单纯从产业发展的角度来说,理应得到重点发展。但是,金融业从大的产业分类来说,属于第三产业,同其他商业和服务业一样,对土地的需求主要是通过房地产业的中介作用产生的间接需求,因此,土地政策对金融业的发展影响不大。

10. 公共管理、社会保障和社会组织

包括水利、环境、公共设施管理业,卫生、社会保障和社会福利业,文化、体育和娱乐业,公共管理与社会组织,国际组织等行业的发展对于维护社会安全、保护环境、维持社会经济活动的正常开展、强化社会管理、提高人民的物质文化生活水平、加强国际合作等具有十分重要的作用。武汉城市圈和长株潭城市群均处在河道较多、水资源充沛的地域,在洪涝灾害的防治中具有重要战略地位,自然保护和环境治理的任务艰巨。由于公共管理、社会保障和社会组织都属于公益性产业,投资无收益或收益率低,并且在一定程度上被政府垄断,企业缺乏投资的积极性。为了适应社会经济发展的需要,政府应该积极推行公共管理、社会保障和社会组织的改革,支持和鼓励企业参与基础设施建设和公共事务管理,因此在土地利用政策上应该予以适当优惠。

11. 教育

"科教兴国"战略是我国社会经济发展必须长期坚持的发展战略,而且从理论上来说教育用地的开发利用属于资本和劳动密集型,在土地利用上国家长期给予了政策支持,但是在实际中教育用地的浪费现象十分严重,这是因为以往对于教育用地多采用行政划拨方式供地,实行无偿、无限期使用,而且供地数量没有统一的标准,因此划拨数量超过了实际需求量。而在近几年,随着民办高校的兴起,教育已经成为一种产业,各种职业技能培训学校也蓬勃发展,在这种情况下,依然没有严格控制教育用地总量的增加。因此,对于教育用地,应该限制其过度扩张,逐步实现教育用地的节约集约利用。

不同行业土地利用政策取向如表 4-5 所示。

表 4-5 不同行业土地利用政策取向

行业	在国民经济中所处地位	用地特点及对环境的影响	发展定位	土地利用政策取向
A 农、林、牧、渔业	该产业是国民经济的基础产业,更是促进第二、三产业不断发展的重要基础保证	农地非农化形势严峻,数量锐减,农地保护与经济发展之间的矛盾越演越烈。对环境具有正的外部性,利于环境保护	重点发展	给予优惠
B 采矿业	采矿业的发展为国民经济做出了重要贡献,但是在两型社会的建设中该产业在区域内的贡献将不会很大	粗放利用现象严重,用地发展与生态环境修复存在利益性冲突,同时对环境的破坏作用十分明显	限制发展	严格控制

续表

行业	在国民经济中所处地位	用地特点及对环境的影响	发展定位	土地利用政策取向
C 制造业	制造业是我国经济增长的主要动力,也是财政收入的主要来源和农村劳动力主要流向领域	对土地自身质量的要求不高,但是需要较好的区位和交通条件,对环境有一定的破坏	重点开发	引导集约
D 电力、燃气及水生产供应	电力、燃气及水生产供应行业随着国民经济的发展将变得越来越重要,是城市化进展的重要保障	对土地的需求不大,占地率较低,但是对土地的区位条件要求较高,对环境的影响不大	重点发展	给予优惠
E 建筑业 K 房地产业	建筑和房地产业是国民经济的支柱产业,其发展可以带动金融、保险、证券等行业的发展,有利于提高城市的产业聚集效益、推动我国的城市化进程	对土地产生直接需求,且需求量大,对环境的破坏比较明显	重点发展	提高用地成本,引导集约利用
G 交通运输、仓储和邮政业	交通运输、仓储和邮政业是国民经济的基础产业,为社会经济发展提供条件,是经济发展的动力行业	对土地的需求量较大,用地缺乏长远规划,政府投资效率不高,达不到集约利用的目标,对环境有一定的破坏作用	重点发展	适当给予优惠
I 信息传输、计算机服务和软件业	信息传输、计算机服务和软件行业作为当今最活跃、最具变革作用的技术,在推动经济结构战略性调整、促进社会进步、加快信息化和现代化建设中发挥着越来越重要的作用	属于资本和劳动密集型产业,对土地的直接需求不明显,对环境影响作用不大	优先发展	引导集约利用
F 批发和零售业 H 住宿和餐饮业 L 租赁和商务服务业 M 科学研究、技术服务和地质勘查业 O 居民服务和其他服务业	第三产业(即商业和服务业)在国民经济中所占比重的上升是经济发展的一个重要方面,是产业结构调整的目标。对于提高经济发展水平和人民的物质生活水平具有重要意义	商业和服务业属于资本密集型和劳动密集型产业,对土地的需求和对环境的破坏作用不大	优先发展	引导集约利用
J 金融业	金融业是现代经济的核心,是促进经济发展、创造社会财富的重要行业	属于资本密集型产业,对土地的直接需求不明显,对环境影响作用较小	重点发展	引导集约利用

续表

行业	在国民经济中所处地位	用地特点及对环境的影响	发展定位	土地利用政策取向
N 水利、环境、公共设施管理业 Q 卫生和社会工作 R 文化、体育和娱乐业 S 公共管理、社会保障和社会组织 T 国际组织	这些产业都属于公益性产业,对于维护社会安全、提高人民福利、加强国际合作具有十分重要的意义,属于社会经济发展中必不可少的行业	土地利用无收益或收益率低,主要由政府投资运营,因此发展不足。水利、环境等行业有利于环境的保护,其他行业对环境的影响较小	重点发展	除商业性娱乐业之外,给予优惠
P 教育	教育业为社会经济发展提供知识、技术和人才保障,是经济发展和社会进步的重要动力,而且教育业本身就能为国家创造经济效益和社会效益,属于资本和劳动密集型产业	教育用地大多数无偿使用,且用地数量标准不统一,土地低效利用和闲置现象严重	重点发展	适当限制,引导集约利用

4.2.3 不同主体功能区的土地利用政策取向

《国务院关于编制全国主体功能区规划的意见》(国发〔2007〕21号)明确提出:要根据不同区域的资源环境承载能力、现有开发密度和发展潜力,统筹谋划未来人口分布、经济布局、国土利用和城镇化格局,将国土空间划分为优化开发、重点开发、限制开发和禁止开发四类,确定主体功能定位,明确开发方向,控制开发强度,规范开发秩序,完善开发政策,逐步形成人口、经济、资源环境相协调的空间开发格局。因此,不同主体功能区的土地利用也要实行差别化的政策,对于优化开发区和重点开发区来说,重点是控制不合理的土地需求,走一条节约集约用地的路子;对于限制开发区和禁止开发区,重点在于严格土地用途管制,严禁将生态用地转为其他用途,从而保护这些地区的生态环境,并为全国社会经济的健康持续发展提供环境保障。

1. 优化开发区

优化开发区是指国土开发密度已经较高、资源环境承载能力开始减弱的区域。在优化开发区必须严格控制建设用地特别是城镇工矿用地规模的扩大,减少建设用地和城镇工矿用地年均增量,逐步降低人均城镇工矿用地面积,防范建设用地比例过大对区域资源和生态环境的损害。加强建设用地整合,积极引导人口、产业适度集聚,促进区域内城市间的分工协作和协调互补,形成等级规模合理、交通联系便捷、基本农田和生态功能区相间隔的城镇用地空间格局。在严格控制建设用地总量的前提下,保障集约利用土地的高新技术产业和现代服务业用地需求,限制占地多、消耗高的加工业和劳动密集型产业用地,促进产业结构升级和国际竞争力的提升。严格保护耕地,加强区内集中连片、高标准基本农田的保护和建设,促进农业向生态化、精细化、产业化、现代化发展。扩大林网、水面等用地面积,改善区域生态环境。

2. 重点开发区

重点开发区是指资源环境承载能力较强、经济和人口集聚条件较好的区域。对于重点开发区来说,土地利用政策的取向应该是适度增加建设用地供给。加大对基础设施建设的支持力度,促进公路、铁路、航运等交通网的完善和枢纽建设,提高用地整体效益。支持主导产业及配套建设,引导产业集中建设、集群发展,有效承接优化开发区的产业转移。合理安排中心城市的建设用地,提高城市集聚程度,发挥辐射带动作用,促进工业化和城镇化健康较快发展。加强农用地特别是基本农田整理,为粮食主产区建设奠定基础。严格保护生态用地,促进区域人口、资源、环境和谐发展。

3. 限制开发区

限制开发区主要是资源承载能力较弱、经济大规模集聚和人口条件不够好并关系到全国或较大区域范围生态安全的区域。因此对于限制开发区内的各类生态功能区、土地退化防治区,要实行严格的土地用途管制,禁止不符合区域功能定位、可能威胁生态系统稳定的各类土地利用方式和资源开发活动,严格限制生态用地改变用途。支持区域内生态建设工程,促进区域生态环境的修复与改良。按照区域资源环境承载力核定区域内建设用地规模,严格限制建设用地增加。禁止向破坏生态、污染环境的产业供地,引导与区域定位不相宜的产业逐步向区外有序转移。同时限制种植业等对生态环境有较大影响的农业的发展,主要发展林业、牧业、中草药业等,实现对该地区的生态保护。

4. 禁止开发区

禁止开发区主要是指依法设立的各类自然保护区域。由于禁止开发区都属于生态十分脆弱、不适于开发或者在国家生态安全中有十分重要地位的地区,以及各种自然或历史文化遗产资源丰富、需要重点保护的地区。因此,必须按照法律法规和相关规划,对依法设立的国家级自然保护区、世界文化自然遗产、国家级风景名胜区、国家森林公园、国家地质公园等禁止开发区域,必须实行强制性保护,严禁任何有悖于保护目的的各项土地利用活动,确保生态功能的稳定发挥。

4.3 实验区土地需求控制政策

4.3.1 土地需求影响因素分析

由于土地总量有限,为了保障国家粮食安全,减少土地开发利用对环境的影响,必须对人类对土地的需求尤其是建设用地的需求进行必要的引导和控制。但是,土地需求量是受社会经济诸多因素影响的,这些因素的变化会引起土地需求发生相应的变化。因此,研究土地需求控制政策就必须弄清楚这些影响因素与土地需求之间的关系,进而采取必要的措施对这些因素加以引导和控制,间接达到控制土地需求的目的。本小节在分析土地需求影响因素的基础上,对目前已经提出的土地需求控制政策和手段加以总结。

1. 土地需求影响因素分析

所谓土地需求,即人类为了生存和发展,利用土地进行各种生产和消费的需求。人类对土地的需求不外乎两大类——农用地需求和非农用地需求,而且影响这两种需求的因素是不同的。

1) 农用地需求

人类需要农用地,就是需要农用地为人类生产食物、衣料及其他生活原料。随着现代化纤工业的出现与发展,人类从土地上直接获取衣料的需求减少,这样,人类对农地的需求就主要落在食物上。我国人多地少,尤其是人均耕地数量更加有限,因此,对我国来说,对土地需求占第一位的就是耕地(毕宝德,2005)。影响耕地需求的因素,主要有人口数量、消费水平和消费结构、土地生产率、国民经济发展状况等。人口增长,自然就要求增加食物,进而要求增加耕地;但是如果土地生产率提高了,单位土地面积的产出就会增加,就可以缓解对耕地的需求。随着国民经济的发展,人类的物质文化生活水平提高,同样需要相应数量和质量的耕地来满足新的需求。

人类除了需要耕地为其提供农作物产品以外,为了生存、生活还需要一定的林地、园地、牧草地、养殖水面等农用地。人类对这些农用地的需求不仅是为了直接获得农产品,而且更重要的是这些农地具有净化空气、涵养水源、分解污染等重要的生态功能。因此,影响农地需求的因素不仅包括人口数量、消费结构与消费水平、土地生产率等客观因素,而且人们对环境质量的感受、对环境保护的认识等主观因素会直接影响农用地的需求。

总之,农产品是人类生存、生活的必需品,而适宜的生态环境也是维持人类生存所必需的,人类对农产品和适宜环境的需求是一种本性的需求,因此,人类对农业土地的需求也是一种必要的刚性需求,一般难以对其进行控制。所以,在土地总量有限的情况下,控制或减少人类对非农用地的需求,保持一定数量的农地是必要的。

2) 城市非农用地需求

城市非农用地需求的驱动力是城市发展,一个城市经济的增长主要是人口和就业。人口的增长带来了对住宅的需求,而城市经济活动的增长带来了对用于各种经济活动(如工业、商业、零售业、办公等)的建筑空间的需求。同时为支持人和经济活动,还需要增加城市基础设施(如道路等)和服务设施(如学校、医院、绿地和公园等)(丁成日,2005)。因此,从宏观层面来说,影响土地需求的因素包括人口数量与结构、经济总量、产业结构、社会固定资产投资、居民收入及消费水平、用地指标、土地利用政策等(陈晓军 等,2009;李月兰 等,2006;张凤和,2003)。也就是说,随着人口向城镇化发展、经济向工业化发展、社会向更高层次发展,人们的物质文化生活水平不断提高,客观上必然带来土地需求的增加,而且这些宏观因素对土地需求的影响是难以直接予以控制的,因此我们在研究土地需求控制政策时,必须从微观的角度来展开,分析非农用地需求的影响因素时也必须从微观层面入手,也就是在假定宏观条件一定的情况下,从众多的消费者和投资者的角度来分析哪些因素会对土地需求产生影响。

尽管部分学者在从微观上分析土地需求的影响因素时,将消费者和投资者放在一起予以论述(毕宝德,2005),但事实上消费者和投资者对土地的需求有着本质的区别,因此可以将非农用地的需求分为消费需求和投资者需求两类。消费者对土地的需求(即消费需求)是一种间接需求,实质上是对非农用地生产出的产品的需求,消费需求能给投资者带来利润,正是这种利润的驱动,投资者才会产生对土地的直接需求。因此,我们在简要分析消费性土地需求的影响因素以后,重点是研究投资需求的影响因素,特别是那些可以加以调控的因素,进而找到土地需求控制政策的着力点。

(1)影响间接性的消费需求的因素。影响消费者对土地的间接需求的因素有土地终端产品的价格、消费者的货币收入和融资能力、消费者的偏好及其对未来的预期、人口和家庭因素等。一般来说,在一个比较完善的房地产市场中,随着土地终端产品价格的上升,消费者的需求就会减少;而随着消费者货币收入的增加或融资能力的增强,其对土地产品的需求就会增加;如果消费者预期产品价格会下跌,则会减少当期需求;此外,人口增加、家庭的小型化也会带来土地需求的增加,但是这种需求受到消费者货币收入和融资能力的制约。但是房地产市场有其特殊性,尤其是在一个发育不完善的房地产市场中,如存在垄断和信息不对称等,消费者难以准确预测土地产品未来价格走势,或者投机盛行的话,就会出现价格越高,需求越大;价格越低,需求反而越小的"异化"现象。此时的消费需求已经不再是严格意义上的土地消费需求了,而变成了对土地产品的投资性需求。

(2)影响直接性的投资需求的因素。毕宝德(2005)的研究结果表明,决定土地需求的因素主要有土地价格、投资者的货币收入和融资能力、土地投机、投资者偏好、对未来的预期等。此外,李晓云等(2005)在研究农地城市流转中开发商的行为取向时,从土地的本质属性出发,研究了土地与城市中心的距离、土地的区位、土地利用政策对土地需求的影响,最终的结论是这些因素通过影响开发商(即投资者)在土地开发利用中的利润间接地影响土地的需求,但是土地的自身特性是难以控制和人为改变的。因此,综合以上这些研究成果,影响土地需求的可控因素主要有以下几种。

一是土地价格。一般情况下,投资者,尤其是将土地用于开发和产品生产的投资者,对土地的需求会随着土地价格的上升而减少,随着土地价格的下降而增加。但是在一个发育不完善的市场里,很容易出现投机者,这些投机者对土地的需求主要是为了赚取当前和未来土地价格之间的差价,获得土地增值收益。因此,一方面要对投机行为予以打击,对投机者进行严厉的处罚;另一方面,要通过土地储备等手段维持土地市场价格的稳定,使投机者没有投机的利益驱动。

二是投资者的货币收入和融资能力。房地产开发需要大量的资金,同时对于每一个投资者来说,都有不断扩大投资开发规模、获取更多开发经营利润的趋向,因此投资者的货币收入越高或其自有资本量越大,对土地的需求就会越大。而随着现代信贷体系和金融业的发展,开发商(即土地投资者)可以通过向银行等金融机构借贷,发行证券、股票等方式筹集开发资金,扩大房地产开发规模,因此投资者的融资能力越强,对土地的需求量就会越大。

三是投资者对未来的预期。土地产品的价格越高,房地产市场越繁荣,房地产开发商和工业制造业业主获取的利润就会越多,但是房地产市场的发展状况及产品未来价格走势是可能变化的,需要投资者对未来收益进行预测,在此基础上进行投资决策。因此,投资者对房地产市场的未来预期越高,对土地的需求也会越大,反之,则会减少对土地的需求量。

四是国家税收和信贷政策。国家税收和信贷政策已经成为房地产宏观调控的重要手段,税收和信贷政策主要是通过影响土地开发投资利润的大小来影响土地的需求。当税收降低时,土地利用的成本就会减小,开发商的利润就会增加,其对土地的需求也会随之增加。同时,房地产开发商需要从金融机构借贷资金,才能完成土地的开发经营,那么国家就可以通过信贷政策来调控贷款利率、贷款额度等间接调控土地需求,如果贷款利率下降,投资者的借贷成本就会减少,自然就会扩大开发规模;如果贷款额度的限制放宽,便于投资者获取更多的借贷资本,其对土地的需求量就会增加。

五是土地投机。在土地市场投机情况严重,或者投资者能够垄断房地产市场、将税收等成本向消费者转嫁的情况下,土地需求就会违背价格规律,即价格越高,消费者和投资者对未来的预期就会越高,土地需求也就越大。

六是消费需求。土地作为一种生产要素,其需求(即直接性的投资需求)是一种引致需求。由于土地的产品,如粮食、房屋等,是消费者的最终消费品,人们对其消费,能给投资者带来利润,消费者对土地产品的需求最终引致投资者对土地的需求。因此,消费需求增加,开发商对土地的投资性需求就会增加;反之,消费需求减少,开发商对土地的投资性需求也会减少。

通过前面的分析,对非农用地需求的控制主要是指通过投资者(即土地的直接利用人)对土地需求的引导和控制,使其在产出一定的情况下尽可能节约土地资源的利用量,或者在土地资源利用量一定的情况下,通过追加单位土地面积上的资金、劳动等非土地要素的投入量,尽可能增加单位土地面积上的产出及产出总量,间接地节约利用土地资源。同时减少消费者的消费需求,也可以达到间接减少直接土地需求的目的。

2. 土地需求控制政策概述

前面已经分析了土地需求控制主要是对非农用地的控制。根据现有研究成果来看,国内研究土地需求控制政策的较少,在论述房地产市场调控时,多从控制土地的供给入手。例如,过去国土资源管理部门的主要职责是调控土地的供给,所以我们过多地关注土地供给,对调控土地需求未能予以足够的关注(武康平 等,2005;佟绍伟,2004)。而且这些调控政策措施更多地体现在宏观层面上,如通过土地利用规划和计划合理控制土地供应,控制人口增长和人均用地指标,调整产业结构,实行行业准入制度,严格执行土地管理的法律法规,抑制土地投机等(卢新海,2005;杜新波,2005)。此外,姚先国等(2006)在研究香港土地资源节约利用时,指出土地资源极其稀缺,但香港的建成区域只占了其土地面积的20%,留下了相当数量的郊野、山林和农地,合理地控制了非农用地的需求。其经验有以下四个方面:一是通过经济转型拓宽经济活动空间,即从转口贸易到一般轻工业,再到先进制造业,再到服务业,资本、技术的密集程度越来越高,经济活动不断地转向附加价值高的行业和领域,有效缓解了土地资源的约束瓶颈;二是有效的土地出让制度,有效调节了香港土地资源的合理分配与集约化使用;三是实行严格的农地保护政策,控制建设占用农地,促使发展商对土地的高强度使用;四是建立了规范的土地交易市场,对土地实行公开拍卖(姚先国 等,2006)。

前面已经指出,我们这里要研究的是在社会经济发展的宏观条件不变,亦在不影响宏观社会经济发展的情况下,如何通过合理的土地利用政策来控制微观土地利用者对土地的需求,因此可以将土地需求定义为在某一特定时间内,在某一土地市场,某类用途土地在某一价格下被购买或租用的数量。而土地利用者对土地的需求在绝大多数情况下并不是为了自身消费,而是为了通过对土地进行开发经营获取利润,所以,通过调节土地开发利用的利润就可以间接调控投资者对土地的需求。在市场经济条件下,作为微观决策主体的土地利用者可以按照市场运行机制,自主进行不同的经营决策,从而决定自己的经营收入,因此调节土地开发利用的利润只能从土地利用的成本入手。

在现实中,政府一方面垄断着城市建设用地的一级市场的出让权,另一方面可以通过税收、信贷等政策对土地市场进行宏观调控,所以政府有能力对土地开发经营的成本予以调节。具体来说,土地需求调控政策包括以下几个方面:①通过一级土地市场的公开交易,强化土地市场的竞争,避免垄断或采用协议出让方式导致的土地价格偏低;②对于部分确实需要协议出让的土地,实行土地出让的最低限价制度,可以在国家规定的基础上进一步提高最低价标准;③加强土地市场的信息披露,同时通过土地储备制度维持房地产市场价格的稳定,减少投资者投机的冲动;④实行行业准入制度,根据国家和地区产业结构调整的目标,从投资强度、土地占用率等方面设置进入门槛,促使企业增加单位土地面积上的可变要素投入;⑤通过信贷政策增加投资者的融资成本,从而调节土地需求;⑥在土地税收方面,可以将耕地占用税扩大为"农地占用税"、将土地闲置费改为征收"土地闲置税"、适当提高"城镇土地使用税"税率等。此外,通过建设高容积率的经济适用房和廉租房,解决中低收入家庭的住房问题,减少房地产消费需求,也可以间接地减少城市土地开发商对土地的直接性投资需求。

4.3.2 实验区土地需求控制政策创新

1. 土地需求调控政策的理论分析

土地既是一种不可或缺的生产要素(发挥其生产功能),同时又为所有社会经济活动提供空间(发挥其承载功能),土地开发商对土地产生需求,是为了在土地上追加资本、劳动、技术、信息等要素,进行生产和营销活动,获取相应的增值收益,或者是为了进行土地投机,待价而沽,获取土地差价。在土地管理法律、法规得到严格执行的情况下,土地投机将会受到严厉的打击和处罚,因此,投资者对土地的需求主要是用于第一种目的,即进行土地的开发利用和产品生产。

在对土地进行开发利用和产品生产的过程中,各种要素之间可以相互替代,所以土地使用者就会根据各生产要素之间的相对价格进行决策,选择各种要素的最佳投入量,以实现其自身利润最大化。在假设只有两种可变要素的情况下,就可以用图4-3来描述投资

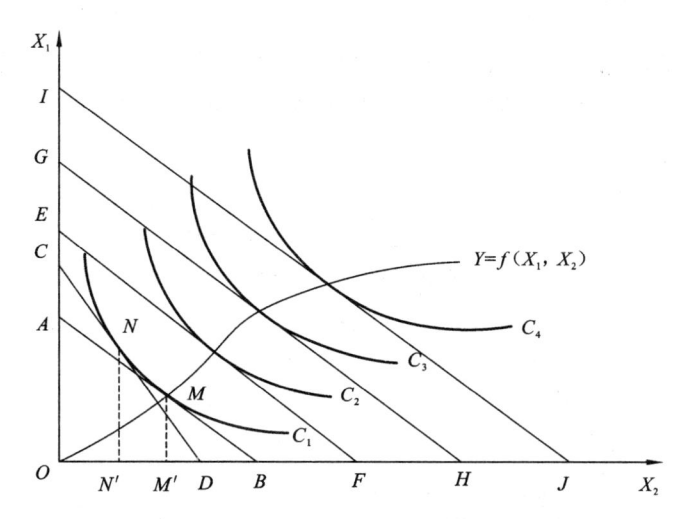

图 4-3 投入要素价格变动对生产决策的影响示意图

图 4-3 中,纵、横坐标分别表示两种投入要素 X_1、X_2。直线 AB、CD 代表两条成本预算线,用函数表示为 $a_iX_1+b_iX_2=C_i$(a_i 为 X_1 的价格,b_i 为 X_2 的价格,C_i 为投入总成本),曲线 C_1 代表等产量线,直线 AB、CD 分别与曲线 C_1 切于 M、N 点。根据现代经济学的厂商理论,切点 M、N 就代表在不同价格水平下,两种要素的最佳组合点。直线 AB、CD 的斜率可以表示为:$E=\left|-\dfrac{bi}{ai}\right|$,因此随着 X_1 价格的下降或 X_2 价格的上升,直线斜率会增大,成本预算线就会由 AB 变为 CD,要素 X_2 的最佳投入量由 OM' 减少到 ON'。

而当要素价格保持不变的情况下,随着总成本 C_i 的增加(要素投入量增加),成本预算线就会不断外移(如图 4-3 中 EF、GH、IJ 等);随着要素投入量的增加,等产量线也将不断外移(如图 4-3 中 C_2、C_3、C_4 等),将所有成本预算线与等产量线的切点用一条曲线连接起来,就是生产函数线。

如果开发商的生产函数为 $Y=f(x_i)$,达到最大利润的利润函数定义为

$$p_{a_i}(p,w) = \max[pf(x_i) - \sum_{i=1}^{n} w_i x_i] \tag{4-11}$$

式中,p 表示产品价格,w_i 表示投入要素的价格,x_i 表示要素投入量,n 表示包括土地在内的所有投入要素的种类数,总成本为

$$C = \sum_{i=1}^{n} w_i x_i \tag{4-12}$$

式中,w_i 为投入要素的价格;x_i 为要素投入量,n 为包括土地在内的所有投入要素的种类数。

当我们假设在资本、劳动、技术等非土地要素的投入量和价格不变的情况下,土地开发利用的利润只与土地利用成本有关,此时最大利润的利润函数可以改写为

$$p_{a_i}(p,w) = \max[pf_{KL}(q) - \sum_{i=1}^{n-1} w_i x_i - cq] \tag{4-13}$$

此时除土地以外的所有要素的总成本 $C' = \sum_{i=1}^{n-1} w_i x_i$ 为一常数，c 表示单位土地的利用成本，q 表示土地利用量。而开发商的单位土地利用成本又是由土地价格和税收两部分组成，即 $c=p+t$。土地利用成本对投资性土地需求量的影响如图 4-4 所示。

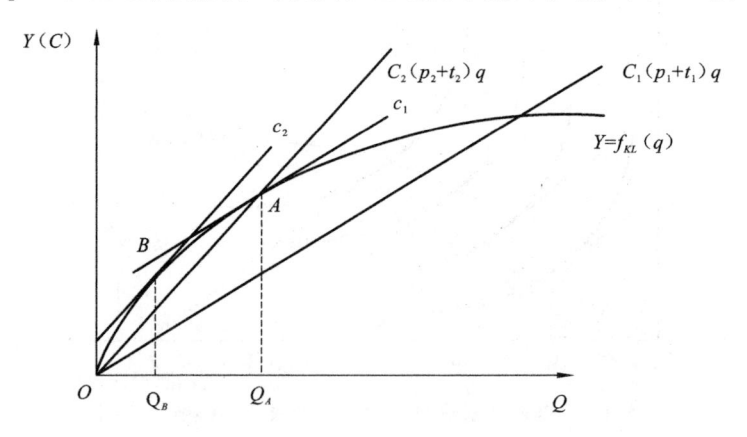

图 4-4 土地价格和税收对土地需求的影响示意图

图 4-4 中，横坐标表示土地使用者使用土地的数量，纵坐标表示利用土地的产出和成本。$Y=f_{KL}(q)$ 表示在资本和劳动投入及技术一定的情况下，土地面积 q 与产出 Y 之间的函数关系；$C_1=(p_1+t_1)q$ 表示当土地价格为 p_1，土地税收为 t_1 时，使用 q 面积的土地的成本。

土地使用者在土地利用中的利润 $R=Y-C$，因此，土地使用者为了追求利润最大化，必将使其利用的土地面积 q 满足下式：

$$\frac{dR}{dq}=0, \quad 即 \quad \frac{d(Y-C)}{dq}=0 \tag{4-14}$$

化简以后可以得到

$$\frac{dY}{dq}=\frac{dC_1}{dq}=p_1+t_1 \tag{4-15}$$

现在将土地价格提高为 p_2，土地税收增加为 t_2，则使用 q 面积土地的成本 $C_2=(p_2+t_2)q$。同理，土地使用者为了自身利润的最大化，必将使其利用的土地面积 q 满足：

$$\frac{dY}{dq}=\frac{dC_2}{dq}=p_2+t_2 \tag{4-16}$$

直线 C_1、C_2 的斜率就表示使用单位土地面积的成本，又等于土地利用的边际成本。直线 c_1 与 C_1 平行，c_2 与 C_2 平行，与曲线 $Y=F_{KL}(q)$ 分别切于 A、B 两点。那么，OQ_A、OQ_B 就表示土地使用者在土地价格和税收变动前后最佳土地使用量。由此就可以说明，通过适当提高土地价格和土地税收增加土地利用的成本，可以使企业自觉地节约使用土地资源，进而采用增加资本和劳动等可变要素的投入来获得最大利润，从而就可以实现采用经济手段控制土地需求的政策目标。

因此，土地需求调控政策主要是从适当提高土地价格和税收，增加土地利用成本的角度入手,通过市场经济手段间接实现对土地需求的控制,进而满足两型社会建设对土地节约集约利用的要求。

2. 实验区土地需求调控的具体政策

1) 地价政策

(1) 土地出让最低限价政策。控制土地需求,需要适当提高土地价格,但是在市场经济条件下,政府不能直接决定土地的市场价格,需要实行土地出让最低限价政策。国土资源部根据土地等级、区域土地利用政策等制定了《全国工业用地出让最低价标准》,并从2007年1月1日开始实施。该标准对加强工业用地的调控,促进土地节约集约利用具有重要意义,可以抑制地方政府为了扩大招商引资而超低价供应土地,从而增加不合理的土地需求。因此实验区应该在此基础上以县为单位,根据各县经济发展的现状水平及其所在主体功能区的类型,制定包括工业仓储、商业服务、住宅等不同用途城市建设用地出让最低价标准,并且严格执行,禁止低价供地。

(2) 扩大招拍挂出让的范围,强化市场竞争。在社会主义市场经济条件下,政府不应该也难以对土地价格实行直接干预,而且国内的研究成果表明,市场机制利于实现土地资源的最佳配置,而且通过建立土地交易有形市场,以招拍挂等公开的市场方式出让土地,利于充分实现土地价值,能在一定程度上提高土地的市场价格。因此,一方面要将行政划拨用地严格限制在公共事业和公共基础设施用地范围内,并实行严格的数量限制,避免行政部门和教育、卫生、体育、社会福利等事业单位盲目扩大用地规模;另一方面要禁止以协议方式出让土地,对于工业、商业、服务业等经营性用地要一律采取招拍挂的方式出让。

2) 税收政策

杜新波(2005)的研究表明,利用土地税费来调节社会总需求是西方国家调控经济最普遍的方式。孟祥舟(2004)、佟绍伟(2004)等的研究结果也指出要发挥土地税收手段的宏观调控作用,控制土地需求,并且都强调要开征不动产保有税。实验区土地需求控制的土地税收政策包括以下几个方面。

(1) 将耕地占用税的范围扩大为农地占用税。为了保护耕地,减少城市建设对耕地的占用,1987年4月1日,国务院颁布了《中华人民共和国耕地占用税暂行条例》,决定对占用耕地从事非农建设的单位和个人征收耕地占用税。2007年对该条例予以修订,自2008年1月1日开始实施。目前我国耕地占用税实行的是分等级幅度税率,建议实验区耕地占用税全部采用最高税率,如表4-6所示。

表4-6 实验区耕地占用税税率 (单位:元/米^2)

以县级行政区域为单位划分的纳税等级	国家规定税率	建议采用税率
人均耕地不超过1亩的地区	10~50	50
人均耕地超过1亩但不超过2亩的地区	8~40	40
人均耕地超过2亩但不超过3亩的地区	6~30	30
人均耕地超过3亩的地区	5~25	25

同时为了抑制建设过度占用其他农地,应将耕地占用税扩大为农地占用税,而除耕地

以外的农地占用税税率应根据占用农地所在主体功能区实行分等差额税率,如表 4-7 所示。

表 4-7　实验区农地(除耕地)占用税税率

所在主体功能区	建议采用税率/(元/米^2)
优化开发区	50
重点开发区	30
限制开发区	40
禁止开发区	50

(2) 开征土地闲置税。由于土地利用具有强烈的社会性,已出让土地能否及时进行开发利用,关系到居民的福利水平,土地闲置会造成社会福利损失,但是企业尤其是房地产开发商为了获取更多利润,往往倾向于推迟土地开发。为了减少土地闲置,在土地出让合同里都规定了建设项目的动工日期,超过该日期即为闲置,国土资源部于 1995 年颁布了《闲置土地处置办法》,但是从实施情况来看,很多地方对闲置土地的处置都没有给予足够的重视,土地闲置费也征收不到位,达不到抑制土地闲置的目的。而且从本质上来说,土地闲置造成了社会福利损失,应该交纳的就是一种税收,而不是服务费,鉴于此,应将土地闲置费改为征收土地闲置税。国土资源管理部门必须加强对土地出让后的监管,对于企业自身原因导致未能按照土地出让合同规定的开发建设日期进行开发建设的,由税务部门严格按照相关规定征收土地闲置税。土地闲置税的征收标准可以根据闲置时间的长短采用超时累进税率,具体如表 4-8 所示。

表 4-8　实验区土地闲置税税率

闲置时间	建议采用税率
不足 6 个月的	每月征收出让地价的 0.5%
超过 6 个月不足 12 个月的	每月征收出让地价的 1%
超过 12 个月不足 18 个月的	每月征收出让地价的 1.5%
超过 18 个月不足 24 个月的	每月征收出让地价的 2%
超过 24 个月的	无偿收回土地使用权

(3) 开征土地财产税。毕宝德(2005)的研究认为对土地持有者征收地价税,应该成为今后城镇土地税收的重要税种,这将对土地占有起到较大的调节作用,根据他的论述可以看出这里的地价税实质上就是土地财产税,而且征收土地财产税可以在一定程度上抑制开发商延迟土地开发及房屋开发完成后"捂盘惜售""待价而沽"的现象。因此,征收土地财产税对于调节土地收益分配、控制开发商对土地的需求具有重要作用,可以考虑在超过土地出让合同规定的竣工日期满一年后,不管房地产开发商是否转让土地使用权,一律按照原地价的一定比率交纳土地财产税。

(4) 提高城镇土地使用税税率。1988 年 9 月 27 日国务院颁布了《中华人民共和国城镇土地使用税暂行条例》,并于 2006 年 12 月 30 日予以修订,现行城镇土地使用税税率及建议采用税率如表 4-9 所示。

表 4-9 实验区城镇土地使用税税率 （单位:元/米²·年）

城市等级	国家规定税率	建议采用税率
大城市	1.5～30	30
中等城市	1.2～24	24
小城市	0.9～18	18
县城、建制镇、工矿区	0.6～12	12

(5) 加强土地增值税的征管。土地增值税是对有偿转让国有土地使用权、地上建筑物及其他附着物产权并取得增值收益的单位和个人征收的一种税。1993 年 12 月国务院颁布了《中华人民共和国土地增值税暂行条例》，从 1994 年 1 月 1 日开始实施。开征土地增值税有利于抑制房地产投机，加强宏观调控，防止国有土地收益流失。需要进一步加强土地增值税的征管，尤其是必须保证房地产开发商对土地进行开发并销售的土地增值税的足额及时征收。

3) 信贷政策

土地开发经营活动需要大量的资金，因此房地产也离不开金融业的支持。通过合理的信贷政策控制土地需求，具有很大的优势，而佟绍伟则指出许多非法开发区之所以得以设立，许多非法用地之所以能够形成，非法收购农用地之所以出现，背后有金融资本的支撑，原因是有关地方政府和企业千方百计寻求贷款，而银行认为贷款给政府最保险，却忽视了用地的合法性，不但造成了土地资源的严重浪费，也加剧了金融风险(佟绍伟，2004)。而运用信贷政策调控土地需求需要金融部门的配合，金融部门在审核土地开发经营贷款时，应当征求国土资源管理部门的意见，对于不符合用地条件或投资强度达不到规定标准的贷款申请，不能给予贷款。此外，金融部门必须服从国家宏观调控的需要，对利率等做出相应调整，同时从严控制贷款额度。

4.3.3 土地需求调控的配套措施

影响土地需求的因素涉及国民经济与社会的多个方面，正因为此，控制土地的需求除了通过强化市场竞争、适当提高土地价格及改革和扩大土地税收的范围，提高土地利用成本以外，还需要其他一些配套措施，具体包括以下内容。

1. 合理控制人口增长，严格控制人均用地指标

众多的研究成果都指出，人口增长会导致建设用地的增加，而人均用地数量超标使土地需求进一步扩张。因此，控制土地需求必须合理地控制人口增长和人均用地指标。而由于城市化引起的城市人口增长带来的城市建设用地增加必须与农村居民点建设用地减少挂钩。在编制土地利用总体规划和土地利用年度计划时，对于城市新增人口的人均用地指标必须严格执行住房和城乡建设部颁布的《城市用地分类与规划建设用地标准》中规定的规划人均用地指标和规划人均单项建设用地指标，不得超过。

2. 实行行业准入制度

土地供给政策要与实验区产业结构调整的目标相适应，设置供地门槛，只有符合产业政策、投资规模和投资强度达到一定标准的才能取得土地使用权，从事相应的生产或经营。限制传统高投入、高能耗、低产出产业的用地；限制对环境破坏作用明显的采矿业、传统制造业的用地扩张，鼓励和支持以汽车制造为主体的现代机械制造业、电力等优势能源和原材料产业，光纤、光电子设备、通信设备、计算机、医药等高新技术产业，农产品加工产业，纺织业，环保产业的发展，优先安排其用地。

3. 强化对划拨用地的审批和利用管理

由于行政办公用地，公共基础设施用地，文化、体育、教育、卫生等公共服务用地没有收益，或收益率很低，不适合采用有偿出让的方式供地，应当继续采用行政划拨的方式供应土地。但正是由于这些性质的用地为无偿使用，用地单位都有盲目扩大用地范围的倾向，因此必须严格审批划拨用地，原则上应该按照城市规划和申请立项的建设项目的实际需求供地，严禁用作其他用途。同时，要强化对该类土地的利用管理，对于批而未用超过一年或用作其他用途的，由土地管理部门代表政府予以无偿收回土地使用权。

4. 防止投资者将用地成本直接转嫁给消费者

土地需求控制政策的主体就是从提高土地价格、增加土地收税两个方面提高用地单位尤其是房地产开发商的土地利用成本，促使其通过追加单位土地面积上的资本、劳动、技术等非土地要素的投入，实行土地集约利用来增加土地利用的收益和利润。但是，如果税制设置不合理，就会出现税负的转嫁，就不仅达不到控制投资型土地需求的目的，反而会增加广大消费者的经济负担，影响经济发展的效率和社会公平（毕宝德，2005）。因此，必须在合理设计税制的基础上强化土地税收的征管，防止房地产开发商、工业企业等土地的直接需求者将税负直接转嫁给消费者。

5. 严格贯彻土地法律法规，抑制土地投机

市场经济是法制经济，因此所有的政策都要形成相应的法律条文，作为实验区土地利用的法律依据。同时要严格贯彻国家土地法律法规及地方政府部门的规章，对违反相关法律和规章的违法用地行为予以严肃查处，对不符合两型社会建设要求的用地要予以纠正和制止。实验区内的国土管理部门要加强土地利用动态监测，对企业、事业单位及行政单位的用地行为予以监督，对违法违规用地的行为及时予以处理，严厉打击和抑制用地单位的土地投机行为。

4.4 本章小结

本章主要是针对实验区土地节约与需求控制政策的研究，全章共分为四节。

4.1节是对实验区土地节约集约利用水平的测度，首先从理论上分析了土地节约集约利用水平测度的方法，得出单位面积土地上的资本（或劳动）投入的边际收益等于其边际成本时,为土地利用的最佳集约度,并定义了土地集约利用系数和土地节约利用系数,分别用来反映不同地区土地集约和节约利用水平。其次采用 C-D 函数进行回归分析,分别计算出实验区内 12 个地级市最佳集约用地规模,在此基础上,计算了各市土地节约集约利用水平。最后通过构建土地节约集约利用评价指标体系,对 12 个地级市土地节约集约利用水平进行了比较分析,并与前面通过模拟生产函数计算出的结果进行比对,发现两种方法计算出的结果基本一致。最后测度的结果显示,实验区内 12 个市的土地节约集约利用水平都不高,节约集约利用的潜力很大,其中长沙、武汉、黄冈、株洲等市的土地节约集约利用水平较高,湘潭、鄂州、咸宁、孝感等市的土地节约集约利用水平处于中等水平,黄石、仙桃、天门、潜江等市的土地节约集约利用水平最低。

4.2 节着重分析了实验区两型社会建设中土地节约集约利用的政策取向,并针对不同行业、不同主体功能区的土地利用政策取向进行了探讨。得出的结论就是,为了满足两型社会建设对资源节约利用和环境保护的要求,必须制定合理的土地利用政策,促进土地资源的节约集约利用。

4.3 节针对实验区的实际情况,研究了土地需求控制的具体政策,得出要提高土地利用成本,促使企业用资本和劳动等生产要素替代土地要素的投入,即增加单位土地面积上的资本和劳动的投入,提高土地利用收益,满足社会经济发展的需求,从而实现有限土地资源节约集约利用的结论,并从地价、税收、信贷等方面分别论述了控制土地需求的具体政策。

4.4 节是对本章内容的总结。

值得说明的有以下几点。

一是在模拟生产函数时,收集各市历年统计数据存在较大的难度,因此采用的是不同地区的横截面数据,假定的条件是武汉城市圈、长株潭城市群内部的土地利用技术水平没有差异,这与现实社会经济情况可能不一致,会导致土地节约集约利用水平分析评价的结果出现误差。

二是在测度土地节约集约利用水平时,应该考虑不同地类之间的差异,本章在缺乏完整的数据资料的情况下,只是分为农用地、建设用地两类进行测度,在今后的研究中有必要针对工业、居住、商业服务、公共设施用地等不同的类型进行研究,分别确定其集约利用的边界。

三是土地利用中的资本投入一般可以分为固定性资本投入和流动性资本投入两部分,但是在难以获取土地利用中的资本投入总量的情况下,本章直接采用固定资产投资代替资本投入量,会存在一定的偏差。

第 5 章 实验区土地保护与经济补偿政策

5.1 实验区土地利用受限及土地保护存在的问题

5.1.1 限制开发区土地利用受限及土地保护存在的问题

1. 限制开发区土地利用受限情况

限制开发区域是指资源环境承载能力较弱、经济大规模集聚和人口条件不够好并关系到全国或较大区域范围生态安全的区域,既包括资源环境承载力较弱的区域,如水土流失严重区、荒漠区等,也包括重大生态安全区域,如大江大河上游流域区、重要林区等,还包括粮食安全区域,如重要农牧业区等。限制开发区既有限制开发的一面,又有适宜开发的一面。根据《"十一五"规划纲要》的规定,限制开发区要坚持保护优先、适度开发、点状发展,因地制宜地发展资源环境可承载的特色产业,加强生态修复和环境保护,引导超载人口逐步有序转移,逐步发展成为全国或区域性的重要生态功能区,其受限程度要低于禁止开发区。

以武汉城市圈为例,根据武汉城市圈主体功能区规划,大别山及幕阜山的山前丘陵低山区等生态环境脆弱地区,以及风景名胜区、森林公园、自然保护区的周边地区和各类分蓄洪区等为实验区内的限制开发区。这些地区的土地在利用的过程中应充分考虑地区的资源和环境承载力,严控土地开垦数量、农转非规模及建设用地总量,充分保持现有的生态用地和基本农田面积。

2. 限制开发区内的土地保护任务

根据《"十一五"规划纲要》和《国务院关于编制全国主体功能区规划的意见》(国发[2007]21号)中的内容和要求,其主要任务在于建设国家和区域性生态屏障,坚持保护优先,确保生态功能恢复和保育范围扩大,通过生态建设、环境保护以提高生态承载力,在保护优先和资源环境可承载的前提下,实施点状、小范围的开发。限制开发区土地保护任务要求如下。

(1) 有重点、区别地配置土地资源,保护农地尤其是耕地资源,保障农产品的供应尤其是粮食安全,增加耕地保护面积,平衡省域土地利用结构;积极运用税收优惠政策、增加转移支付等措施,支持生态环境建设,实现区域协调发展。

(2) 适当满足地区合理发展所需的建设用地供给;严格控制建设占用耕地的数量,设置较高的环境进入门槛,禁止引进没有达到环保要求的产业;制定土地利用重点开发区、限制开发区的差异化土地政策,支持重点开发区合理发展;在建设用地指标上,改变完全集中于大中城市的格局,对于限制开发区内一些资源性产业给予一定的土地指标。

(3) 加大土地整理开发力度,增加基本农田保护区和生态保护区面积;保护已有的生态用地;从消除负的外部性角度,对于资源性利用的产业发展予以土地政策的支持。限制开发区不可能完全脱离工业化进程,为带领当地人口致富,应该支持当地资源性产业的发展。

3. 限制开发区土地保护存在的问题

1) 土地保护与社会经济发展间的矛盾

土地是社会经济活动的重要载体,社会经济的发展离不开对土地的开发利用,采用环境至上的原则,对土地的利用方式和开发程度进行限制,将会对当前的社会经济发展效率产生一定的影响。在限制开发区对土地开发进行限制,保护土地的过程中,必须要解决其与经济发展间的矛盾与冲突问题。对限制开发区的限制是确保生态环境可持续利用和经济可持续发展的重要前提,但由于限制开发区内实行了严格的土地用途管制政策,区域内的土地发展权受到了侵害,土地资源得不到最大程度的开发利用,与优化、重点开发区的工业化程度、城市化水平、产业结构状况、人均经济收入状况及财政状况都有很大的差异,区域间差距明显。因此,必须采取一定的措施,缩小它们之间的差距,否则对这些地区的限制将很难顺利实现。

2) 生态用地保护涉及的生态补偿问题

限制开发区需严禁生态用地变为建设用地,导致土地利用方式受到一定的限制,却能给社会的生态环境带来正的外部性。为保障对这些地区土地利用限制的顺利实现及这些地区人民的利益和社会秩序稳定,必须重点对其进行生态补偿。对利益受损居民的补偿有很多种方式,结合以往国家各项建设对利益受损居民补偿的方式来看,主要是直接进行经济补偿,一次性向居民支付一定金额的补偿金。对限制开发区居民的生态补偿不可能单纯采取这种方式,因为对土地利用的限制是永久性的,不仅对这代人而且会对后代的经济利益带来损失。因此在方式的选择上一方面要确保居民的长期经济利益得到保护;另一方面,要有利于促进居民长期自觉自愿地维护地区的生态环境,保证环境的长期可持续性。

5.1.2 禁止开发区土地利用受限及土地保护存在的问题

1. 禁止开发区土地利用受限情况

禁止开发区域是指依法设立的各类自然保护区域。根据《"十一五"规划纲要》的规定,禁止开发区要实行强制性保护,控制人为因素对自然生态的干扰,严禁不符合主体功能定位的开发活动。禁止开发区虽不能承担发展经济的任务,但在保护自然、生态的前提下,可以在区域资源环境的容量内发展生态旅游等产业。

根据实验区主体功能区规划,区内依法设立的各种自然保护区、湿地保护区、风景名胜区、森林公园、水源地保护区、基本农田保护区和自然条件不适宜开发建设的灾害易发区为实验区内的禁止开发区,截止2006年具体包括243个国家级自然保护区、31处世界文化自然遗产、187个国家重点风景名胜区、565个国家森林公园、138个国家地质公园,以及特殊用途的区域,如军事管理区等。区域内农民由于受到规划限制而从事相对收益较低的农业生产,但是由此产生的生态和环境效益却被全社会无偿受益,并未就其所得的福利给予这些农民以经济回报,从而使得他们缺乏保护耕地的动力,加速了土地流转。但是,这些地区的土地要实行严格的土地用途管制,不得随意改变土地的用途和进行经济开发,只能适当地发展生态旅游产业。

2. 禁止开发区内的土地保护任务

禁止开发区禁止实施与区域主体功能定位不相符合的开发活动,该区域只负责提供生态财富,不负责经济发展任务,应该优先保护生态用地。因此要加强对特色产业发展的环境影响评估,确保特色产业发展不加剧生态环境问题,坚持生态建设和特色产业发展相结合。

3. 禁止开发区土地保护存在的问题

(1) 要在土地保护中改变在生态用地保护方面只重保护、忽视效益的思路,应建立从保护中增加收益的制度安排,增大当地人口从生态、湿地资源保护中的获利,并在输入区和输出区建立建设用地指标交易平台,获得来自输出区土地收益补偿。

(2) 协调禁止开发区最强土地保护力度与社会经济发展间的矛盾。根据规定,禁止开发区的土地利用受限程度比限制开发区还要严格,其生态环境功能更显著,经济发展水平也更低,土地发展得不到实现,区域内的经济效益低下,居民的生活水平较低,两者间的矛盾也更加突出。禁止开发区内不能承担相应的经济发展任务,只能在保护自然和生态的前提下,受到最大程度限制,应该在资源环境容量内发展生态旅游,保护生态性用地,保障这些地区的土地不被开发,协调好其与社会经济发展间的矛盾。不仅要进行生态的修复,还要增加生态保护的效益,继续执行退耕还林和生态修复补偿政策,促进禁止开发区的生态恢复等。该区补偿标准还应高于限制开发区,其利益协调机制不应与限制开发区一刀切,而应另外制定。

5.2 实验区受损方经济补偿研究

5.2.1 实验区受损方经济补偿内涵及特点

1. 限制、禁止开发区受损方经济补偿内涵

补偿,是指抵消(损失、消耗),补足(缺欠、差额)[1]。现实中,人们常常在两种意义上使用补偿的概念:一是对损害和损失的填补[2],它是传统意义上的概念,其实质在于对损害的填补,如损失补偿[3]、侵权赔偿、民事损害补偿等;二是对生活补助费用的一种支付[4],它是人类文明进步和发展到近现代社会的产物,如德国首相俾斯麦就此发表了一个类似的非常现代化的观点,对近现代国家补偿等补偿理论的发展奠定了一定基础。

补偿是社会再生产过程中客观存在的经济范畴,当前分析资源补偿方面的研究主要集中在水资源、矿产资源、森林资源、农地(征收)、城市用地等领域(柳志伟,2007;刘韶岭,2006;李国平 等,2005;程玲俐,2004;钟全林 等,2001)。随着经济发展与社会环境之间的矛盾日益突出,研究重点逐渐转移到自然资源的生态补偿依据、补偿标准、补偿范围及补偿方法等方面。资源价值补偿不足是经济再生产过程中的常态,而自然资源的价值补偿就是对人类生产生活中造成的资源耗费、生态破坏和环境污染等进行恢复、弥补或替换的价值表现(安晓明,2004)。

依据国家"十一五"规划纲要,限制开发区主要包括生态功能区、沙漠化防治区、水土流失防治区等,禁止发展区主要指依法设立的各类自然保护区域等。限制、禁止开发区内都不同程度存在着环境承载力下降、生态功能退化、生态环境脆弱等问题,这些都将影响当地或周边居民的正常生产生活,成为影响整个区域间协调、可持续发展的重要因素,十分有必要对功能区内的资源耗费及生态环境破坏、社会发展损失进行弥补。

限制、禁止开发区经济利益的内涵是十分丰富的,具有综合性,主要指农地经济价值、生态服务价值及社会发展收益,与此相对应,所需的经济补偿就是指对限制、禁止开发区农地保护所带来的土地开发价值缺失的弥补、生态环境维护费用的支付及社会经济发展损失的补救,当前研究强调较多的生态补偿只是其中的一部分重要内容。受损方主要包

---

[1] 中国社会科学院语言研究所词典编辑室编:《现代汉语词典》,商务印书馆,2002年5月修订第3版,第100页

[2] 比如,美国"宪法上的保护的本质在于确保用金钱填补财产损失。金钱补偿了财产所有人的财产损失,这样他(被征用人)的财产和从前一样并未因此而减少"。Theodore J N, Brian W B, Thomas F G, Condemnation of Property: Practice and Strategies for Winning just Compensation. Wiley Law Publications, John Wiley & Sons, Inc, 1993:35.

[3] 损失补偿是因国家的合法活动对国民造成损失所给予的补救。见[日]室井力主编:《日本现代行政法》,中国政法大学出版社,1995年第192页

[4] 比如,以色利《国民保险法》第一章解释及一般规定对"补偿"的定义所作的解释为:"补偿"是指根据消费价格指数对生活补助费用的支付,是对生活补助费用的一种预先支付,或是根据以色列代表最大多数雇员的雇员. http://mofcom.gov.cn. ,2004年4月27日

第5章 实验区土地保护与经济补偿政策

括限制、禁止发展区政府,土地利用者,市民,农民集体等对象;同时,由于限制、禁止开发区是以环境保护为主,配套政策的制定和实施应以强调补偿机制的完善为主,因此要尝试通过补偿、转移支付等多种途径进行利益弥补,缩小这两个区域与优化、重点开发区的经济差距,维护区域生态功能、实现区域间公共服务均等化等目标。

2. 限制、禁止开发区受损方经济补偿特点

(1) 目标多重性。实验区经济补偿不但能弥补受限区土地产权人的农地价值损失及生态服务维持成本、社会效益损失,而且有助于增强主体功能区规划现实操作性,解决优化、限制、禁止开发区内经济结构调整,生态环境保护与重点开发区加强土地开发之间失衡可能引发的社会问题等,使得不同功能区、不同利益主体之间利益,实现均衡,兼顾整个地区长远利益,实现全社会可持续发展,具有目标多重性。

(2) 方式多样性。为了维护限制、禁止发展区受限者利益损失,保证受影响农户生存发展能力不降低,可综合采用财政拨付、政策优惠、税费等政府主导方式及发展权转移、异地耕地指标交易等市场方式实现补偿。功能区性质不同,补偿方式就不同,功能区层级不同,补偿方式也不同,应根据各功能区经济发展状况与功能区主体功能定位做好具体补偿方式的选择,实现最佳补偿效果。

(3) 制度保障性。基于主体功能分区的经济补偿目标最终实现,需要有一系列配套政策或制度作为保障。在确定合理的经济补偿标准基础上,应综合采取法律、财税、行政等手段保障功能分区下补偿的真正落实,使得经济补偿长期化、法律化、制度化。

5.2.2 实验区经济补偿标准确定

1. 补偿标准分析

基于保护损失确定经济补偿标准,这是目前采用较多的一种方法,特别是在自然保护区或生态功能区建设过程中被更多地采用(杨光梅 等,2006),因此,根据对实验区土地利用、保护中存在的问题及受损方经济补偿的分析,限制、禁止开发区经济补偿标准应主要包括:①功能区农地资源价值充分实现遭受管制而给农民集体带来的经济损失,即开发受限农地的经济价值;②限制、禁止开发区提供生态服务(正外部性)所付的资金耗费,即提供生态服务的成本;③城镇居民由于经济结构调整、工农业布局变动等所带来的收入损失,即社会经济发展受限损失。补偿一般是经济性的,常常以货币价值方式进行衡量,各部分主要内容如下。

1) 开发受限农地的经济价值

根据各区主体功能定位及土地利用政策设置,两型社会下的限制、禁止开发区采取不同程度的土地用途管制。有研究认为,无开发限制的农地价值主要由农业用途价值和未来非农转用纯收益的折现价值两部分组成(Nickerson et al.,2001;Beatley,1994),其销售价格应反映产生最高利用回报的价值(Nickerson et al.,2001),其中,农地未来非农转用纯收益价值部分应当就是农地最高非农用途回报价值。根据国内外研究,发展权价值也就是在开放市场上最高非农用途时该土地产权的价值(Daniels,2001;Price,1981),所以可将农地价值构成定义为该农地的农业用途价值和农地发展权市场价值两部分之和,这符合国内外有关学者的研究结论(邹秀清,2006;Plantinga et al.,2001;Lewis et al.,2001),为我们下一步研究奠定了基础。

从宏观层面上讲,基于保护农地及生态环境角度,开发型区域(优化、重点开发区)和保护型区域(限制、禁止开发区)分别明确了各区域内土地使用的方向,导致各区土地开发利用不均衡;依据预期收益原理和最高最佳利用原理,分区必然会对区域内土地使用及土地产权价值实现产生不同程度的影响,最终造成保护型区域内农地价值受限。从微观层面上讲,限制、禁止开发区必然会对受限区内的农地发展权价值实现产生限制,这种限制对农地价值的影响可以从以下几方面考虑:第一,功能分区赋予不同容积率对价值的限制;第二,不同发展情况下可能用途的预期净效益所折算的价值;第三、赋予这个用途后,其他用途与当前用途差额所表现的价值内涵等。

本节分析的农地价值受限主要是指宏观层面上的分析,即指限制、禁止开发区等保护型区域对农地价值中发展权价值实现的管制,这种对农地经济价值的影响不包括政府通过利率、税收等方式影响地价的行为。

公平补偿的标准和稳定发展权价格之间的关系是直接的,伴随着稳定的发展权价格,只有当宗地上发展权配置与可转移发展权(transferable development rights,TDR)项目的宗地补偿价值(土地市场价值减少量)呈现一定比例关系时,公平补偿才有可能发生(Small et al.,1980),这说明宗地上农地发展权配置状况与公平的农地价值补偿标准具有一定数量联系。因此,从价值形态上来讲,在产权价值可以显化的条件下,某个区域上农地发展权配置状况就表现为该区域所实现的农地发展权价值,该发展权价值可以与公平补偿标准直接联系起来,两者之间存在着一定的数量比例关系,这正与上文的理论分析相吻合。

十分珍惜和合理利用每寸土地,切实保护耕地是我国的基本国策,当前我国也实行耕地总量动态平衡政策,这就要求耕地数量、质量不降低,粮食产量不能减少,这说明不管国家政策如何调整,农地农业用途价值不能降低。所以,结合以前理论分析,尽管两型社会下限制、禁止开发区分区规划对区域内农地价值的实现产生了不同程度的限制,但这种限制实质上就是对农地价值中的农地发展权价值的管制,因此,限制、禁止开发区受限的农地价值补偿标准对应于功能区受管制的农地发展权市场价值。

2) 提供生态服务的成本

农地具有净化空气,调节气候,净化水质,涵养水源,防止水土流失,消化生产、生活垃圾及为各种野生动植物提供生活繁衍的栖息地等生态功能。限制、禁止开发区土地保护所提供生态服务的成本主要包括:环境保护的直接投入(包括林业保护、水土保持投入等),退耕还林等生态措施所带来的经济损失,污水处理和垃圾处理厂的投资、建设、运营花费等,这些可用政府及相关组织实际所花费的货币量来衡量。

3) 社会经济发展受限损失

农地具有保障国家粮食安全、保证社会稳定、为农民提供养老等多种生活保障的功能。由于限制、禁止开发区农地保护的需要,政府关停了具有较大污染的企业,并通过调整产业布局、改变现有工农业生产模式等不同程度地影响功能区内经济的发展。

结合已有研究及笔者调查，当前多数受访农户认为农业生产对农民家庭的经济影响程度已经不高，同时，限制、禁止开发区农民得到合理的农地价值补偿后，农地非农转用不会对保护区内农户总收入产生很大程度的影响。因此，本书考虑利用限制、禁止开发区城镇居民人均可支配收入与参照区（典型地区）城镇居民人均可支配收入之间的差异来反映社会经济发展受损所造成的经济损失，作为功能区经济补偿的一部分。

2. 基于资产定价理论的补偿标准模型构建

1）资产定价理论基础及运用

资产的交易是市场经济发展的内在需求，交易的核心是定价。权益资产是资产的基本形式，故其定价的原则和方法是金融学、投资学研究的根本问题（陈晔，宋旭文，2005）。资产定价（assert pricing）问题的研究最早可以追溯到1738年Bernoulli向彼得堡皇家科学院提交的论文。在这篇题为《关于风险衡量的新理论阐述》的论文中，他首次提出并解决了不确定条件下的决策问题（杨静芳，2004；Stearns，2000），开启了进一步研究的空间。

资本资产定价模型（capital asset pricing model，CAPM）是继哈里·马科维茨于1952年建立现代资产组合理论后，威廉·夏普、约翰·林特和简·莫森等分别独立导出了资本资产定价模型。模型主要研究证券市场中均衡价格是怎样形成的，以此来寻找证券市场中被错误定价的证券。它在现实市场中得到广泛的应用，成为普通投资者、基金管理者和投资银行进行证券投资的重要工具之一。进入20世纪60年代后，Sharpe（1964）基于Markowitz均值方差分析框架及Tobin分离定理推导的CAPM构筑了现代资产定价理论的基石。此后，资产定价理论在CAPM基础上快速发展起来。

随着社会主义市场经济的发展，作为经济发展中的重要生产要素，土（农）地正逐步表现出它的资产特性，根据资产定价理论，当农地作为资产时，应该主要分析以下两方面内容：第一，有关农地产生的未来现金流及其风险问题；第二，为了保证土地所有者收益稳定，农地利用下投资组合均衡问题。根据本书研究需要，选择农地未来收入流等相关问题进行分析。

资产定价理论的核心问题可以用一句话来表达：价值等于期望折现偿付。所有的资产定价理论实际上都是针对上述论点进行拓展（武英杰，2007），该理论认为，可将很多影响因素通过一个统一的、简单的未来现金流的贴现方式加以解决（薛燕 等，2005；陈彦斌 等，2004）。

资产价格是指资产的交易价格，它既决定于资产收益也决定于资产的预期增值，即资产出售以后实现的资本性溢价（王海勇，2004），土地权利所带来的未来收益的大小，决定了这一土地权利的价格高低，从而也决定了土地权利拥有者的资产大小（周建春，2006）。按照现代资产定价理论，当土地被当作资产看待时，土地价格不仅受到土地当前收益的影响，同时还受到将来进一步开发时产生的资本收益的影响。资产定价理论就是要通过精确刻画影响资产未来获得的收入现金流，引入不同的收入现金流决定因素，从而分析其最终形成的具体资产定价模型，可把各种影响农地未来纯收益的影响因素纳入定价理论进行分析。

在我国市场经济条件下,研究时可将农地看作能在市场上流转交易的资产,将我国当前的农地利用作为风险中性进行分析。

假设农地总价格为 p,农户拥有的农地在非农转用下的预期资本收益为 ΔR_δ,当前农地使用下的利用收益为 R_0,利息率(农地以外的资产收益率)为 i;根据资产定价理论,不考虑政府措施及不确定因素等情况下,从本质上讲,农地市场的均衡条件为:农地资产的收益率等于市场上其他资产的收益率,即

$$i = (R_0 + \Delta R_\delta)/p \tag{5-1}$$

从式(5-1)推导可得

$$p = P(R,i,n) = VA_{n-1} + VD_n = F(R_0,i,n) + \varphi(\Delta R_\delta,i,n) \tag{5-2}$$

式中,n 为农地未来转用年份,VA_{n-1} 为一直到 $(n-1)$ 年农地当前利用状况下所获收益的现值,VD_n 为第 n 年转用时资产的预期价值。

从本质上讲,式(5-2)式结果也符合基于"内在价值"的权益资产定价理论[①],这表明,农地未来转用的预期收益会影响其现期价格,如果农地转用后未来收益价格上升,则现期土地价格立刻上升,因此运用该理论能较完整地表达农地价值内涵。

以上研究结论是建立在未考虑政府因素影响等情况下而得到的,但实际上,就农用地而言,其发生、发展深受人类活动的影响,同时,作为智力劳动的土地利用规划、土地管理等对农用地价值形成的影响越来越大(胡蓉,2007;安晓明,2004),在自然及社会经济条件不变情况下,开发严格受限的区域内实行土地用途管制等,使得农地未来非农转用收益不能实现,进而影响农地资产定价,因此,当考虑将影响因子中不能忽视的"分区规划"因素 λ 纳入定价理论分析框架时会有 $\Delta R_\delta = \varphi(x_i,n,\lambda) = 0$;依据式(5-2),则有

$$p = P(R,i,n,\lambda) = F(R_0,i,n) + \varphi(\Delta R_\delta,i,n,\lambda) = F(R_0,i,n) = VA_{n-1} \tag{5-3}$$

式(5-3)就是政府分区规划等土地用途管制下区域内农地实现的价值,是政府分区规划对受限区域内农地开发活动管制所带来的结果,这种管制实质上就是对农地未来非农开发收益的限制。依据资产定价理论,政府是否采取土地利用管制(规划)对农地未来收益的实现将起到决定性作用,则分区规划对区域内农地充分开发所带来的限制性影响可表示为

$$k = [P(R,i,n) - P(R,i,n,\lambda)]/P(R,i,n) = VA_{n-1}/(VA_{n-1} + VD_n) \tag{5-4}$$

限制、禁止开发区对各功能区内农地未来非农转用纯收益现金流产生了重大影响,根据农地发展权价格内涵,这部分非农收益的价值就是功能区内农地上的土地发展权价值,最终,各功能区内形成了具有差别化的农地价值,价值受限系数如式(5-4)所示。基于以上研究内容,我国两型社会下限制、禁止开发区内农地价值的受限程度可以从资本定价理论中寻找内在逻辑,通过分区下所实现的农地经济价值与正常情况下完整实现的农地价

[①] 从"内在价值"角度研究权益资产定价问题的理论基础是由格雷厄姆 1930 年在《证券分析》中提出的"资产价格围绕内在价值波动";Williams 1938 年提出股利折现模型(dividend discount model,DDM),即权益资产的内在价值是未来各期收益折现值之和(陈晔 等,2005)

值之间的比例来确定农地(开发)价值的限制程度,进而构建出限制、禁止开发区经济补偿模型,这是研究经济补偿所需解决的核心问题,也是本书研究的重点内容。

2) 补偿标准模型构建

根据实验区受损方经济补偿研究分析,若 CM_i 代表第 i 个功能区内应给予的经济补偿,$CVDR_i$ 代表第 i 个功能区内应给予的农地价值补偿,CEC_i 代表第 i 个功能区提供生态服务所付成本的补偿,CSC_i 代表由于农地保护社会经济发展受限而给予的补偿,则实验区经济补偿模型可表示为

$$CM_i = CVDR_i + CEC_i + CSC_i \tag{5-5}$$

农地价值是由该农地的农业用途价值和农地发展权市场价值两部分构成的,这里的价值本质上就是"开发未受限"(解除规划管制、所有者具有处置权)的农地价值,在市场经济条件下,该价值能够反映出该农地的最高最佳用途回报。借鉴国内外有关学者的研究[①],考虑到缺乏市场的农地可作为一种类似于环境资源的公共物品和服务,本书选择通过询问受访农户对农地的支付意愿来估算不同功能区开发未受限农地价值,用该价值扣除农地农业用途价值之后就得到了农地发展权价值。

由于国内对问卷调查方式还相对陌生,入户采访的支付卡式问卷格式为没有评估经验的人群提供了相近的选项,更容易与人交流获取准确信息,本书也就选用入户面对面调查方式进行;此外,在运用 CVM 估算环境物品或服务价值时,国际上一般采取农户对农地的支付意愿作为价值度量的做法,所以,本书以功能区内农户对某种地类的平均支付意愿来作为对该地类农地价值的近似评价;一般来讲,整个功能区内某种地类的农业纯收益相差不大,且变化也不大,因此,若 $E(WTP_{ij})$ 代表 i 功能区内单位面积地类 j 平均支付意愿,若 A_{ij} 为功能区 i 内 j 地类单位面积农业纯收益,则 i 功能区内单位面积地类 j 的发展权价值 VDR_{ij} 可表示为

$$VDR_{ij} = LDR_{ij} - V_{ij} = E(WTP_{ij}) - (A_{ij}/r) \tag{5-6}$$

若 λ_{ij} 代表功能区 i 内 j 地类占农地面积的比例,n 代表区内农地的地类数,以功能区内各地类占农地面积比例为权重加权平求和,即 i 功能区内农地发展权价值可表示为:

$$VDR_i = \sum_{i=1,j=1}^{i=2,j=n}(\lambda_{ij} \times VDR_{ij}) \tag{5-7}$$

依据资产定价理论,若 $V_{i农}$ 代表第 i 个功能区内农地的农业用途价值,则实验区农地价值补偿模型为

$$CVDR_i = k_i \times VDR_i = VDR_i \times V_{i农}/(V_{i农} + VDR_i) \tag{5-8}$$

最终,将式(5-6)、式(5-7)式带入式(5-5),功能区 i 经济补偿标准 CM_i 可表示为

---

① Andrew(2001)假设农地农业用途价值不变,通过 Hedonic 方法估算未开发受限农地价值,扣除开发受限的农地价值(农地农业用途价值)最终得到区域内单位面积的平均农地发展权价值。程文仕(2006)采用意愿调查法测算了征地区片综合地价,并证明了意愿调查法是估算征地价格的一种较好方法

$$CM_i = \frac{V_{i\text{农}} \times \sum_{i=1,j=1}^{i=2,j=n}(\lambda_{ij} \times VDR_{ij})}{V_{i\text{农}} + \sum_{i=1,j=1}^{i=2,j=n}(\lambda_{ij} \times VDR_{ij})} + CEC_i + CSC_i \tag{5-9}$$

3. 实证研究

1) 限制开发区经济补偿标准

1) 研究区域及概况

宜昌位于鄂西,是鄂西生态文化旅游圈重要组成部分,虽然并未被划入武汉"8+1"城市圈,但是武汉城市圈在更大范围、更宽领域实现资源优化配置及湖北省"两圈"建设的重要保证[1],境内市辖区、宜都市等距离武汉、黄石、鄂州经济走廊沿线经济发达的优化开发区[2]较远,夷陵区、兴山县等属于三峡库区水源涵养生态功能区[3],区域附近三峡水电站等水利枢纽大量分布,长阳、五峰、远安等地属于山区,生态环境脆弱,需要综合治理水土流失,这些县、市附近区域有多处国家级风景区,三峡旅游、生态旅游等构成了独具特色的生态、人文旅游格局,需要重点保护;境内的枝江市、当阳市境内工业基础雄厚,矿产资源丰富,综合经济水平多年位居湖北省县、市前列,属于优化或重点开发区,参考《湖北省土地利用总体规划大纲(2006—2020年)》意见,本书最终考虑将除当阳市、枝江市之外的宜昌市大部分辖区,即宜昌市辖区、夷陵区、宜都市、长阳、五峰、远安等县、市列为限制开发区。通过《湖北农村统计年鉴2007》,2006年该区域总人口约307.72万人,其中农业人口201.94万人,常用耕地总面积13.93万公顷,其中水田3.79万公顷,旱地10.14万公顷。

仙桃市是国家重要的粮、棉、油、渔生产基地,在2007年年底审议的《武汉城市圈城镇布局规划》中仙桃已被列为江汉平原旅游区,尽管武汉城市圈发展规划将天门—仙桃—潜江城镇组团划为重点开发区,但根据仙桃市自然、经济及生态特点,市内东南角的五湖为最低处,南临东荆河与洪湖,境内有分洪区、人工湿地资源等,生态环境脆弱,近年来由于不合理、过度开发资源已造成这些区域内部不同程度的生态环境问题,需要进一步改善;仙桃市东面、南面则靠近划归幕阜山脉的风景旅游城市咸宁,这正是城市圈规划的限制开发区范围,因此,完全将仙桃市划归重点开发区并不妥当,本书考虑将其市辖区及南面、东面近8个乡镇等区域一并划入限制开发区。2006年这些区域总人口约75万人,其中农业人口59.67万人,常用耕地总面积4.52万公顷,其中水田2.88万公顷,旱田1.64万公顷。

因此,基于武汉城市圈的两型实验区经济补偿研究需要,本次研究将除当阳市、枝江市之外的宜昌市大部辖区及仙桃市辖区与其南面、东面近8个乡镇等区域一并划入限制开发区,实地调研及资料收集也主要在以上区域范围内展开。当前我国农地保护主要关注于耕地资源保护,考虑到湖北省自然条件状况及调研区域主要地类特征,水田、旱地构成了耕地资源的重要组成部分,因此,本次研究的农地主要是指水田、旱地等常用耕地,不

---

[1] http://www.jmepb.gov.cn/read.asp?id=714
[2] ttp://www.szplan.gov.cn/main/ghdt/hyxw/200708270211496.shtml
[3] http://blog.sina.com.cn/s/blog_4a6d40030100axcj.html

包括林地、园地等其他农地。

参看《湖北农村统计年鉴2007》,研究的限制开发区总人口约382.72万人,其中农业人口261.61万人,常用耕地面积18.45万公顷,其中水田6.67万公顷,旱田11.78万公顷,分别占农地(耕地)总面积的36.17%与63.83%。

2) 受限农地价值测算

A. 农地价值估算

2007年11月课题组在宜昌、仙桃等相关地区展开大规模随机抽样调查,调查时采取匿名调查方式,得到总样本125份。因为采取面对面访谈,加上问卷多次修改完善,并对调查者进行了系统认真培训,所以问卷回收率很高,将支付意愿大于个人家庭年收入30倍的问卷剔除(包括错误、乱填等问卷)后,共回收有效样本119份(包括抗拒样本),占调查问卷总量的95.2%。

第一,受访农民基本特征。整个调查区域内受访农户的性别、年龄、教育水平、家庭年收入等社会经济情况如表5-1所示。

表5-1 限制开发区受访农民的基本情况

变量	频数	比例/%	变量	频数	比例/%
①性别	119	100	⑤家庭距城镇中心距离	119	100
男	68	57	[1,2)千米	102	86
女	51	43	[2,3)千米	7	6
②年龄	119	100	[3,4)千米	4	3
18~35岁	21	18	4千米及以上	6	5
36~55岁	65	54	⑥农业生产改善家庭经济的满意度	119	100
56~70岁	26	22	很满意	45	38
71岁及以上	7	6	一般满意	43	36
③教育水平	119	100	不好不坏	25	21
文盲	8	7	不满意	6	5
小学	20	17	⑦农地质量	119	100
初中	65	54	高产	98	82
高中及以上	26	22	中产	21	18
④家庭年收入	119	100	低产	0	0
小于等于5 000元	26	22	⑧农地产权归属认知	119	100
5 001~10 000元	63	53	国家	50	42
10 001~20 000元	24	20	地方政府	6	5
20 000元以上	6	5	集体	35	29
			个人	28	24

第二,受访农民的支付意愿。受访农民对各主要地类的支付意愿见表5-2和表5-3,由于调查区域选择合适,课题组在预调查过程中准备充分、不断完善问卷,询问方式合理,

因此水田、旱地的拒答率都较低,分别为2.52%及11.76%。由于调查区域集中在江汉平原,因此受访民众对水田的支付率一般要高于对旱地的支付率。借鉴程文仕(2006)的研究,我们通过对不同地类的全部样本投标值求取算术平均值来得到平均支付意愿,由此得到限制开发区单位面积水田的平均支付意愿为74 663.8元,最大值为500 000元,最小值为1 000元,标准误差为57 544.9元;单位面积旱地的平均支付意愿为66 771.43元,最大值为350 000元,最小值为1 000元,标准误为47 387.7元。

表 5-2 限制开发区水田支付意愿区间值的人数分布

支付意愿区间/元	人数/人	比率/%	支付意愿区间/元	人数/人	比率/%
0~5 000	4	3.36	60 001~70 000	5	4.20
5 001~10 000	4	3.36	70 001~80 000	3	2.52
10 001~20 000	12	10.08	80 001~90 000	3	2.52
20 001~30 000	4	3.36	90 001~100 000	5	4.20
30 001~40 000	3	2.52	100 001~110 000	7	5.88
40 001~50 000	25	21.01	≥110 001	25	21.01
50 001~60 000	16	13.45	拒绝支付	3	2.52

表 5-3 限制开发区旱地支付意愿区间值的人数分布

支付意愿区间/元	人数/人	比率/%	支付意愿区间/元	人数/人	比率/%
0~5 000	4	3.36	60 001~70 000	6	5.04
5 001~10 000	4	3.36	70 001~80 000	4	3.36
10 001~20 000	8	6.72	80 001~90 000	3	2.52
20 001~30 000	4	3.36	90 001~100 000	6	5.04
30 001~40 000	0	0.00	100 001~110 000	7	5.88
40 001~50 000	23	19.33	≥110 001	14	11.76
50 001~60 000	22	18.45	拒绝支付	14	11.76

第三、支付意愿的影响因素。我们对受访农民的支付意愿进行影响因素分析,从表5-4中可以看到,受访农民家离中心城镇距离与农民对农地的支付意愿呈现负相关关系,通过显著性检验,这与许多学者的研究结论相同;农地经营影响程度、农地综合状况都与农民对农地的支付意愿呈现正相关关系,也通过显著性检验,这说明对农户来讲农地越重要、农地条件越好,农民对农地的支付意愿就越大。

表 5-4　受访农民对农地价值支付意愿的影响因素　　　（单位:万元）

解释变量	回归系数	t 值	显著性
截距	18 921.35	8.008	0.000***
性别	−236.98	−0.346	0.730
年龄	240.541	1.782	0.078
教育程度	578.462	1.318	0.190
家庭年收入	353.147	1.059	0.292
离中心城镇距离	−3 937.896	−11.254	0.000***
农地经营影响程度	3 901.720	10.171	0.000***
农地综合状况	3 793.759	4.287	0.000***
产权归属认知	89.987	0.422	0.674

***表示5%的显著水平,**表示10%的显著水平,*表示略低于10%的显著水平

第四,农地价值。应用CVM方法估算开发未受限农地价值的基本思路是:用调查区域内受访农民对单位面积水田、旱地的支付意愿算术平均值作为农地价值近似评价值,以水田、旱地面积占农地(常用耕地)面积的比例为权重加权求和,得到功能区农地价值。根据农户对不同农地支付意愿的统计结果分析可知,区域内水田价值折合1 119 957元/公顷,旱地价值为1 001 571.45元/公顷;参看《湖北农村统计年鉴2007》数据,研究区域内水田、旱地分别占农地(常用耕地)总面积的36.17%、63.83%,将以上结果代入式(5-7),最终得到农地总价值为1 044 391.5元/公顷;考虑到整个研究区域内常用耕地总面积为18.45万公顷,可得到该研究区域农地价值总额为$1.926\,6\times10^{11}$元。

B. 农地发展权价值测算

第一,农地农业用途价值。根据调查结果,限制开发区水田每亩平均纯收益为639.41元,折合9 591.15元/公顷,旱地每亩平均纯收益为844.17元,折合12 662.55元/公顷;同时,根据已有研究,采用安全利率加上风险调整值的方法求取还原率比较合适,2007年我国一年期银行定期存款利率为3.87%可以作为安全利率,同时,2000年以来物价上涨指数波动[①]约为1.45%,因此测算功能区农地农业用途价值时采用的还原利率为5.32%是比较合适的;最终限制开发区水田农业用途价值180 284.77元/公顷,旱地农业用途价值238 017.86元/公顷,限制开发区农地农业用途价值217 135.8元/公顷,总共农地农业用途价值40.06亿元。

第二,农地发展权价值估算。根据式(5-6),$\text{VDR}_{ij}=\text{LDR}_{ij}-V_{ij}$,限制开发区水田发展权价值为939 672.23元/公顷,旱地发展权价值763 453.59元/公顷,以各地类面积比例为权重求和,最终得到农地(常用耕地)发展权价值827 255.702元/公顷,则整个限制开发区农地发展权价值为152.6亿元。

---

① http://zhidao.baidu.com/question/40567633.html

C. 受限农地价值测算

根据式(5-8)，$CVDR_i = k_i \times VDR_i = VDR_i \times V_{i农}/(V_{i农} + VDR_i)$，则最终得到限制开发区受限农地价值 $CVDR_限 = 1.526 \times 10^{11} \times 0.208 = 3.173 \times 10^{10} = 31.73$ 亿元。

3) 提供生态服务的成本

2007年年底，武汉城市圈被国家批准为两型社会综合配套改革示范区，处于湖北省"十一五"发展规划制订及实施过程当中，因此，本书考虑以"十五"期末的2005年为界进行补偿，由已付出的费用和将要投入的资金两部分构成提供生态服务的成本，主要是对该年以后时段(2006~2010年)限制开发区提供生态服务所付成本的补偿。

2006年限制开发区中宜昌范围内在建污水处理厂累计完成投资28 673.44万元[①]，2007年香溪河流域水污染综合防治工程，总投资为3 255.2万元[②]，2007年下半年省级下发环境保护、污染监控资金约744万元，三峡库区基本都在限制开发区内，2007年共投入三峡库区水污染项目资金约4 000余万元[③]，因此，限制开发区已付出生态服务成本约3.67亿元。依据宜昌市环境保护"十一五"规划投资推算[④]，预计未来几年这些功能区环保投资总额将达到124.056亿元，主要以生态环境建设和环境保护投资(包括三峡库区生态保护投资)及水污染防治工程为主，因此，限制开发区中宜昌范围内共需要资金补偿127.726亿元。

仙桃市环境"十五"规划环保投入项目[⑤]多数集中于本次研究所划定的禁止开发区范围内，"十五"期间共投入生态环境保护资金约9.92亿元，每年约1.98亿元；由于资料所限，以此标准，2006年和2007年仙桃市限制开发区生态环境保护投入约3.76亿元；同时，"十一五"规划期间，划归限制区的水污染、大气污染、固体废弃物污染防治投入资金约9.365亿元，生态环保工程3.764亿元，年均生态环保投入约2.626亿元，因此，限制开发区中仙桃范围内共需要补偿16.89亿元。

综合宜昌、仙桃两市部分地区情况，限制开发区总共需补偿生态服务成本约144.616亿元。

4) 社会经济发展受限损失

湖北省两型社会示范区以武汉市为核心进行开发，城市圈发展水平和档次取决于武汉[⑥]，因此本次研究选取武汉市为经济发展的参考市，将宜昌及仙桃部分地区作为限制开发区，社会经济补偿也以"十五"期末的2005年为界开始考虑，参看《湖北统计年鉴2007》，2006年宜昌市人均可支配收入8 926元，仙桃市人均可支配收入8 266元，因此，限制开发区整体城镇居民的年人均可支配收入8 596元，而参照对象武汉市城镇人均可支配收入12 359.98元，人均可支配收入差距为3 763.98元，2006年限制开发区城镇总人口为121.11万人，则2006年限制开发区社会经济发展受损45.59亿元；同样方法得到2007

---

① http://www.ychbj.gov.cn/news.asp?id=4779
② http://www.ychbj.gov.cn/news.asp?id=4847
③ http://www.yichang.gov.cn/art/2008/4/4/art_5887_46606.html
④ http://www.chinaenvironment.com/view/ViewNews.aspx?k=20061222164408180
⑤ http://www.xtepb.gov.cn/Html/shiyw/17_45_56_0661511181585304_347_3.shtml
⑥ http://www.hb.xinhuanet.com/zhuanti/2009-01/15/content_15468177.htm

年限制开发区经济发展受限损失额 57 亿元,两者相加得到社会经济发展受限损失补偿为 102.59 亿元。

5) 限制开发区经济补偿标准

统计以上研究结论,根据式(5-9), $\mathrm{CM}_i = \dfrac{V_{i\text{农}} \times \sum\limits_{i=1,j=1}^{i=2,j=n}(\lambda_{ij} \times \mathrm{VDR}_{ij})}{V_{i\text{农}} + \sum\limits_{i=1,j=1}^{i=2,j=n}(\lambda_{ij} \times \mathrm{VDR}_{ij})} + \mathrm{CEC}_i + \mathrm{CSC}_i$,

限制开发区农地开发受限补偿约为 31.73 亿元,生态服务成本补偿约为 144.616 亿元,社会经济发展受限损失补偿约为 102.59 亿元,因此,限制开发区共需得到经济补偿约 278.94 亿元。

2. 禁止开发区经济补偿标准

1) 研究区域及概况

2007 年荆门全市水土流失面积占国土面积的 22.77%,每年流失土壤约 602.5 万吨,属严重水土流失区,且市内农村面源污染存在加重之势,最突出的问题是农村饮用水源遭到严重污染[1],虽然荆门并不属于武汉城市圈 9 市之内,但却是湖北省粮、棉、油的重要产区,处于武汉"8+1"城市圈与鄂西生态文化旅游圈真正交界的地方,是鄂西文化圈的重要组成部分[2],所辖沙洋是全国商品粮基地,境内设立有大片基本农田保护区;钟祥境内建有多座大型水库,拥有大口-虎爪山国家森林公园及世界文化遗产——明显陵,境内遍布景区,大多都是国家级大洪山风景名胜区的重要组成部分。市辖区城郊的漳河水库是全国八大人工水库之一,是湖北省省级重点旅游区,也是远安、当阳、荆门等周边县、市居民的饮用水源,市内有大口、太子山、虎爪山、千佛洞四个国家森林公园,生态保护尤为必要。

荆门境内京山县地处湖北省经济最活跃的武汉—襄阳—宜昌大三角中心地带,工农业发展水平较高,多年居于湖北省经济效益目标考核"十佳"县、市,不适合纳入禁止开发区,因此,综合考虑不同区域之间差异特征,根据《武汉城市圈总体规划》关于主体功能区的划分,将荆门市辖区、沙洋县、钟祥市划归禁止开发区,根据《湖北农村统计年鉴 2007》,区域农业人口 109.86 万人,常用耕地面积 18.15 万公顷,其中水田 12.50 万公顷,旱田 5.65 万公顷,分别占农地(常用耕地)面积的 68.89% 与 31.11%。

2) 受限农地价值测算

A. 农地价值估算

2007 年 11 月课题组同时也在荆门相关地区展开大规模随机抽样调查,调查时也采取匿名调查方式,得到总样本 147 份。同时,将支付意愿大于个人家庭年收入 30 倍的问卷剔除(包括错误、乱填等问卷),共回收有效样本 124 份(包括抗拒样本),占调查问卷总量的 84.35%,与限制开发区有效样本比例相比偏低。

第一,受访农民基本特征。整个调查区域内受访农户的性别、年龄、教育水平、家庭年

---

[1] http://dept3.jingmen.gov.cn/Html/jmfgw/fgw_fzgh/fgw_fzgh_zxgh/2006-8/18/0840116613.html
[2] http://iptv.cnhubei.com/2009-01/16/cms719687article.shtml

收入等社会经济情况如表 5-5 所示。

表 5-5　禁止发展区受访农民的基本情况

变量	频数	比例/%	变量	频数	比例/%
①性别	124	100	⑤家庭距城镇中心距离	124	100
男	92	74	[1,2)千米	106	86
女	32	26	[2,3)千米	13	10
②年龄	124	100	[3,4)千米	5	4
18~35 岁	19	15	4 千米及以上		
36~55 岁	76	61	⑥农业生产改善家庭经济的满意度	124	100
56~70 岁	23	19	很满意	41	33
71 岁及以上	6	5	一般满意	51	41
③教育水平	124	100	不好不坏	23	19
文盲	2	2	不满意	9	7
小学	32	26	⑦农地质量	124	100
初中	54	43	高产	105	85
高中及以上	36	29	中产	15	12
④家庭年收入	124	100	低产	4	3
小于等于 5 000 元	58	47	⑧农地产权归属认知	124	100
5 001~10 000 元	43	35	国家	55	44
10 001~20 000 元	20	16	地方政府	3	2
20 000 元以上	3	2	集体	23	19
			个人	43	35

第二，受访农民的支付意愿。受访农民对农地的支付意愿如表 5-6 所示，可以看出，受访农民对水田的支付率要远高于对旱地的支付率，这也许与功能区调查范围内农地特征有关，农民更为关注于水田资源的稀缺程度。

表 5-6　限制开发区受访农民对农地支付意愿统计　　　　（单位：元/亩）

农地类型	参与人数	支付率/%	平均支付意愿	标准差	最小值	最大值
水田	118	95.16	34 138.76	39 838.66	1 000	250 000
旱地	95	76.61	31 157.00	37 932.68	1 000	300 000

第三，支付意愿的影响因素。通过表 5-7 有关受访农民对农地支付意愿的影响因素分析，可以得出，受访农户对农地的支付意愿高低受农民家庭年收入、离中心城镇距离及农地经营影响程度显著相关。家离中心城镇距离越远，农民的支付意愿就越低；农民家庭年收入越高、农地经营影响程度越大，农民的支付意愿就越高，这也与实际情况相符合。

表 5-7　受访农民对农地价值支付意愿的影响因素

解释变量	回归系数	t 值	显著性
截距	15 038.07	6.034	0.000***
性别	801.257	1.010	0.315
年龄	−6.222	−0.038	0.970
教育程度	658.008	1.414	0.160
家庭年收入	1 834.082	9.377	0.000***
离中心城镇距离	−3 967.834	−5.549	0.000***
农地经营影响程度	879.174	2.414	0.017**
农地综合状况	851.437	1.179	0.241
产权归属认知	145.475	0.789	0.432

注：***表示5%的显著水平，**表示10%的显著水平，*表示略低于10%的显著水平

第四，估算农地价值。估算农地价值时可借鉴限制开发区农地价值估算的思路及方法，参看《湖北农村统计年鉴2007》，荆门市这些区域常用耕地面积18.15万公顷，其中水田12.50万公顷，旱地5.65万公顷，分别占农地(常用耕地)面积的68.89%与31.11%，每亩水田价值34 138.76元，折合512 081.4元/公顷；每亩旱地价值31 157元，折合467 355元/公顷；以各地类面积比例为权重求和，最终得到农地(常用耕地)价值498 167.02元/公顷，共计90.42亿元。

B. 农地发展权价值测算

第一，农地农业用途价值。根据调查结果，禁止开发区水田每亩平均纯收益为715.11元，折合10 726.65元/公顷，旱地每亩平均纯收益为902.76元，折合13 541.4元/公顷；还原利率还是采用5.32%；则禁止开发区水田农业用途价值201 628.76元/公顷，旱地农业用途价值254 537.59元/公顷，加权求和后该区农地农业用途价值218 088.70元/公顷。

第二，农地发展权价值估算。根据式(5-6)，$VDR_{ij} = LDR_{ij} - V_{ij} = E(WTP_{ij}) - (A_{ij}/r)$，禁止开发区水田发展权价值为310 452.64元/公顷，旱地发展权价值212 817.41元/公顷，以各地类面积比例为权重求和，最终得到农地(常用耕地)发展权价值280 078.32元/公顷，该功能区常用耕地面积18.15万公顷，则整个禁止开发区农地发展权价值为50.83亿元。

C. 受限农地价值测算

根据功能区的主体功能定位，禁止开发区农地开发管制程度要大于限制开发区的管制程度，这符合有关学者的研究[①]；同时，禁止开发区不承担发展经济的任务，提供生态财富等是其主体功能(杜黎明，2007)，该区土地开发基本禁绝，需要完全补偿区域内未能实现的农地发展权价值，农地发展权管制系数 k_i 为1，因此，禁止开发区受限农地价值约为54.31亿元。

---

① 刘玉(2007)认为，与限制开发区相比，禁止开发区域的开发空间被限制得更加严格，为此，得到的援助补偿力度也应相对更大

3) 提供生态服务的成本

根据荆门市环境保护"十一五"规划,扣除京山县空气控制污染工程、水污染控制工程共计约 1 亿元投资后,荆门市其他剩余约 5.39 亿元环境保护和污染控制项目将于"十一五"时期建设完成。

4) 社会经济发展受限损失

参看《湖北统计年鉴 2007》,2006 年荆门市城镇居民人均可支配收入 8585 元,参照对象武汉市城镇居民人均可支配收入 12 359.98 元,人均可支配收入差距 3 774.98 元,该功能区城镇人口 86.48 万人,经济发展受限损失为 32.65 亿元;2007 年武汉城镇居民人均可支配收入 14 357.6 元,2007 年荆门城镇居民人均可支配收入达到 11 075 元,经济发展受损约为 28.38 亿元,两者综合共计约 51.03 亿元。

5) 禁止开发区经济补偿标准

根据经济补偿内涵分析及经济补偿模型,禁止开发区农地开发受限应补偿 50.83 亿元,生态服务成本补偿约 5.39 亿元,社会经济发展受限损失补偿约为 51.03 亿元,因此,限制开发区共需得到经济补偿约 107.25 亿元。

5.2.3 小　　结

1. 结论

结论一:本次研究中的区域主要集中在江汉平原,是我国著名的鱼米之乡,武汉城市圈又是我国两型社会的重点改革示范区,示范区内相关土地政策的实施模式及实践效果等将会对破解我国中部乃至全国范围内资源保护与经济发展冲突的困局,实现全社会协调、可持续发展都等具有很强的借鉴意义。

本章首次尝试借鉴资产定价理论,从分区规划影响农地收益现金流乃至农地价值的角度,测算出限制、禁止开发区对区域内农地价值的限制程度,进而构建出实验区下受损方经济补偿研究框架并进行了实证分析,具有一定探索性质。研究结果表明,限制、禁止开发区由于农地保护、维持生态环境,会对不同区域内经济发展造成较大的影响,并将给限制、禁止开发区内政府、土地利用者、集体及农民自身造成很大的经济损失(分别为 278.94 亿元及 110.73 亿元),这里应引起政府和社会各界的关注,迫切需要政府及社会组织等采取措施充分保障限制、禁止开发区区域内经济经济发展要求,实现各地服务均等化。

结论二:限制、禁止开发区经济补偿的内涵是十分丰富的,具有综合性,主要包括受管制的农地产权经济价值、维持受破坏的生态服务价值及受此影响的社会利益三部分内容,当前研究强调较多的生态补偿只是其中的一部分重要内容。影响实验区经济利益的因素主要有土地利用管制因素、生态环境压力及社会经济发展因素等方面,亟待将生态、社会等非市场经济价值纳入我国国民经济核算体系,并拓展经济受限内涵,充分保障功能区内政府、各级社会组织及人民群众的经济权益,在实现实验区经济发展与环境保护总目标的前提下采取措施尽可能地减少对限制、禁止开发区经济与社会发展利益造成损失的各种因素的影响,减少中央及各级政府的财政压力,提高政府决策的科学性、合理性,并使得国家所制定的相关政策更有具体性、针对性、可操作性,实现最大程度的政策绩效。

结论三:两型社会限制、禁止开发区功能区人口的多少对不同功能区内经济补偿标准的影响很大,正常情况下禁止开发区的经济补偿标准要大于限制开发区。但本次研究中由于限制发展区人口(382.72万人)要远大于禁止开发区人口(146.53万人),因此补偿标准是禁止开发区经济补偿标准的2倍多;同时,不同功能区内农地发展权价值的高低都与研究区域的区位关系密切,这与许多学者的研究结论相同;因此,这就要求我们的政府和各有关部门决策者在进行功能分区及经济补偿时,必须要均衡考虑不同地区人口与经济发展潜力及该区域的区位特征,只有这样才能保证分区规划的顺利执行,在搞好国土空间发展规划的同时,解决好分区规划与利益分配问题,实现区域之间协调、可持续发展。

结论四:尽管限制开发区农地发展权价值827 191.87元/公顷,远高于禁止发展区农地发展权价值277 549.61元/公顷,但由于禁止开发区农地开发受限程度最高,因此得到的农地价值补偿额(54.31亿元)要高于限制开发区农地价值补偿额(31.73亿元),这说明不同区域内农地发展权价值大小和区域得到的农地发展权价值补偿标准具有较大的不一致性,值得我们进一步分析与研究其中可能存在的政策含义。就经济补偿构成而言,限制、禁止开发区受限农地价值分别占各区域总经济补偿标准的11.38%与49.05%,从理论上讲,农地增值收益应主要归农民所有,在现实当中,这部分价值在征地、农地非农转用过程当中却常常被各级政府及开发商所攫取,农民只在其中拥有很少的份额,这就要求我们在理论上必须明确农地价值内涵,将农地农业用途之外的农地发展权价值作为实验区经济补偿的一个重要组成部分,并在制定两型社会土地、财税、经济发展等政策时,格外关注处于弱势群体的农民利益诉求,采取各项政策充分保障农民所拥有的土地权益。

2. 讨论

讨论一:确定区域经济补偿标准的依据主要有基于保护成本确定、基于保护损失确定、基于意愿价值确定等方面,本章主要基于保护损失来确定经济补偿标准,该补偿标准充分地考虑到实验区土地保护所带来的总体社会成本(潜在影响),能够实现潜在的帕累托改进,促进不同区域之间协调发展,有利于两型社会的持续、稳定、健康发展,是一种较为科学、合理的经济补偿标准;但由于资料及调研条件的限制,本章对限制、禁止开发区生态补偿、社会经济补偿等方面的定量研究略显粗糙,未能充分考虑外部性的影响,由于使用的方法不同,评价结果将会有一定的差距,因此,应在条件允许的情况下,尝试多种方法综合并用,以达到相互验证,提高经济损失评价的准确性。

讨论二:湖北省两型社会实验区内的功能分区并未到具体的县、市,省级层面上对武汉城市圈附近区域的功能分区并不明确,使得本章中划分的主体功能区有可能存在不准确、不合理之处,由此导致不同类型功能区经济利益分析可能存在着一定的偏差。有些功能区不是分区而是因为自然、经济等客观因素所导致的农地发展受限,对应的各主体经济利益变化该如何分析;此外,分区下县、市发展权补偿问题该如何解决,实践中不同区域主体之间补偿比例该如何分割,现有补偿标准是否已达到帕雷托最优,能否在价值判断中实现全社会福利均衡等问题还值得进一步探讨。

讨论三:就单项而言,整个限制开发区农地(常用耕地)发展权价值为 827 255.702 元/公顷,约是禁止开发区农地发展权价值的 3 倍(277 549.61 元/公顷),主要可能是因为本章农地发展权主要是基于农民支付意愿进行估算,而不同地区农民支付意愿与当地经济社会发展水平、农户家庭收入水平、农民对农地价值内涵的理解及调查区域的选择有关,同时禁止开发区农地农业用途价值(219 459.04 元/公顷)也要略大于限制开发区农地农业用途价值(217 135.8 元/公顷),这也可能对农地发展权价值大小产生了一定程度的影响。由于其本身固有的特性,意愿调查法评估结果的有效性和可靠性会因其偏差而受到质疑,限于篇幅,本章未说明如何减少农地发展权估算中的偏差,并且在估算时只考虑水田、旱地,未考虑其他农用的发展权价值,对研究区域以点带面,只是对整个区域的农地发展权进行大概估算,并未充分考虑不同区位、不同农地纯收益差异、不同用途下农地发展权价值大小差异。因此,研究如何减少 CVM 方法估算偏差,尝试构建综合反应区域农地特征、市场供求和政府因素等方面在内的发展权定价方法等内容将是我们进一步研究的方向。

5.3 实验区经济补偿资金来源及分配模式

5.3.1 实验区经济补偿资金来源分析

在武汉"8+1"城市圈及长株潭城市群的主体功能区两型社会建设中,限制开发和禁止开发区域对于生态环境的保护及资源的合理利用起着至关重要的作用。而该作用能否持续有效则取决于对于其利益的补偿是否合理及能否补偿到位。这就对补偿资金的来源的可靠性及多样性提出了更高的要求。

1. 我国社会发展资金的一般来源

1) 财政补贴

财政补贴包括中央政府和地方政府的财政拨款。国家财政补贴一般必须通过立法程序确定,有一定的法律约束性,来自公民纳税。因此,财政补贴在某项社会发展资金来源中占有比例的大小,是同税收制度密切相关的。

2) 设立基金

为某个项目或某个方向的社会发展设立专门的基金通常也是一种筹集所需资金的方式。这种方式可以做到专款专用,一旦明确基金的来源与比例也可以保证资金的按时获取。但与财政补贴一样,也需要通过立法程序来规定。

3) 社会资金

除了以上两种需要通过立法及政府参与的资金来源方式外,社会资金也是我国社会发展资金来源的不可或缺的一种方式。社会资金通常包括社会相关人士自发筹集的款项、海外华侨爱国人士的资金援助及爱心企业的资金资助等。

2. 限制开发和禁止开发区域补偿资金来源

1) 财政补贴

由国家及各级地方政府在财政预算中安排一定数额或比例的资金用于补偿限制开发和禁止开发区域。中央财政补贴列入中央财政预算。中央财政负责对限制开发和禁止开发区域中央所属的国有企业由于政策原因(限制或禁止发展)发生的亏损予以补贴。地方财政补贴列入地方财政预算。地方财政负责对限制开发和禁止开发区域地方所属的国有企业由于政策原因而发生的亏损予以补贴。财政补贴是政府的一种无偿支出,是补偿资金的主要可靠来源之一。但如果补贴数额过大,超越国家财力所能,就会成为国家财政的沉重负担。

2) 设立基金

可在国家或各主体功能区内部为限制开发和禁止开发区域的利益补偿设立专门的基金,从政府的支持功能区发展的经费及功能区的收益中拿出固定的金额以补贴限制开发和禁止开发区域。专项基金是指从特定来源形成并具有专门用途的资金来源。限制开发和禁止开发区域发展受限的程度不同,给企业的规模经营、领域拓展等带来的机会损失不等,对整个社会的生态环境和粮食安全贡献也不同,可以设立环境保护基金、企业发展基金等不同的、具体的专项基金。企业使用专项基金必须遵守专款专用、先存后用、量入为出、节约使用等原则,努力提高专项基金的使用效果。

3) 社会资金

鼓励社会团体和个人为限制开发和禁止开发区域设立利益补偿资金。环境保护的思想已经越来越深入人心,很多的个人和企业都开始关注我国的环保事业。限制开发和禁止开发区域为环境保护与粮食安全等所做的贡献也会吸引社会资金的投入。也可根据具体的补偿客体、补偿对象从已经设立的专门的社会资金中筹集。社会资金的筹集多是自愿的,资金的流向与使用是资金能否得到有效利用的关键,也是影响社会对社会资金投入程度的重要方面。

4) 发行国债

国债是由国家发行的债券,是中央政府为筹集财政资金而发行的一种政府债券。中央政府发行国债的目的可以是为某些特殊经济政策筹措资金。主体功能区的两型社会建设当然也可以采取这种形式把分散的资金集中起来解决补偿资金一时的不足。此种方式可以作为临时性的补偿方式,在需要的时候不定期采用,作为其他资金来源的补充。

5) 发行彩票

借鉴发行体育彩票与福利彩票的经验,可发行生态彩票、粮食安全彩票等,将从社会筹集的资金用于限制开发和禁止开发区域补偿。彩票发行的收入除去彩票发行的运作成本,可以全部通过政府转移补偿给限制开发和禁止开发区域的企业、个人或兴建公共设施等。

6) 特殊税费

特殊税费指的是从优化开发和重点开发区征得的税收中抽取全部或者部分用于限制开发和禁止开发区域的补偿。一般而言,是在各主体功能区内部平衡优化开发和重点开发区域的税收及限制开发和禁止开发区域的补偿资金。特殊情况下,如果主体功能区内这两类区域的分布情况极不均衡,则还需要在更大范围内进行协调。

7) 出售开发权

对于限制开发区域,并不是完全禁止开发。相对地,开发权的价值可能得到完全的体现。这有限的开发权的出售所得也可以用于区域内部的补偿。

5.3.2 实验区经济补偿资金分配模式

1. 补偿原则

限制开发和禁止开发区域的发展权利受到不同程度的制约,应该给予适当的补偿。至于补偿主体、对象、方式等如何确定则需要在明确补偿原则的基础上进行。从对限制开发和禁止开发区域进行补偿的初衷出发,应该在补偿标准及其政策的制定过程中遵循以下原则。

1) 公平性原则

补偿的根本目的是保证地域间或主体功能区内不同类型区域间获得公平的发展权利,体现地域之间、人与人之间的公平。因此,在补偿标准及其政策的制定过程中首先必须遵循的便是公平性原则。

限制开发和禁止开发区域的最重要、最长期的补偿任务就是基本公共服务均等化方面的投入,这将从长远和根本上维护限制开发和禁止开发区域主体功能定位,从而促进主体功能区内、国内乃至更大范围内人与自然的和谐发展。公平性原则可以说是现代社会一切制度的指导原则,在限制开发和禁止开发区域补偿中的具体体现之一便是基本公共服务均等化。

2) 科学性与可操作性兼顾原则

追求高效率是现代社会一切行为的准则。对限制开发和禁止开发区域进行补偿的初衷是保证区域间发展权利的公平,但最终是为了促进整个主体功能区内的社会经济的高效、有序发展。

制定补偿政策及补偿标准需要耗费社会成本,包括对限制开发和禁止开发区域的补偿对象、补偿与否、补偿多少、如何实施补偿等的确定。耗费过多的社会成本,即使制定出完美的绝对公平的补偿政策也是毫无意义的。在补偿的实际运作过程中也是如此,只有高效率的补偿才能真正使补偿具有意义。

3) 可持续性原则

主体功能区的社会发展是一个长期的、动态的过程,对限制开发和禁止开发区域的补偿也是一项投资大、周期长的系统工程。发展要继续,补偿就得继续,必须确保限制开发和禁止开发区域补偿的可持续性。

补偿的可持续性主要是经济上的可持续性。具体地说,主要就是要确保有可持续的资金来源,还要有完善的补偿机制、规范的法律保障、合理的实施规范、透明的监督机制来推动限制开发和禁止开发区域补偿的持续有效进行,从而保证主体功能区的长期、稳定、持续发展。

2. 补偿主体与对象

在农用地转换为建设用地的过程当中，由于加入了更多高质量的人类劳动，土地的经济产出效益和价值比转换之前显著提高。所以，在经济利益的考虑前提下，土地用途转换已经成为一种社会经济发展的必然趋势。限制和禁止开发区的土地用途被限制于农业或自然保护等特定领域，在其经济利益受到损失的同时，全社会从中获得了巨大的社会和生态效益。由于外部性的存在，土地的社会与生态价值无法通过明晰的产权关系来相应实现，各主体的利益得失并不符合其投入产出。因此有必要通过利益与价值的补偿等手段协调各主体之间的利益关系，以维持社会的公平与效率。

1) 政府

国家代表全国人民担负着社会公共管理的职责，通过法律和行政手段，对生态环境和自然资源进行管理与配置。政府作为国家职能的执行机关，往往代表全体社会成员对公共物品的成本与收益承担责任。土地的社会和生态功能的公共属性决定了政府在土地用途限制过程当中的重要作用。土地的社会和生态价值产权界定成本过高，一般作为公共物品或公共资源而存在，确定成本承担者可能带来更大的利益损失，因此适宜由政府进行养护和提供建设服务。在实际当中，经济效益与生态效益在很大程度上难以兼顾。在主体功能分区的背景下，要实现资源的优化配置，保障社会整体效益，有赖于政府出面协调各个区域之间的价值关系。

政府限制土地用途的成本可分为直接成本和间接成本。直接成本是指政府采取限制土地用途活动所直接支付的费用，如农田规划与保护、水土保持、人口迁移、自然保护区建设等；间接成本主要是指实施限制土地用途政策使土地发展受限所引发的土地收益损失，包括土地出让受益损失及可能引发的非农产业增长速度减慢、政府财政收入下降等。政府收益也可分为直接收益和间接收益。直接收益包括因限制土地用途而带来的农业和旅游业财政收入及其对国民经济的贡献。间接收益包括粮食安全保障及其对其他部门的促进作用，以及由此带来的社会稳定、政府支持率上升。

与其他地区政府相比，限制与禁止开发区政府承担了限制土地用途、保护土地生态环境价值的政策实施成本及地区发展受限的财政收入损失。政府代表辖区范围内社会成员行使公共权利与义务，应当得到相应补偿。补偿的目标是维持社会公平与效率，保障区域公共服务水平，以社会平均公共服务水平作为补偿上限。补偿的资金主要来源于中央政府的财政资金、专项基金投入、公共财政收入、区域间横向的转移支付及相关税费等。

2) 企业与居民

与政府的"公共"性质不同，企业是以经济利益最大化作为经营目标的法人组织。企业所从事的经营活动几乎涉及利用自然资源和影响生态环境的各种行为，而对于经济利益的追求决定了企业不可能过多地考虑社会和生态效益的得失。对于企业来说，无论是不是为土地保护做出贡献都将作为社会成员分享公共利益。相反地，限制和禁止开发区的设立将阻碍区域产业结构调整与企业规模扩大，导致生产成本上升。因此，企业并不具有维持土地用途的利益驱动，而更倾向于土地非农转换以换取经济收益。与企业相似，居民在社会生活中的经济活动也同样符合经济人假设。在企业运营过程当中，通过工资水平和物价水平的变化,自然地会把成本与收益转移到企业员工与消费者身上,所以将企业作为居民利益的集体代表,以简化补偿资金流动过程的分析。

在限制和禁止开发区,企业承担的成本包括企业生产经营规模扩展、企业发展速度提升等受到土地用途限制影响所导致的机会损失,以及不得不依靠用地内涵扩大再生产或产业迁移所增加的成本支出。收益包括企业所分享的土地保护收益及所可能得到的政治荣誉或奖励。其中的土地保护收益,包括社会成员共同分享的社会和生态效益,以及旅游事业发展所带来的市场需求扩张。对于居民来讲,除了通过企业所承担的成本与收益以外,还包括土地用途受限对就业机会、房地产价格、农产品价格等的影响。

企业与居民在限制和禁止开发区的地位应该是补偿主体还是补偿对象,取决于他们的性质特征和行为选择。首先企业作为区域内部的经济组织,承担了土地发展受限引发的收益损失和额外成本,这是应当得到补偿的部分。根据企业规模和发展潜力、地区经济发展水平及产业结构对企业发展受限程度进行衡量和修正,确定企业补偿标准。补偿的方式包括资金补贴、税收优惠及政策和技术上的扶持。与此同时,企业的经营活动对区域生态功能造成的负面影响将以外部性的形式转嫁给其他社会成员,应通过税费等方式实现外部性的内部化。特别对于区域内的特色企业来说,土地用途的限制非但没有限制企业发展,相反却成为它们的市场优势。居民在利益补偿过程中的权利与责任,可以通过调整居民工资水平、个人税费、商品市场价格等方式实现。对于企业与居民的补偿决策,除了以公平效率作为基本原则之外,更重要的是通过适当的政策措施引导企业与居民行为,在维持和保护土地社会与生态价值的前提下谋求自身发展。

3) 农民

农民是土地在农用过程中的直接使用者,对农用地享有使用权,并以集体的形式共同行使农地的所有权。土地资源具有经济产出、生态环境服务和社会承载等功能。因此土地资源的价值应该包括商品经济价值、生态环境价值和社会价值。土地的商品经济价值是以土地作为生产资料能够直接取得的经济产出。在土地发展权受限的情况下,农民从事相对比较收益较低的农业活动,无法达到土地投入产出的社会平均利润水平。同时,由于生态环境的公共属性,土地的生态和社会价值无法通过市场机制体现出来,却由农民承担了耕地保护成本。作为土地产权人主体之一,农民受到的损失及未实现的土地价值应该得到补偿。

农民耕地保护的成本主要分为两个部分:一部分是耕地保护的执行成本;另一部分为耕地非农化受限引起的机会损失,包括土地的经济效益、土地增值收益、农民非农就业机会等。农民耕地保护的收益包括农民保护耕地所带来的农业收入的增加和生活质量的改善,保护耕地对其生活保障的间接收益,以及耕地保护行为可能获得的荣誉与奖励。

将农民判断为补偿对象,是建立在权能关系和成本收益分析的基础之上的。在完善的市场经济体制下,土地的商品经济价值通过经济产出在市场上体现出来。土地发展权受限制之后,这个市场也就失去了调节功能。土地价值的损失主要是农用地转为建设用地过程的土地增值及土地非市场价值。对土地价值的补偿,首先对土地的增值收益和非市场价值进行评价,评价方法有条件价值法、特征价值法、旅行成本法等。农民虽然是土地产权人之一,应该得到土地价值的补偿,但不是完全补偿。原因有两个:一是农民并不是完全的产权人,土地价值的补偿应该在农民、农村集体及国家政府之间进行分配;二是农民作为社会成员享受土地的社会和生态效益,这部分价值应该从补偿当中扣除。补偿资金来源于政府的农业补贴、税费优惠、相关机构的技术支持等,补偿标准以相同经济发展水平下农地转为建设用地的收益增值为上限。

4) 区域外主体

主体功能分区的直接结果就是,由限制和禁止开发区承担生态环境和自然资源的保护成本,而全社会共同分享生态利益,特别是优化和重点开发区可以无后顾之忧地进行经济建设,这显然不符合社会公平。因此,区域外部的利益主体应该是最终的补偿主体。补偿的方式可以通过政府和市场两种途径。政府补偿是由政府主持进行统筹的补偿方式。政府补偿主要通过财政政策来实现,财政转移支付和生态建设重点工程建设发挥着重要的作用。通过市场实现的补偿,包括排污权交易、生态标记、可转移发展权交易等方式。从国外经验来看,政府和市场都是行之有效的手段。但是,在我国现在的国情之下,市场经济的发展不够成熟、稳定,法律法规体系也不够详尽,以土地社会和生态价值为基础的市场体系还需要理论与实践的探索及尝试。因此,区域间的补偿还是要以政府为主导,并在很长一段时期内无法改变。

随着全球经济的快速发展,生态系统的全球一体性表现得越来越显著。生态环境和粮食安全问题的解决已经不是一国之力所能及,所有国家必须携手合作才能实现全球经济和生态的可持续发展。特别是发达国家应该担当其主要责任,不仅要解决好国内生态环境问题,还应向发展中国家提供与其经济能力相适应的资金技术援助。因此,国外政府和经济组织也是补偿的主体。

3. 补偿方式

限制开发和禁止开发区域利益补偿是主体功能区实现可持续发展、维护社会和谐的一个必要环节。它有利于主体功能区内各类别主体间的利益均衡,有利于实现社会福利的公平。而补偿方式的合理选择也在很大程度上起着决定性作用。

1) 补偿方式的种类

就限制开发和禁止开发区域利益补偿而言,补偿方式主要有以下几种。

(1) 货币补偿。直接采用货币的方式对受损主体的增支减收进行补偿,使相关利益主体不因限制和禁止开发区域的设立而在短期内明显受损。货币补偿方式是最直接也最容易量化及实行的补偿方式。相关利益主体可以自行处置所获的补偿,灵活运用。也正是因为补偿货币的使用完全不受限制,相关利益主体的行为缺乏合适的引导,实现可持续发展这一补偿的主要目的可能难以达到。所以,还需与其他几种补偿方式配合使用。

(2) 实物补偿。将补偿与相关措施结合起来,如与农业综合开发、扶贫开发、水土保持等结合起来,对不同渠道的资金加以统筹综合使用,以实物的方式进行,包括对补偿区域进行基础设施建设、教育硬件的投入及改善等。

(3) 政策补偿。政策补偿,即中央政府对省级政府、省级政府对市级政府的权利和机会补偿。受补偿者或者在授权的权限内,利用优惠待遇,改善自身的福利状况;或者利用制定政策的优先权,制定一系列创新性的政策,促进发展并筹集资金。对于限制开发和禁止开发区域社保、就业等基本公共服务领域的扶持及教育领域的优惠政策都属于此列。

(4) 技术补偿。技术补偿,是指中央和主体功能区政府以技术扶持的形式对区域内生态环境的综合防治给予支持、对区域内的经济发展进行指导等。具体内容有:对补偿主体开展技术服务,提供无偿技术咨询和指导,培训受补偿地区的技术人才和管理人才,提高受补偿者的生产技能、技术含量和组织管理水平。

2) 补偿方式的选择

补偿方式的确定应根据区域发展的具体阶段、具体情况综合考虑,慎重选择,最好选择两种以上方式搭配使用,并尽量做到以下内容。

(1) 货币补偿与实物补偿相结合。货币补偿的灵活性与实物补偿的实效性刚好形成完美的互补。货币补偿比较容易实行,而一般难以量化的实物补偿则实实在在地服务于民。只有将两种补偿方式很好地结合才是既灵活又实在的补偿方式,才是真正符合补偿客体根本利益的补偿方式。

(2) 政策补偿与技术补偿相配合。政策补偿与技术补偿实际属于同一类型的补偿,都属于间接的补偿方式。只不过政策补偿是对补偿区域在宏观上的间接支持,而技术补偿则是在微观上的。政策补偿要通过与技术补偿相配合才能实际运作,技术补偿也只有与政策补偿相配合才能发挥更大的作用。政策支持、优惠待遇与优秀的技术人才、先进的生产技能配合才能事半功倍。

(3) 一次性补偿与连续性补偿相结合。限制及禁止开发区域放弃的开发机会产生的正的外部效应,包括粮食安全、生态保护等都是长期的,应该进行连续性补偿。同时,某些情况,如对于一些生态环境特别恶劣,需进行生态恢复的地区应实行"生态移民"安置,其具体办法可以是一次性发给移民搬家费,给予一次性补偿,再给予工作就业机会或分给承包地。

(4) 政府补偿与自我补偿相配合。政府补偿,包括政府间的转移支付,是限制开发和禁止开发区域补偿的主要方式。由于限制开发和禁止开发区域相对于重点开发和优化开发区域,发展权利受限,补偿主要依赖政府。但自我补偿才是长久之计,也是可持续发展的终极目标。

4. 补偿资金分配模式

补偿资金分配机制的主要作用在于选择一种合适的方式来实现价值和损失的补偿,也就是解决"如何补偿"的问题。补偿实施主体和运作机制是决定补偿分配模式本质特征的核心内容。按照实施主体和运作机制差异,补偿机制大致有两种类型可供选择:一是政府补偿,以国家或上级政府为实施和补偿主体,是我国目前开展生态补偿最重要的形式,也是目前比较容易启动的补偿方式。二是市场补偿。交易的对象可以是生态环境服务功能,也可以是环境污染治理的绩效或配额,或者是一定范围内的发展权利。通过市场交易或支付兑现土地的社会和环境价值。补偿资金流向与利益主体关系如图5-1所示。

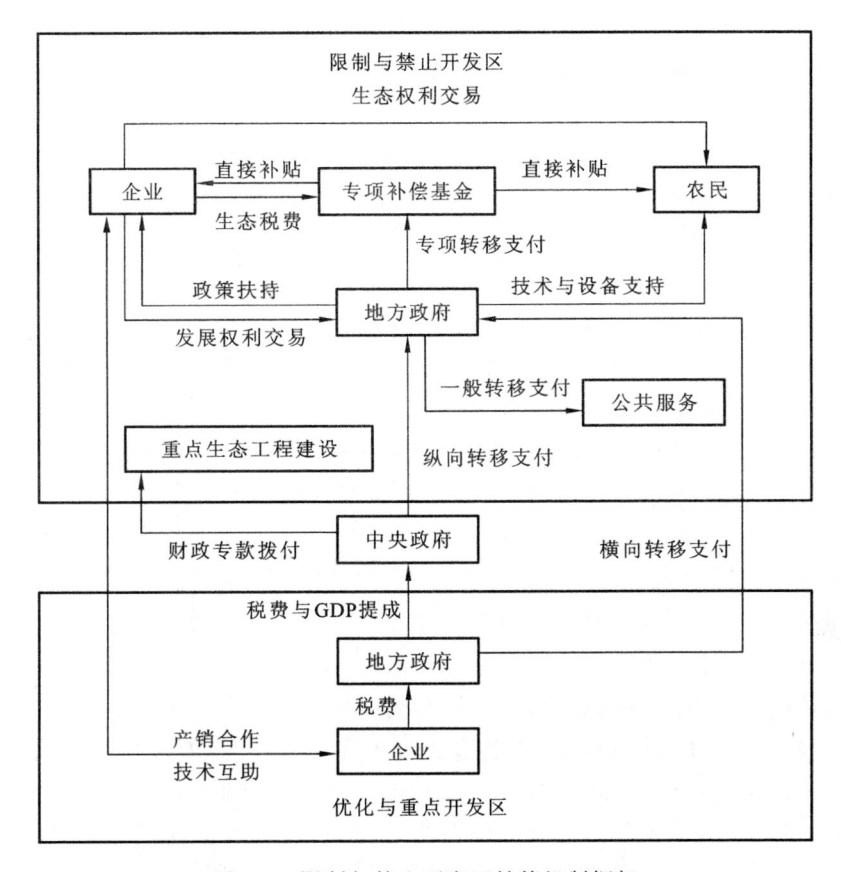

第 5 章　实验区土地保护与经济补偿政策

图 5-1　限制与禁止开发区补偿机制框架

1）政府补偿模式

政府补偿就是由政府主持进行统筹、以公共属性强的要素作为补偿客体的补偿方式。政府补偿主要通过财政政策来实现,财政转移支付和生态建设重点工程发挥着重要的作用。

(1) 财政转移支付。财政转移支付是指以各级政府之间所存在的财政能力差异为基础,以实现各地公共服务的均等化为主旨而实行的一种财政资金或财政平衡制度。中国自 1994 年实施分税制以来,财政转移支付成为中央平衡地方发展和补偿的重要途径。具体包括以下内容。

① 一般转移支付与专项转移支付。一般转移支付,主要用来平衡地方财政预算,满足地方政府履行职能所需要的基本开支。而专项转移支付,在资金使用方向、用途及下级政府资金配套等方面都应该有明确规定,主要支持地方政府完成难以承担的公共服务项目或全国性的项目,鼓励那些符合国家经济政策的行业和项目的发展。

在主体功能区划中,限制开发和禁止开发区都是经济发展水平相对落后,政府财政和公共服务能力较低的地区。一般通过提高一般转移支付系数,将补偿融入政府财力和公共服务均等化过程中,从而实现价值补偿的目的。因此,用于限制和禁止开发区域基本公共服务均等化的一般性转移支付应直接拨付到所在县财政账户。同时建立专项转移支付基金账户，专门用于区域内发展权利损失及生态建设补偿，由国土、林业、水利、农业、环保等相关部门对资金进行整合与管理。按照区域生态功能的重要程度，建立针对限制和禁止开发区域的两级转移支付体系，即由中央财政对国家级限制和禁止开发区域直接提供主要转移支付，设立专门的转移支付基金；省级财政则对省级限制和禁止开发区域负有责任。

② 纵向转移支付与横向转移支付。长期以来，我国一直采取的是自上而下的纵向财政平衡，即上级政府通过特定的财政体制将各地区创造的财力数量不等地集中起来，再根据各地区财政收支平衡状况和实施宏观政策的需要，将集中起来的财政收入不等地分配给各地区，以此实现各地区间的财力配置的相对均衡。现行的纵向转移支付制度将主要目标放在平衡地区间财政收入能力的差异上，体现的是公平分配的功能，对效率和优化资源配置等调控目标则很少顾及。即使从平衡地方财政收支的角度来考量，其作用也十分有限。虽然近年来中央用于转移支付的资金量逐渐增加，但总量仍然偏小，不能根本改变地方财政尤其是贫困地区财政困难的局面。对于区域间横向利益协调问题，纵向转移支付制度只能解决一小部分，力度和范围都非常有限。

横向转移支付，是由经济发达地区向欠发达地区转移一部分财政资金，在社会和生态利益关系密切的区域建立市场交换关系，从而使外部效应内在化，是政府与市场相结合的一种转移支付形式。在主体功能区划中的横向转移支付，具体来说就是由优化和重点开发区向限制和禁止开发区转移财政资金，以实现功能分区之间的财政实力均衡。考虑到生态效益的外部性，由区域之间进行直接的协商与调整，采用横向转移支付的方式，可以大大降低组织成本，提高运行效率。横向转移支付是为限制和禁止开发区的社会与生态效应外溢而设计的财政机制，因此这笔财政资金应该充入专项转移支付基金账户，用于区域内的生态建设和发展权利补偿。

尽管横向转移支付能够在区域之间搭建直接的财政桥梁，实现区域间的财政补偿，但是要求以明晰的产权和利益关系为基础。而且纵向转移支付在一定时期内仍然将是我国主要的转移支付方式，因此应在较为完善的纵向转移支付制度基础上，逐步构建基于生态保护和建设的横向转移支付制度，建立纵横交织的转移支付新体系。对于生态损益关系不明确的区域，其利益补偿应以纵向转移支付为主；对于生态损益关系相对明确的区域，其利益补偿中的公共服务均等化要以纵向转移支付为主，生态建设则以横向转移支付为主，横向转移支付的规模要与生态建设成效相结合。

③ 财政转移支付测算。我国分税制的税收返还，实行的是中央对地方的税收按基期如数返还，并逐年递增的制度。这种做法不但起不到合理调节地区间财力分配，扶持经济不发达地区的作用，而且会进一步拉大地区差距。目前公认的最具公允性、客观性的转移支付测算方法是因素法，美国、德国、日本等国均采用因素法对地方政府的财政能力、财政需求和调整系数进行测定。因素法的基本特点是，选取一些不易受到人为控制的、能反映各地收入能力和支出需要的客观性因素，如人口数量、城市化程度、人均 GDP、人口密度等，以此确定各地的转移支付额度。

在主体功能分区政策体系下,区域之间致力于不同的国土功能,财政转移支付的测算也应该相应地做出调整。主体功能分区规划提出前,因素法在选取客观因素时,将全国各个地区的国土功能看成是无差异的,因此将人口、国土面积、财政供养人口规模、财政收支规模等重要的转移支付影响因素作为无差异的因素,分配相同的权重,用以测算转移支付系数。主体功能区规划提出后,不同功能的区划间,同一个因素的内涵发生了本质的变化。以人口因素为例,优化和重点开发区是未来主要承载人口的区域,因而其人口分配的权重应当降低;而限制和禁止开发区未来主要是限制人口规模或迁出人口区域,因而其人口分配的权重应当提高。同时出于公平与效率原则的要求,在原有因素的基础上应加入额外的特殊因素,如空气质量、水污染程度、森林覆盖率等生态环境因素,增加生态服务因素的权重,以调整转移支付资金的分配格局,尽量照顾理应受到价值补偿的限制和禁止开发区合理的财政需求。

（2）生态建设重点工程。政府通过直接实施重大生态建设工程,不仅直接改变项目区的生态环境状况,而且对项目区的政府和民众提供资金、物资和技术的补偿。当前中国政府主导实施的重大生态建设工程包括退耕还林（草）、天然林保护、退牧还草、"三北"防护林建设和京津风沙源治理等。这些项目主要投资来源是中央财政资金和国债资金,项目区域范围广、投资规模大、建设期限长,是当前国家生态保护和建设的重要举措。这其中的一部分工程在一定程度上为限制和禁止开发区提供了价值补偿。但是由于管理体制等原因,我国重大生态建设工程效果并不尽如人意。主要原因包括生态建设工程缺乏整体性和协调性,没有建立良性投融资机制,缺乏有效的监督机制等。另外,以项目、工程或计划的方式组织实施生态保护和建设,一般具有明确的时限,导致政策连续性不强,给政策实施带来较大的变数和风险,不利于利益和价值补偿的稳定长久执行。因此,在限制和禁止开发区的生态建设重点工程与地方政府的财政政策不是独立实行的两套政府补偿体系,更不可能是相互牵制的关系。生态建设重点工程为区域生态建设提供了契机,地方政府则应积极实行与其相适应的财政和税收政策,将有限期的项目建设转化为长期有效的补偿机制,维持生态建设成果。

2）市场补偿模式

市场补偿模式是微观主体间以市场交易为主要手段的补偿方式,补偿客体是公共属性弱的要素。具体包括生态税费、排污权交易、发展权利交易、生态标记、绿色保证金制度等方式。

（1）生态税费。生态税费是对生态环境定价,利用税费形式征收因开发造成的生态环境破坏的外部成本。生态税费的征收主体是政府,但是其根本目的在于刺激生态环境保护,减少环境污染和生态破坏行为,而不是创造财政收入。税费体制和财政政策结合在一起,可以从根本上改变市场信号,是建立生态经济最有效的手段。

一是排污税。对于限制开发和禁止开发区域的企业,如果排放的污染超过一定标准要额外征税,以此来规范企业排污行为,促使企业保护环境,体现主体功能区划的精神。只对排污超标的企业征税,征税面窄,却能有效起到引导社会行为的作用。

二是主体功能区生态建设税。这是为了维护宏观生态系统征的税。因为宏观生态保护具有正的外部性,主体功能区内每个人都是受益人,所以征收对象广泛,税率低。可以将征得的税收分重点、分阶段地用于主体功能区的生态建设,保护生态环境,实现功能区的经济生态可持续发展。

(2) 排污权交易。排污权交易按交易指标的取得方式可以分为三种:一是交易出让方通过自身削减,取得净富裕排污指标用于交易;二是交易受让方帮助出让方削减排放,如提供资金、技术、设备、场地等,从而取得供交易的富裕排放指标;三是两个或多个排污单位共同出资建造污染物集中处理设施,削减排污后的富裕指标用于交易,收益由出资金者按一定比例分享。在限制开发和禁止开发区域,排污权的获得可能相对重点开发和优化开发区域更加困难,排污权更加稀缺,交易更加可行。武汉城市圈已经开始尝试进行排污权交易市场建设[①],我国可大力推广下列几种交易方式:老企业向新建企业有偿转让排污指标;富裕排放指标直接转让;关停并转企业转让排污指标。

(3) 发展权利交易。限制开发和禁止开发区域与重点开发和优化开发区域对于企业的发展机会及发展空间是不一样的,这也是需要对限制开发和禁止开发区域进行补偿的主要原因。按照科斯定理,如果产权的界定清晰,无论谁拥有产权,都可以通过相关各方的努力协商来实现资源的最优配置。发展权利交易,或者说发展权转移,是将分离的发展权,依照规定的移转程序,从限制开发和禁止开发区域转移至可以高强度发展的重点开发和优先开发区域。政府在考虑区域现有区划限制和未来发展潜力等前提下,详细规定发展权的转移单位、可供转出的发展权数量、可供移入的发展权数量、转移比率等。然后在公开的发展权市场上交易,抑或是政府或私营团体一次性购入发展权后,将它沉淀起来,以从总量上减少区域的发展强度。总之,是以市场化的方式实现主体功能区的优化发展的一种方式。

(4) 生态标记。生态标记是间接支付生态服务的价值实现方式,一般市场的消费者在购买普通市场商品时,愿意以较高的价格来购买经过认证是以生态友好方式生产出来的商品,那么消费者实际上支付了商品生产者伴随着商品生产而提供的生态服务。限制开发和禁止开发区域的功能定位是生态环境的保护,此区域生产出来的产品自然可以通过相关认证获得生态标记,生态服务也能通过消费者的购买获得相应的补偿。这种支付方式的关键,是要建立起能赢得消费者信赖的认证体系。

(5) 绿色保证金制度。绿色保证金制度即规定企业按照其可能造成的污染程度在年初或某项目建设之前交纳一定的对环境污染的保证金,如果到年末或项目运行过程中造成的环境危害超过了一定标准,那么这笔保证金就自动地被充公并入生态保护与污染治理的专项基金中去;反之则可收回。绿色保证金制度相比排污税而言,首先保证了资金的来源。就资金的去向而言,绿色保证金制度的保证金直接进入生态保护与污染治理的专项基金,用途明确。采用预缴的方式,对企业的警示作用也是不言而喻的,能更好地起到引导社会行为的作用。限制开发和禁止开发区域对于发展的限制和对于生态环境的保护

---

① 光谷联合产权交易所排污权交易方案,定位于全国性交易平台,已通过省政府常务会议审议。http://www.hb.xinhuanet.com/zhuanti/2008-10/31/content_14912204.htm

可以通过企业可能造成的污染程度相对指标(即不同类型地区对污染程度的不同衡量指标)来体现。

3) 模式选择

政府补偿有赖于国家税收和财政政策的改革和实施,但是从我国已经开始的新一轮税制改革看,与生态环境相关的税费改革并不显著,而且财政和税收本身的性质决定了未必能够专款专用于区域国土功能补偿。政府的公共服务功能要求以社会公共利益作为政府职能的主要目的,但是很难避免行政人员的寻租行为。因此在政府财政投入或行政手段减弱时,政府补偿模式将难以支撑生态建设的可持续发展。

在市场体系成熟、产权明晰的条件下,市场化模式具有较高的交易效率,但由于市场交易是一个复杂的体系,区域间发展权利和生态补偿市场的建立有赖于合理的生态资源产权的初次分配,有赖于科学的发展权利损失和生态资源价格的测定及区域间发展权利与生态补偿市场的形成等,技术性要求较高,而且当市场交易涉及范围过大时,交易费用急剧升高,甚至可能使交易无法进行。因此,在市场机制健全的发达国家也少有跨行政区的资源产权交易,在我国现阶段更难以广泛推行。

选择使用政府补偿还是市场补偿机制,在很大程度上受制于特定补偿区域的特点和性质。当补偿主体与对象少而明确,价值补偿可以被标准化为可分割、可交易的商品形式,数量在可控制的范围内时,市场补偿机制的实施具有很大的可行性,但必须在市场要素准备充分的前提之下。在相反的情况下,政府补偿将是较好的补偿方式。

以目前的国情来说,我国生态补偿制度起步晚,在补偿体系和制度不成熟的背景下,实行由政府主导的补偿机制是加快开展和巩固限制和禁止开发区价值补偿的内在要求。随着相关法律和制度的完善,市场建立的重要问题将逐步得到解决,人们对土地社会和生态价值认识将不断提升,政府在价值补偿中的作用也将由强减弱,市场补偿机制将逐步发挥重要作用。实际上,政府补偿与市场补偿机制并不是对立的,两者应该是相辅相成的关系,取长补短,根据实际的区域情况混合使用。充分发挥政府补偿和市场补偿机制的优点,把限制和禁止开发区域价值和损失补偿机制提升为改善社会生活水平的激励机制,既保证社会对生态环境的需求,又保证经济效益。

5.4 实验区土地保护与经济补偿政策制度保障

5.4.1 限制开发区土地保护与经济补偿政策

1. 设立农地保护机构

尽管生态修复和环境保护是限制开发区承担的主体功能,但限制开发区还是要适度开发并实行严格的土地用途管制,因此,需要从机构设置等方面加强农地保护。可尝试在限制开发区内设立专门的农地保护机构,在工作职能、业务范围上与现有土地管理、城乡建设、农业等相关职能部门区别开,并增加一定的特殊职能,任何在农地上的建设都要得到特殊许可。该机构的职能主要包括:①农地的保护;②标准农田的建设和管理;③农地的开发和综合利用;④清洁能源的开发利用;⑤建设用地占用耕地后"占补平衡"实施的监督;⑥监督限制开发区内土地保护与经济补偿各项政策的实施落实情况;⑦其他相关工作等。

2. 设置土地发展权交易市场

目前我国在土地征用过程中,没有考虑土地发展权的价值,导致土地征用的成本很低,如《中华人民共和国土地管理法》对土地征用的价格规定,以被征农地三年的平均农业价值为基础给予30倍的补偿。此种低成本的征用必然导致两个严重的后果:一是土地被过度地征用或被过度地储备,从而加速农地的非农化;二是与此相连的失地农民不能得到很好的安置,造成城市化过程中的"失地贫困"问题。为了解决这两种严重后果,应以市场化为基础,设立土地发展权,在征用过程中纳入土地发展权的价值,这能够大幅度地提高土地征用成本,从而遏制土地的过度征用,对土地进行保护。

对于限制开发区域和禁止开发区域,除了已经实行的财政转移支付和退耕还林、还草政策外,在财政上应专辟生态和环境保护基金;同时,除了中央财政渠道外,还应探索区域之间发展权损失补偿机制,即由优化开发和重点开发区域,即获得了发展权的区域向被限制和禁止开发区域进行发展权补偿,办法包括建设用地指标可交易、开展土地占补平衡合作[①]、建立政策性移民专区等,由专门评估中介机构或科研院所对农地发展权价格进行评估并作为交易的参考价格,减轻各级政府财政压力,让限制和禁止开发区域共享区域间工业化、城市化的成果。

3. 重视立法,通过立法保证土地的农业用途并对土地转用加以限制

目前我国涉及农地保护的制度法规主要有:土地用途管制、耕地总量动态平衡、耕地占补平衡、基本农田保护、农用地转用审批、土地开发整理复垦、土地税费、耕地保护法律责任等。这些法律措施的实施在一定程度上促进了农地保护,但我们必须看到其体系性的薄弱。因此,应建立起以土地法为母法,包括土地规划、调查统计、土地税费、土地价格、土地市场、土地保护与开发等方面的法律体系,同时加强对有关法律、法规执行情况的监督检查。

目前的规划在实际执行过程中往往受到扭曲,没有发挥出规划应有的效益,违反规划的土地利用现象普遍。因此健全法律机制,确保规划的法律地位,使土地利用规划与城市规划得到切实执行,发挥规划的效益是土地保护的重要任务。土地利用规划是科学管理和宏观调控土地的重要手段,我们要借鉴国际经验,创新规划理念,编制适合我国国情的土地规划体系,做到各级规划相互协调、科学合理。各级政府在制订土地利用规划时应充分考虑国家、集体及农民三方利益,确保农民的生存权、发展权不受侵害,武汉两型社会建

---

① 光谷咸宁开展土地占补平衡合作. http://www.hb.xinhuanet.com/zhuanti/2008-10/31/content_14912137.htm [2008-10-31]

设实验区已经并应继续在立法等方面做更多工作①。

在土地保护过程中,既要注意数量保护,也要注重质量保护。特别是要尽快完善基本农田保护制度,重点将城郊和公路沿线的耕地划入保护区,建立隔离带,以控制优质耕地成为城市化中的非农建设用地。另外,要建立和完善农地非农化的合法程序,确保农地非农化的有序性。在农地非农化过程中,应充分听取农民的意见。要强化农地保护机构的监管职能,避免乱批、乱用农地局面的产生。在现有的土地垂直管理体制下,严格土地监管条例,按照国家规定,慎用征地权限。对于地方政府越权批地、规避招标挂牌出让等严重违纪、违法行为要坚决予以纠正和查处,使农地非农化有序进行。

4. 优化土地利用结构,提高农地利用效益

在保证土地资源宏观调控下,要优化土地利用结构,合理安排非农业建设用地,并切实减轻经济发展对农地的需求压力。加强城市和工业用地的科学规划管理,提高非农用地的利用率,以减少对农地的占用。对城市土地实行分区使用管制和重划,以提高利用效率;对工业用地则开发工业发展区域,有计划地使工厂企业集中在此区域内,以限制工厂对农地的滥占和污染。土地农业利用较低的比较效益是农地非农化的根本原因,保护农地的关键在于提高农地利用的比较效益。提高农地经济比较利益,可以通过对农业进行补贴来增加农地的经济比较利益;也可以不对农业进行补贴,通过征收建设用地的收益来实现,使建设用地的收益下降;还有一种选择是既对农业进行补贴,又征收建设用地收益,使农用地的比较利益上升,建设用地比较利益下降。另外,大力提高农业的生产经营规模,通过获取规模效益提高农业自我发展的能力和农地利用的比较效益,此外,增强农民保护农地的能力也是一种有效途径。

限制开发区的土地政策主要是强化生态环境保护,而不是用来限制生态修复和环境保护的用地需求(杜黎明,2007)。因此,要适当加大对生态环境保护用地、基础设施建设用地及清洁无污染生产用地量的土地供地指标,进一步调整优化各类用地结构比例,既优化土地利用结构,又提高农地利用效益,实现农地保护与土地合理利用的有机统一。

5. 分类分级管制

参照美国、日本的做法,可将限制开发区内的农地分为三类:①基本农田,最适于生产粮食、饲草、纤维和油料作物的土地,禁止改变用途;②重要农地,限制开发区内的一些不具基本农田条件而又重要的农地,可有条件改变用途;③可转用农地,原则上可以转用,主要包括土地利用区划调整内的土地,上下水道等基础设施区内的农地,铁路、码头、轨道等交通设施。

在分类管制的基础上,应根据农业上的保全需要程度,一宗一宗地排定等级,完善和推进农用地分等定级工作,低等级土地优先流转。农用地分等定级涉及自然、社会、经济等诸因素,是一项对土地质量优劣和收益高低进行评价的工作。当前应在借鉴美国、日本

---

① 两型实验立法护航,确保规划长期不懈实施. http://www.hb.xinhuanet.com/zhuanti/2008-09-28/content_14528902.htm[2008-09-28]

经验的基础上,结合我国实际完善农用地分等定级工作。首先,建立完善的农用地分等定级体系,主要包括评价方法、评价内容、评价范围及评价结果的应用、公开查询等;其次,要特别注意评价结果在农地保护中的应用,如在保证我国粮食安全、实施区域农用地占补平衡制度中根据耕地质量评价结果,建立耕地质量平衡制度。

6. 保障和增加农民收入,提高农民合理利用土地的积极性

保障和增加农民收入,能够提高农民合理利用土地的积极性。相对于重点开发区,限制开发区具有特殊的区域特征与经济发展模式,既需要"发展"又需要"保护",经济发展力度不能"过",资源环境保护又不能"放",因此国家及各级政府应理清限制开发区经济发展思路,明确土地利用政策,在严禁生态用地改变用途、实现限制开发区主体功能的前提下,采取各种措施切实保障和增加农民收入,调动农民参与土地保护、合理利用土地的积极性。其主要措施有:鼓励农地规模经营;实施农产品保证价格制度;实施农民年金制度;发展休闲农业;减免涉及环保产业的税费,加强农产品加工;改善农产品储藏、运输技术与设施;协助成立各种农业组织等。

7. 运用经济补偿手段激励农民保护农地

保护农地不仅是政府的责任,同时也需要农民作为土地直接使用者发挥其保护作用。农地保护使农地保护者尤其是农民承担较高的机会成本,为社会做出巨大贡献,在这种"特别牺牲"的前提下,有理由向农地保护的受益群体索取适当补偿。美国是市场经济国家,在强调依法治国的同时,更多地会采用经济的手段来调整利益结构和分配关系。农地保护中奖罚分明的激励措施,就是经济手段的最好运用。在美国的马里兰州、威斯康辛州及其他一些地方通过差额补贴政策让农民和农地保护的受益者共同分担农地农用的机会成本。农民可以申请赔偿费,其数额等于土地的开发价值与农地严格农用所获收益的差值,前提是补偿金的领受者必须同意放弃土地用来作为宅基地或非农商业开发的权力。

在生态补偿机制初创时,必须与现有制度与机制相结合,取得现有制度机制支持和保障。鉴于我国的经济实力,也许没法实施诸如美国的差额补贴政策,但可以在借鉴国外成功经验的基础上建立适合我国国情的农地保护激励机制。在编制规划时,先行探索对限制转用的农地设立"发展权",政府予以一定补贴;也可在农地转为非农地迅速的地区实施直接补偿办法来保护农地。这样,不仅农地受到保护,农民利益也得到保障,农民生活水平随着经济发展不断提高,和谐社会目标得以实现。另外,要加大农业补贴力度,提高农民生产的积极性。目前我国已经初步具备了工业"反哺"农业的条件,党的十六届三中全会提出了统筹城乡发展的战略,并采取了一些有利于农地保护的措施,如提高粮食价格、增加粮食的直接补贴、逐步取消农业税等。但同时我们必须看到,现阶段我国农产品的价格和对农业的补贴仍然很低。应该加大对农民补贴的力度,不仅要有直接补贴,还要有间接补贴,如公共物品补贴、政策补贴等,激励他们自发地保护农地。

5.4.2 禁止开发区土地保护与经济补偿政策

1. 采取各种综合措施,提高农地质量及城市土地利用效率

在禁止开发区内应采取各种综合措施,提高农地质量及城市土地利用效率。其主要措施有:加强办理农地重划——调整地块,平整土地,并鼓励小规模经营的农户或兼业农户把土地转让给经营规模较大的农户;由政府或农民团体出钱出力,进行基础设施建设;制定水土保持工作方案;等等。增加城市建设密度,充分利用废弃地,利用地下空间和发挥土地多种用途以提高土地利用率。另外,对不同利用状况的土地确定不同的税率,以迫使土地使用者提高土地的使用效率和效益也是一种有效的尝试。

2. 建立农地保护评价指标体系

在禁止开发区内构建农地保护评价指标体系,按评价指标体系来评判地方政府农地保护工作优劣,是地区内监督、促进农地保护工作的有效措施。在短期内,将农地保护绩效纳入政府官员的考评指标之内,对于农地保护不力的官员给予一定的行政处分。当然,这只是治标之策,而治本之策是在长期内建立一套农地保护指标体系对政府官员进行考评,这套指标不仅包含经济增长数量方面的考评,还应包括,如土地资源利用效率等地方经济发展质量方面的指标。在构建农地保护指标体系时,要明确构建指标体系的目的,遵循构建指标的特定原则,采用科学的方法及标准确定指标体系的各项指标,进而构建一套科学完善的指标体系以指导农地保护工作。

3. 加大农地整理复垦力度,完善相关配套政策

要加大农地整理复垦力度,合理开发后备土地资源是我国农地保护的重点。而且,我国农地利用仍然具有较大的潜力,通过整理复垦废弃土地和合理开发后备土地资源,形成合理、高效、集中的农地利用结构,最大限度地提高农地利用效率,无疑是实现我国农地保护目标的一个重要途径。

土地整理应以土地利用规划为基础,有计划、有步骤地进行。首先,要把土地整理作为一项长期战略任务,作为重要内容纳入各级规划之中,在规划工作中确立土地整理的目标和指导性意见;其次,使土地整理成为促进土地用途管制的有效措施,对现状不符合规划所确定用途分区要求的要优先整理,调整用途;再次,土地整理应纳入计划管理,各地要因地制宜、量力而行,分年度逐步实施土地整理;最后,建议以土地整理为核心,加快建设土地利用规划的实施体系。

在农地整理方面,存在着以下问题:一是现有农田中都不同程度地存在着各类零星闲散土地、废弃沟塘、取土坑等。同时现有农户规模经营导致田埂、沟渠占地比重偏大。典型调查结果表明,通过对这类农田的整理,大约可以增加5%～10%的耕地面积。二是现有农村居民点的土地利用率较低。三是工矿废弃地再利用具有一定的潜力。因此,对于禁止开发区来说,通过农地整理将是近期实现农地数量保护目标和进一步提高农地质量水平的主要途径。土地整理是一项系统工程,还应重视相关配套政策问题。土地整理中所涉及的不仅是土地本身的问题,还涉及农业政策、产业政策、户籍制度、行政体制等社会经济多方面的问题,这就需要土地管理部门与农业、公安及有关行政或企事业单位协同进行,政策必须相互配套,这样才能保证整理工作的顺利进行。

4. 鼓励公众参与,全民保护土地

公众参与是土地管理的内在要求,土地管理涉及社会、经济的各个方面,涉及管辖区内的每一个人,需要积极引导公众参与到土地管理中。美国和其他西方国家的政府比较重视公众参与,为提高公众参与面,即使是耗时、费钱,也尽可能体现出民主参与和决策的一面。美国政府一方面通过各种媒体进行宣传,以增加公众的资源危机意识和耕地保护意识;另一方面又通过各种经济手段,如经济补贴、财政刺激等,鼓励公众参与城市化过程中的耕地保护活动。1985 年前后,美国政府针对美国东北部各州人口稠密、城市化水平高、耕地向住宅和其他城市用途流转太快的状况,开展了一项名为"耕地储备计划"的活动,即政府提供 3 390 万美元的补贴,动员土地所有者来参加这项耕地储备计划,参加者在登记并且领取了补贴后,在一定时期内不得将自己的耕地转为他用,以保持应有的耕地总量和良好的生态环境。这项活动收到了很好的保护耕地的效果。

和国外相比,当前我国农民农地保护意识较低,一部分农民依赖土地,仍把种地作为基本的生存手段,但他们基本没有农地可持续利用的概念,为了提高产量,滥用农药、化肥,导致大量优质农地质量降低;由于农业比较利益低下,另一部分农民或者对农地粗放利用甚至撂荒,或者私自出让土地使用权,形成现在所谓的土地隐形市场。另外,在我国土地管理的实践,如政府编制规划过程中,多是政府官员、专家、各大用地单位参与,而真正意义上的基层民众很难有机会参与到规划编制过程中,土地分区、用途转换等涉及其切身利益的方面也是规划批准后被告知,少有机会参与谈判,其权益得不到保护与体现。因此要逐步引进公众参与机制,充分利用广播、电视、报纸、标语等手段加强农地保护的宣传教育,鼓励非政府组织自发地、积极地参与其中,将农地保护转化为全民族的自觉行为。从另外的角度来看,只有公众参与才能在真正意义上满足社会需求,政策和法律的制定才有群众基础,其实施和落实才有可能得到公众的认同与支持。

5. 组建农地保护基金会,补偿农地保护者

禁止开发区不承担经济发展任务,提供生态财富是其主体功能,要控制人为因素对自然生态环境的影响,限制甚至禁止谋取直接经济利益为主要目的的经济活动,这就要求政府或其他社会组织为禁止功能区内土地保护工作提供充足的资金保障,如武汉城市圈两型社会建设实验区生态环境规划也于 2008 年年底出台[①]。

禁止开发区内农地保护者承担着很高的机会成本,为社会做出了巨大贡献,在这种情况下,理应对其补偿。由于禁止开发区内土地保护强度较大,补偿资金需求较多,建议组建农地保护基金会,专款专用于补偿农地保护者。在补偿过程中,要注意以下问题:一是确定合理的补偿标准,经济补偿涉及社会、经济、自然等多个方面,不仅与有形的经济实体

---

① 武汉城市圈生态环境规划出台. http://www.hb.xinhuanet.com/zhuanti/2008-11/12/content_14892306.htm[2008-11-12]

联系在一起,而且包含了许多难以度量的社会人文因素,因此,在确定经济补偿标准时,应采取定性与定量相结合的办法,充分考虑保护农地对农民可能造成的显性与隐性损失及当地的社会经济状况、文化背景和生产生活习惯等因素,增强补偿标准的合理性;二是确定经济补偿期限,要通过制订科学合理的长期规划和切实可行的配套措施,适当延长经济补助年限,保证农地保护政策的连续性、稳定性,给农民一个长期的政策预期;三是采取灵活的补偿方式,补钱还是其他方式应由农户自愿决定。

5.5 本章小结

本章主要是研究限制开发区和禁止开发区两类实验区的土地保护与经济补偿政策问题,5.1节首先从限制开发区和禁止开发区两个角度分析了目前我国土地利用受限及土地保护存在的问题。5.2节主要针对实验区受损方的经济补偿进行研究,选取武汉城市圈这一两型社会重点改革示范区作为研究对象,尝试借鉴资产定价理论构建补偿标准模型,测算出限制、禁止开发区对区域内农地价值的限制程度,从而构建实验区受损方经济补偿研究框架并进行实证分析。5.3节主要分析了实验区经济补偿的资金来源及分配模式,提出了补偿方式的选择,以及市场补偿机制亟待完善。5.4节在前面的基础上提出了实验区土地保护与经济补偿政策相关的保障制度与政策建议。本章得出的基本结论包括:

(1) 限制、禁止开发区由于农地保护、维持生态环境,会给实验区内政府、土地利用者、集体及农民自身造成很大的经济损失(分别为278.94亿元及110.73亿元),应引起政府和社会各界的关注,采取积极措施实现各地服务均等化。

(2) 限制、禁止开发区的经济补偿具有综合性,主要包括受管制的农地产权经济价值、维持受破坏的生态服务价值及受此影响的社会利益。

(3) 两型社会限制、禁止开发功能区人口的多少对不同功能区内经济补偿标准的影响很大,正常情况下禁止开发区的经济补偿标准要大于限制开发区。

(4) 不同区域内农地发展权价值大小和区域得到的农地发展权价值补偿标准具有较大的不一致性,值得进一步分析。

(5) 对于限制开发区,应设立农地保护机构和农地发展权交易市场,在财政上专辟生态和环境保护基金,探索区域间发展权损失补偿机制;同时设立分类分级管制,完善和推进农用地分等定级工作。对于禁止开发区,应建立农地保护评价指标体系,加大农地整理复垦力度;组建农地保护基金会、补偿农地保护者;同时鼓励公众参与,全面保护土地。

第 6 章 实验区土地开发与土地税收政策

6.1 重点开发区土地过度开发与土地税收政策

6.1.1 重点开发区潜力释放与两型社会构建

1. 重点开发区的功能和特点

重点开发区既要承接优化开发区域的产业转移,也要成为产业集聚和人口集聚的重要载体。在功能主体分区的四个区域之中,重点开发区连接其他各区,为优化开发区、限制开发区、禁止开发区功能的明显分化起到支持作用。

从自然资源禀赋上看,重点开发区环境承载力较强。由于经济发展不足,重点开发区对自然资源存在直接的依赖性,在自然资源和人力资源为主要生产要素的发展模式下,只有借鉴东部地区发展的经验,运用其成果,对自然资源和人力资源在数量、质量上进行控制与配置优化,才能够完成产业集聚和人口集聚,并较快地过渡到资本、科技等要素加入的发展模式当中。

从开发利用的方式上看,重点开发区会更注重市场导向而非简单的开发现有资源。重点开发区资源开发的范围将会从单纯的矿产资源开发向生态资源、农业资源、珍稀动植物资源等领域拓展,这实际上也是对环境资源潜力的进一步挖掘。

限制开发区、禁止开发区人口将会向重点开发区的转移,人口城镇化是重点开发区发展中的重要方面。主要表现包括农村富余劳动力向城市和非农业产业转移、城镇体系逐步完善、城市群逐渐成为城镇化的主体,城镇基础设施建设水平、体制改革水平也会发生良性的变化;而人口城镇化的同时也伴随着土地城镇化,城镇面积扩大以后的空间规划、城市规划不尽合理,管理能力滞后,城市运行效率不够,环境逐步恶化都是重点开发区会出现的情况。

2. 产业集聚、人口集聚与环境承载力的相互作用

1) 产业集聚和人口集聚

自然资源分布异质性和运输成本的存在使得一定地理范围的规模报酬出现递增的特征。有实证证明,现阶段中国非农产业越在某一地区集中,将显著提高该地区的劳动生产率。这种特征在厂商水平、地块范围、城市范围等层次上都有体现。因此产业集聚、人口集聚是经济发展的基本条件。

产业集聚会引发劳动力的转移,主要包括限制开发区和禁止开发区人口的转移。二元经济理论认为,发展中国家往往存在传统部门(农业)和工业等二元经济结构,而农业部门的劳动边际生产力远低于非农产业部门的劳动边际生产力。因此农业部门的剩余劳动力会向现代工业部门转移,产业集聚程度越高,农村劳动力转移的数量也会越大;同时,限制开发区和禁止开发区人口的转移又会加剧产业集聚的规模和速度。一般来说,产业集聚和人口集聚是相伴存在的,两者缺一不可,为一种正反馈机制。从重点开发区来看,承接优化开发区产业的转移,可以利用重点开发区充裕的资源环境承载能力分担优化开发区的资源环境压力,来自限制开发区和禁止开发区的人口转移也保证了这两类地区由于发展受限居民福利损失的避免。而产业转移和人口转移使重点开发区的产业集聚和人口集聚得以实现。

2) 产业集聚、人口集聚与环境承载力

产业集聚、人口(劳动力)集聚过程受到环境承载力的制约。不同地区、不同产业的人口集聚水平、发展模式等因素对环境的影响都是不同的。如果开发程度不够,资源环境禀赋没有得到充分利用,则经济发展水平也会受到影响;而过度开发则会引起环境破坏,一方面降低了居民的福利,另一方面经济发展会受到严重的限制。实验区重点开发区的情况属于前者,在产业集聚和人口集聚的过程中,实验区重点开发区的环境承载量将会逐步增加,由于重点开发区的土地供应政策较为宽松,将会有更多的土地投入到重点开发区的非农产业中,使重点开发区的潜力得以实现。

3. 重点开发区土地供给对两型社会构建的影响

美国学者 Grossman 等(1991)提出环境库兹涅茨曲线,借以说明在经济发展的早期阶段,环境污染水平随收入的增长不断上升;当经济发展到较高水平,收入达到某一特定值后,进一步的收入增长将导致污染水平降低和环境质量的改善。实验区重点开发区的经济发展还有很大潜力,经济发展在未达到较高水平之前伴随着负面效应是难以避免的。然而在目前粮食安全问题仍然存在、人口资源禀赋矛盾和国际形势变化的情况下,实验区重点开发区的土地供应政策虽然较于优化开发区宽松,但也不可能只是简单重复东部沿海地区的土地利用模式。实际上通过东部沿海地区经济发展的经验借鉴,实验区重点开发区如何应对在土地供给较为充裕的情况下,经济发展和两型社会构建中的矛盾,是土地政策需要重点考虑的问题。以东部沿海地区的经验和目前已经出现的问题来看,实验区重点开发区土地供应较为宽松的情况下,对两型社会构建会产生的负面影响主要有以下几个方面。

(1) 粗放的资源利用方式造成的资源浪费、劳动力剩余。土地利用中存在着空间布局和结构问题,在开发初期一定数量的土地投入就能够带来第二产业的发展,但是随着发展阶段的变化,不合理的布局下土地城镇化水平较低会使得资源浪费、劳动力剩余等问题大量产生。

(2) 缺少同步的环境治理导致污染集聚。由于开发区建立会导致区域产业结构以及生态格局发生明显变化,必然会带来一定程度的集聚效应,并产生工业污染,而若政府在制定开发区规划时没有考虑到建立相应的环境治理应对措施,则会导致污染聚集,短时间内难以治理。

(3) 耕地占补造成的自然环境退化和水土流失。重点开发区的土地供给政策较为宽松,在城市化过程中占用地理位置优越或者优质耕地情况时有发生,而补给的耕地多为地理位置较差或者耕地质量较差的区域,没有考虑到合理的耕地布局,势必会造成环境的退化和水土资源的流失。

(4) 法规和居民意识的滞后造成环境污染和生态破坏。城市建设以及经济的高速发展,导致工厂排放量增加以及生态环境的破坏。人们生活方式的改变也必然导致资源消耗量增加,从而导致污染增加,但是由于现有环境保护方面的法律法规不够完善,以及政府的环保宣传力度不够,公众和企业的环保意识不足,会一定程度上忽视环境污染和生态破坏等问题。

经济加速发展是重点开发区的主要任务,在这一过程中土地开发也是带来效益的基础之一,但同时,经济加速发展、土地开发也存在着大量的负外部性,在经济发展的初期阶段,作为环境成本的投入是难以避免的,作为决策者而言目标并不是消除这些外部性,而是把负外部性的情况考虑到经济发展的过程当中,通过以经济手段为主的方式使环境成本内化,使得重点开发区的土地利用也充分考虑到土地利用的负外部性,从而节约集约使用土地,在造成污染的同时也保证治理的同步进行,对土地承载力、环境容量予以充分考虑,提高环境意识。如果重点开发区经济发展的同时能通过解决以上问题减少环境成本,就能为两型社会的构建打下坚实的基础,也为重点开发区向优化开发区的过度提供有力的保证。

6.1.2 土地开发的负外部性

为给土地政策制定提供依据,我们将从土地开发时产生的对其他地块的外部性影响的角度进行考虑,农地流转为城市用地既具有正外部性,亦有负外部性,陈明灿(1996)认为农地本身因具有提供开放空间、涵养水源、净化空气等功能,因此农地在转变为非农业使用时产生的负外部性要比其他土地严重,更需要谨慎考量。税收作为调节外部性的工具,主要用以解决负外部性问题,因此这里主要讨论土地开发中产生的负外部性。

1. 农地流转外部性的一般理论

1) 农地流转外部性的研究

微观经济学中所讨论的价格理论,隐含着一个假定:私人的经济行为产生的私人成本和私人收益等于其行为产生的社会成本和社会收益。从微观角度来看,相邻地块的不同利用性质很可能存在空间外部性(乔荣锋 等,2008)。而外部性对个体福利的影响进一步还会对土地利用的变化产生影响,因此农地流转中的外部性研究一直是国内外学者关注的部分。无论是农地保有外部性还是农地流转外部性的探讨,都主要集中在农地流转概率较大的区域。

美国在快速城市化过程中,优质农地大量减少,20 世纪 50 年代中期,联邦政府加大了对耕地的保护,60 年代已开始关注农地流转的问题。其中存在的主要外部性为农地开敞空间的正外部性,如果开敞空间消失,周边住宅价格将会随之降低,很多美国学者用特征价格法(hedonic pricing method)、条件价值评估法(contingent valuing method)对开敞空间的价值进行了评估(张安录,2000)。

由于经济建设和粮食安全、生态问题的矛盾,国内学者对农地流转中的外部性现象开始关注,但是更多的是用外部性理论来进行理论分析,缺少对外部性内涵、界定、测算方面的研究,在这当中,蔡银莺和张安录(2008)用条件价值评估法计算得出江汉平原的农地保护外部效益约为 1246.82×10^8 元。除此之外对农地城市流转中的问题进行分析时,经常考虑到外部性的问题,但对于这一过程中农地保有的外部效益范围的界定存在争议,主要集中在社会效益和生态效益包括哪些部分。例如,保障和就业功能是否属于农地保护内部效益(董德坤 等,2004;钱忠好,2003;谭仲春 等,1998)。台湾学者当中,黄宗煌(1991)针对保留农地进行农业生产所可能产生的三项效益进行分析评估,这三项效益包括:降低受国际粮价波动的冲击、环境保育效益及粮食安全价值。蔡明华(1994)针对水田的排水效果进行定量分析,并针对水稻田涵养地下水的功能进行定量分析。庄淑芳(1999)、陈明灿(1996)等对农地流转之后产生的外部成本,即负外部性用特征价格法进行了测算。陈瑞主(2002)利用农地保有外部性理论对农地流转的所有权问题进行了分析。

2) 农地流转外部性的界定

Buchanan 等(1962)对外部性的定义为:个体的效用函数或生产函数所包含的某些变量在另一个人或厂商的控制之下,就表明该经济中存在外部性。这个概念是目前经济学教材引用较多的。

用表达式表示该定义,即为:

$$U_A = U_A(X_1, X_2, \cdots, X_n; U_B) \tag{6-1}$$

或

$$F_A = F_A(L_A; F_B) \tag{6-2}$$

式中,$X_1, X_2, \cdots, X_n$ 为消费者 A 消费的商品量,U_B 为另一市场主体 B 的效用或产量;L_A 为 A 厂商的要素投入,F_B 为 B 厂商的产量。

由此可以看出,外部性问题的出发者和接受者不同,其表达形式也不同,在农地流转中,存在着多种形式和内容的外部性问题,在研究时对其内容进行界定,划清外部性的出发者和接收者是十分必要的。

虽然农地保有的正外部性和农地流转的负外部性都主要从农地的社会效益和生态效益考虑,但两者之间存在着明显的区别,农地流转不仅意味着失去农地保有中的外部效益,同时产生了新的外部成本,而此时产生的外部成本才是这里所谈到的负外部性。

学者们在讨论农地流转过程中的外部性问题时一般考虑的是农地的保有或者流转对其他地块价值或其他地块上主体福利的变化,但也有学者认为在农地流转或保有时对环境的影响即为其外部性。在这里我们采用前一种做法,认为农地流转后的负外部性为该地块对其他地块上主体的福利的负面影响。

3) 外部性的分类

一般在考虑外部性问题时会考虑外部性分类,外部性的分类方式有以下几种。

(1) 货币外部性和技术外部性。将外部性划分为货币外部性(pecuniary externality)和技术外部性(technological externality)是从来源来看的划分方式。瓦伊纳1931年提出了这种划分方法(从市场失灵到政府失灵)。他区分这两种外部性的标准是看它们是否会对社会总产出这一真实变量产生影响,即外部性是否会影响资源配置效率。例如,新修公路可能会使附近地价、房价上涨就属于货币外部性效果。但是货币外部性和技术外部性可能难以完全隔离(黄宗煌,1991)。例如,环境污染的外部性一般属于技术外部性,但环境污染也会造成地价、房价的变化。

(2) 正外部性和负外部性。正外部性和负外部性是依据外部性的作用效果进行的分类。正外部性概念来源于马歇尔提出的"外部经济",而负外部性概念来源于庇古的"外部不经济"。一个经济主体也可能同时产生正负两种外部性。

(3) 生产外部性与消费外部性。通过区分产生外部性的经济主体是生产者还是消费者,可以将外部性划分为生产外部性和消费外部性。一般来说,人们更多关注生产的外部性,如企业对环境的污染等,但是消费外部性问题逐渐变得突出,如汽车消费也会造成污染等。

(4) 帕累托相关的外部性和帕累托不相关的外部性。Buchanan 等(1962)提出,在存在外部性的情况下,如果受影响者无意去改变,则此种外部性为帕累托不相关的外部性;如果外部性产生后受影响者有意去改变,则此外部性为帕累托相关的外部性。

(5) 代内外部性和代际外部性。同一时代人们直接互相产生的外部性影响为代内外部性;如果当代人活动影响了后代人,这种外部性则为代际外部性。

(6) 可转移外部性和不可转移外部性。受到外部性影响的人如果有能力将其转移到其他地方或善意的其他人,则称为可转移外部性。而不可转移外部性是指外部性的承受者无法向第三方转移的外部性。外部性效果是否可以转移会影响到政策的制定。

2. 农地流转外部性测度的理论模型

农地流转外部性的测度分析如图 6-1 所示。图 6-1 中 M 为个体的收入,u_1 为个人获得的效用,纵轴表示负外部性 E,横轴表示收入 M。u_1 和 u_0 表示每一效用水平下负外部性和收入量组合的连线,即无差异效用曲线。如果个体处于 a,为了将外部性损失从 E_0 降低到 E_1,个体的收入将会从 M_1 降低到 M_0,此即为等量剩余 ES(equivalent surplus):

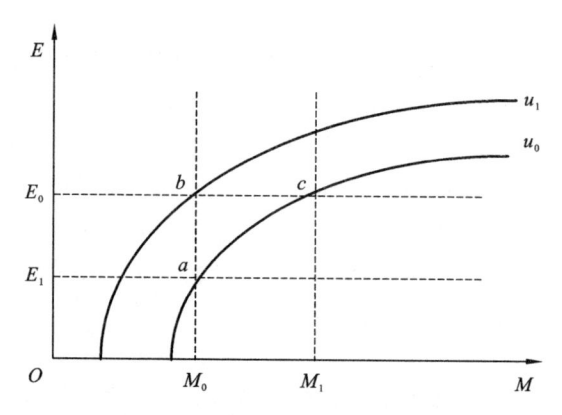

图 6-1 农地流转外部性的测度分析

$$u_1(p, M-\text{WTP}, E_0) = u_1(p, M, E_1) \tag{6-3}$$

WTP＝ES 即为上式的解。式（6-3）中，WTP 为消费者的支付意愿（willingness to Pay），p 为私人物品价格。

在农地流转为其他类型用地以后，由于产生对环境的污染，对交通、社区情况的改变，对其他既有类型的用地都可能产生负外部性，上述负外部性的影响对居民自身会产生福利上的影响，同时也对保有农地产生污染导致其农产品产量下降，使农地使用者的福利进一步下降。根据式（6-3）可知，直接估算和对当地居民使用条件估值法可以得出个体受到负外部性影响的福利变化，如果能对影响范围内的个体福利变化进行估算，即可得到价值衡量的农地流转后产生的负外部性影响程度。

假定私人物品价格 p 一定，则有

$$u(M-\text{WTP}, E_0) = u(M, E_1)$$

可以认为

$$\text{WTP} = U(E_0) - U(E_1) \tag{6-4}$$

负外部性效应是由多种效应组成的，在这里我们表示为

$$U(E_i) = U(e_{i1}, e_{i2}, \cdots, e_{ij})$$

则有

$$\text{WTP} = u(e_{01}, e_{02}, \cdots, e_{0j}) - u(e_{11}, e_{12}, \cdots, e_{1j}) \tag{6-5}$$

如果假定函数 u 是线性函数，即

$$u = \sum w_j e_{ij} \tag{6-6}$$

由式（6-3）和式（6-4）得

$$\text{WTP} = \sum w_j \Delta e_{ij}$$

包括农地在内的生产用地其产量常常受到农地流转后用地的外部性影响，根据外部性定义的表达式 $F_A = F_A(L_A; F_B)$（L_A 为 A 厂商的要素投入，F_A、F_B 为 A、B 厂商的产量），我们用 $F_{A_0} = F_A(L_A)$ 为周围农地流转以前农地的产出，$F_{A_1} = F_A(L_A; F_B)$ 为周围农地流转以后产生负外部性的产出。因此，负外部性造成的损失为 $\Delta F = F_{A_0} - F_{A_1}$。

以 WTP 刚好为 0 的位置为外部性影响的边界,然后分别计算得出影响区域负外部性成本,如果认为各地块福利损失可加总,即可得到流转地块的负外部性成本:

$$E = \sum n_i \text{WTP}_i + \Delta F \qquad (6\text{-}7)$$

3. 外部性效应的选取及说明

农地流转的负外部性是由多种负面效应构成的,陈明灿(1996)在负外部性研究中列举了 13 种负外部性效应,并在实证中选入了 9 种效应作为特征价格法的变量。根据实验区重点开发区农地流转的实际情况,通过筛选和归并,我们把负面效应归纳为 7 项。

(1) 当地治安状况变差。过去调查的结果证实,一些地区在农地流转后确实出现治安水平下降的情况,这一方面和当地农民失去土地后处于失业状态有关,另一方面也可能是由农地流转后土地利用类型变化导致的外来人员增多造成的。

(2) 空气质量下降。我们把灰尘变大、有不适的气味等对居住地块造成影响的情况全部归入空气质量下降。

(3) 噪声污染。农地流转后产生的各种噪声都可能会影响到附近居民的生活和健康,因此需要考虑此因素。

(4) 自然景观的破坏。农地流转后对周围仍存在的景观也会造成影响,同时造成景观的不完整性。不考虑农地流转之前自身提供的景观效应,把农地流转后造成的景观效应作为自然景观破坏的负外部性。

(5) 公共设施不足。新增用地引起的人口、车辆增多,可能引起道路拥挤、损坏等公共设施问题。将公共设施不足作为农地流转对居住用地负外部性效应。

(6) 垃圾堆积。农地流转后的垃圾处理不及时常常造成附近居民福利的下降,因此作为负外部性因素之一。

(7) 附近农地受到影响导致产量下降。我们把由于灰尘、污水、废弃等各种流转后用地产生的影响造成的农地产量下降作为外部性对农用地块的负外部性效应。

在外部性加总的过程中,我们假定前 6 项负外部效应造成的福利损失之和为居住用地的负外部性,并通过层次分析法对其所占比例进行计算。但是假定几项效用之和为总的居住用地负外部性并不是准确的:首先是穷举法所列出的各效应可能没有包括所有的负外部性;其次是选取的各效应之间可能存在嵌入。这两种情况分别会使得负外部效应的加总偏小和偏大,造成外部性测算不准确。因此,我们在设置问卷时要求个体陈述加总后的支付意愿,从而保证总体外部性测算结果的准确性。但通过层次分析法计算得到的各效应的支付意愿的准确性仍会受到影响,为了减小这种误差,我们借鉴以往调查经验和预调查的情况,尽可能涵盖所有的外部效应;同时通过各效应的界定清晰化和调查时的强调解释,减小嵌入效应的影响。但是由于效用函数可以线性加总的基本假定没有改变,这两种误差的影响仍然会存在。

4. 区域划分

理论模型是建立在外部性的发出区域和接受区域确定的情况下,因此对农地流转的外部性进行测算需要明确界定内部区域和外部区域;外部区域由于其用地类型不同受到外部性的影响也不同,因此对外部性接受区域也需要划分为相对均质的地块。

采用 Loomis 的假定(李项峰,2007):
$$\text{WTP}_i = a_0 + a_1 Q + a_2 T_i + a_3 \text{DISTANCE}_i + a_4 \text{INCOME}_i \tag{6-8}$$

Q 在原文中表示提供公共品的数量,这里我们用以表示农地流转的面积,T 表示个人特征向量,DISTANCE 表示个体与被提供公共品之间的距离,INCOME 表示收入,a_0 表示常数项,a_1, a_2, a_3, a_4 分别表示各自变量的偏回归系数。如果 $a_3<0$,那么我们可以认为个体离农地流转地块距离较远,其受到的影响较小。而影响边界会位于 WTP=0 处,本节中外部性边界确定的依据即为上述假定。

实际上,农地流转的外部性不仅限于上述边界以内的范围,如农地流转后土地供给数量变化对城市地价的影响也属于前文提到的货币外部性的范畴,但并不是所有外部性都可以作为税收依据;除此之外,外部性包含着多重层面上的含义,即使全部测算,外部性效果也无法进行加总,因此这里认为这种边界确定方法能够满足研究的需要。

WTP=0 有多种原因,有的并不是距离原因造成的,因此需要进行区分,这一点在实证部分会进一步说明。

关于外部性接受区域内的划分,本节主要考虑外部性影响的是生产函数还是效用函数,从而从用地类型对外部性接受区域进行划分。

6.1.3 实证结果

1. 研究区域概况

研究选择仙桃市作为实证的研究区域,仙桃市地处江汉平原腹地,距武汉 80 千米,全市国土面积 2 538 平方千米,总人口 150 万人。2003~2005 年建成区面积分别为 30 平方千米、32 平方千米、35.3 平方千米。仙桃市经济发展和城市化进程较快,仍处在潜力释放过程中,具有典型的重点开发区特征。

2. 样本选取情况

仙桃市近郊区(在本研究中为通顺河、宜黄公路、分洪道所包围的区域)的农地流转地块也不是空间连续的,因此需要进行区域划分,我们把发生流转较多的位置加上周围与流转相关的行政村划为一个区域,根据调查了解的情况,将近郊区进一步划分为四个区域[①],分别在各个区域中选取进行外部性测算的农地流转地块。实际选取地块的原则主要是避免接受区域受到多重外部性的影响,并且具有代表性。仙桃市近郊区用地主要为工业用地,商业用地、住宅用地位于这些区域的情况较少,因此选取的研究地块都为工业用地。

通过粗略估计,流转地块的影响户数约等于一个行政村的户数,即每一个研究区域的样本数量约 350 户,根据 Scheaffer 抽样公式

$$N* = \frac{N}{(N-1)\delta^2 + 1} \tag{6-9}$$

---

① 区域一包括叶王村、打字号村、蔡帮村、黄荆村;区域二包括刘口村、沙嘴村、杜柳村;区域三包括肖台村;区域四包括大洪村、小南村。

从公式性质来看,误差不变情况下,样本数量越小样本占总体的比例越高,因此实际将误差设定为 0.15,需要问卷数量为 40 份,部分区域总体样本数量更少一些,因此问卷数量根据误差设定进行相应调整。

3. 问卷设计

问卷主要包括五个部分。

(1) 基本情况了解,主要了解被影响区域内农户对农地流转情况的认知情况,以便随后问题的进行。

(2) 主要了解生产用地地块受到外部性影响的情况,一方面考虑对农地产量的影响,另一方面考虑对农地使用者预期产生的影响。

(3) 通过询问影响范围内个体的支付意愿来了解除农地产量下降以外的福利损失情况,采用支付价值卡的询价方法。价值区间、起始价值的设置参考蔡银莺《农地生态与农地价值关系》中介绍的方法,依据之前同类调查数据作为预调查进行设置。

(4) 询问受访者对不同负外部性效果两两比较得出的比值,作为层次分析法分离负外部性效果的依据。

(5) 受访者的基本资料和问卷准确度评价。

4. 结果

1) 支付意愿情况

我们设定边界位于 WTP=0 处,因此在排除式(6-8)中除距离以外因素后支付意愿为 0 者所处地区可以认为是外部性受到影响的边界地区。这种 WTP=0 的情况没有被列入调查样本的范围中,因此也不属于调查中的抗议支付。

外部性影响范围内的零支付意愿样本共 19 份,占总体比例为 16.8%。Hanley 等(2003)认为,筛选问卷时需要识别真实零("real"zeros)支付和保护性零("protest"zeros)支付。真实零支付是由于收入、效用等原因确实支付意愿为零的情况,如受访者表示由于经济收入原因无力进行支付;保护性零支付是由于受访者不同意问卷中的假定等情况造成的,通常是认为"问卷假定环境在当地组织努力下难以改善居民福利状况""支付的资金不会实际被使用"等。保护性零支付的问卷占 9 份,作为无效问卷去除。

实际得到区域一有效问卷数量为 20 份、区域二有效问卷 38 份、区域三有效问卷 19 份、区域四有效问卷 36 份。调查结果的总体情况如表 6-1 所示。

表 6-1　四个区域中居民点地块对农地流转损失改善支付意愿情况　　(单位:元/人)

项目	区域一	区域二	区域三	区域四
平均值	19	36	24.78	34.4
修正均值*	10	6	11	12
中位数	80	120	80	100
众数	20	100/50	150	100
标准差	104	297	105	182

注:修正均值为去除最大的 25%、最小的 25%的样本,剩下数值的均值

2) 负外部性值和各负外部性的所占比率

表 6-2 为"治安水平下降"、"空气质量下降"、"噪声污染"、"自然景观破坏"、"垃圾堆放"、"公共设施不足"6 项外部性成本在加入"农地产量下降"外部成本后 7 项外部性效应分别所占比例。表 6-3 为最终负外部性计算结果。

表 6-2　负外部性效应分别所占比例　　　　　　（单位:%）

项目	区域一	区域二	区域三	区域四
治安水平下降	2	16	15	14
空气质量下降	3	16	23	22
噪声污染	2	6	17	26
自然景观破坏	2	12	37	26
垃圾堆放	0	10	4	4
公共设施不足	0	15	4	8
农地产量下降	91	25	0	0

表 6-3　负外部性计算结果

项目	区域一	区域二	区域三	区域四
流转地块面积/平方米	264 312	52 265	13 333	53 331
负外部性值/(元/年)	157 363.9	76 003.7	15 562.5	61 562.5
单位面积负外部性/(元/米^2·年)	0.60	1.45	1.17	1.15

结果表明,不同区域受到外部性的影响各不相同,区域一和区域二仍存在大量农地,因此农地产量下降成为最主要的负外部性影响。区域一农地较多,该部分受到负外部性的影响情况也最严重,但是该区域支付意愿较低,且有较多零支付意愿情况。区域一的情况说明,工业用地和农用地相邻的土地利用冲突较为严重。区域二除噪声污染外其他负外部性所占比例均超过 10%,表明该区域正处于农地城市流转影响较为剧烈的过程中。区域三和区域四已几乎不存在农地,而表现比较明显的负外部性效应主要为治安水平下降(15%、14%)、空气质量下降(23%、22%)、噪声污染(17%、26%)、自然景观破坏(37%、26%)。四个区域空间方位为由东至西,农地非农率逐步提高,表明随着地块特征的变化,农地流转负外部性表现会随之发生变化。

四个区域负外部性测算的结果差别不是很大(区域一由于抗议支付等原因测算可能存在偏小的问题),因此把四个区域平均值作为该地区农地流转负外部性价值,即认为仙桃市农地流转负外部性值约为 1.1 元/(米^2·年)。

3) 偏好异质性的分析

运用最小二乘法(method of least squares,OSL)对居民支付意愿进行回归分析,可以了解居民社会特征对支付意愿的影响,进而可以更好地分析测算的结果。

因变量(lnY)为居民的支付意愿的自然对数,根据以往调查经验,自变量选择受访者性别($x1$)、年龄($x2$)、受教育程度($x3$)、政治面貌($x4$)、家庭成员数量($x5$)、家庭月收入的自然对数($lnx6$)。变量含义和预计回归结果的符号情况如表 6-4 所示。

表 6-4　变量说明及预计符号

变量	变量说明	预计符号
$x1$	性别:男,$x1=1$;否则,$x1=0$	+
$x2$	年龄:<20 岁,$x2=1$;20~29 岁,$x2=2$;30~39 岁,$x2=3$;40~49 岁,$x2=4$;50~59 岁,$x2=5$;>60 岁,$x2=6$	−
$x3$	受教育程度:未受教育,$x3=0$;小学,$x3=1$;初中,$x3=2$;高中(中专),$x3=3$;大专,$x3=4$;本科及以上,$x3=5$	−
$x4$	政治面貌:共产党员,$x4=1$;否则,$x4=0$	+
$x5$	家庭人数	−
$x6$	家庭月收入,单位为元	+

偏好分析回归结果如表 6-5 所示。

表 6-5　偏好分析回归结果

变量	相关系数	标准差	t 指标	显著度
C	0.179 287	1.542 796	0.116 209	0.907 7
$x1$	0.479 229	0.373 755	1.282 199	0.202 9
$x2$	−0.381 96	0.127 667	−2.991 855	0.003 5
$x3$	−0.308 91	0.181 27	−1.704 145	0.091 6
$x4$	0.533 586	0.342 111	1.559 686	0.122 1
$x5$	−0.259 709	0.157 974	−1.643 999	0.103 4
$\ln x6$	0.883 548	0.206 635	4.275 886	0.000 0

回归通过多重共线性和异方差检验。从显著度来看,选取变量的回归效果较好,并且与预计符号一致,表明当地受访者支付意愿确实受到上述相关因素的影响。从拟合效果来看,$R^2=0.245\ 654$,相比于蔡银莺等(2007)、Kallas 等(2007)的拟合结果,R^2 值偏高,说明该模型能解释调查区域居民 24.57% 的支付意愿,说明支付意愿受居民自身情况影响较高,负外部性对支付意愿变化的影响可能偏低。

6.1.4　土地税收政策对重点开发区土地过度开发的调控和管理

土地是不可再生资源,是重要的生产要素,是经济发展的重要保证。从世界范围来看,大多数市场经济国家都将土地作为宏观调控的对象。从 1992 年来看,有学者在分析土地资源的特性(李植斌,1995)和当时的中国国情(杨邦杰,1994)的基础上提出了从宏观上调控土地利用或土地市场,并提出调控措施,主要涉及土地利用规划、地租地价和土地管理体制等方面。Huang 等(1994)提出土地是对经济实行宏观调控的重要手段。

税收既是市场经济的有机组成部分又是政府调控市场的重要经济杠杆,作为国家取得经济资源的一种重要方式,税收具有强制性和无偿性,它对资源配置产生影响是不可避免的。在市场机制充分发挥作用的前提下,税收中性有利于市场机制在资源配置方面起基础性作用;在市场失灵的情况下,税收的非中性化则能够矫正和弥补市场缺陷,促进资源的优化配置。可见完善的土地税收制度对土地市场的建立和运行具有重要意义。

1. 负外部性存在对资源配置的影响

我们通过图 6-2 来说明负外部性导致市场失灵的情况,社会最优资源配置水平是在社会边际成本(marginal social cost, MSC)曲线和市场需求曲线(D)交点(产量为 Q^*)处达到;在不考虑外部性的情况下,私人厂商选择的产量 Q_1 点位于私人边际生产成本(marginal production cost, MPC)和市场需求曲线(D)的交点处,设该厂商的边际生产外部成本为 MEC(marginal external cost),即满足 MSC=MEC+MPC,由于 $Q_1 > Q^*$,即私人厂商在不考虑外部成本的情况下选择的产量大于社会最优配置下的产量。

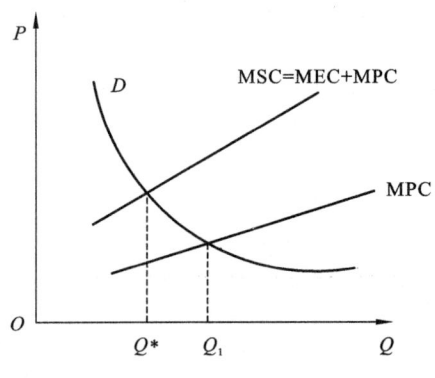

图 6-2 负外部性对资源配置的影响分析

社会效益最大化条件为 MSC=P,此时 P 位于消费曲线与社会边际成本曲线的交点处,表明消费者的边际支付意愿恰好等于社会边际成本,作为生产要素的资源刚好完全利用,此时资源配置效率最优。

因此,在存在外部成本的情况下,如果能通过政策工具将均衡点调整到 Q^* 点,社会效益将得到改进,我们考虑用庇古税来作为政策工具的情况。

2. 庇古税和庇古税率的确定

1920 年庇古所著的《福利经济学》中提出:为了消除外部性,应该对产生负外部效应的单位收费或征税,对产生正外部效应的单位给予赋税补贴。对生产者来说,当他生产的环境负产品的边际成本加上所负担的税收之和大于边际收益时,生产者会停止该产品的生产,从而减少负外部性的产生;对消费者来说,如果消费行为所付出的包括税收在内的经济代价大于消费收益时,消费者也会自动放弃消费。因此合理的税收能够影响私人生产者的价格形成机制,引导市场恢复均衡点。

根据庇古税理论制定税率时需要考虑市场类型,完全竞争市场、不完全竞争市场、垄断市场和寡头市场下应选择的税率是不同的。重点开发区相对而言企业规模偏小,企业数量众多,因此我们主要考虑在完全竞争市场的假定下适宜税率的制定。如图 6-3 所示,通过设置税收 t 可以使均衡产量仍保持在 Q^* 位置,从而达到资源配置的最大效率。

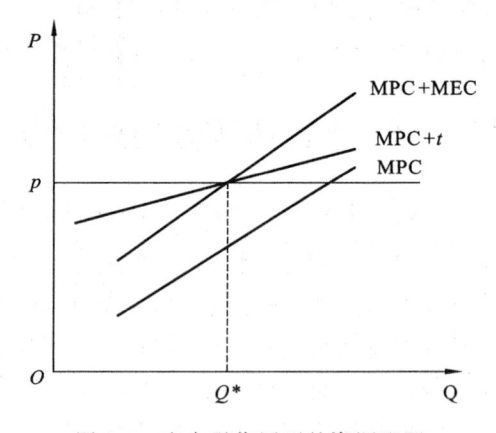

图 6-3 庇古税作用下的资源配置

设 $P(Q)$ 为产品市场反需求函数，$C(Q)$ 为生产成本函数，$E(Q)$ 为产量 Q 的外部性函数。可以得到社会净效益 NSB(net social benefit)的表达式：

$$\text{NSB} = \int_0^Q P(Q) dQ - C(Q) + E(Q) \tag{6-10}$$

用 π 表示能够代表平均水平的厂商 i 的利润，t 为根据产量设定的税率，则有

$$\pi_i = p \cdot q_i - c(q_i) - t \cdot q_i \tag{6-11}$$

$$Q = \sum q_i$$

通过税收，能够使得 NSB、π_i 同时达到最大化，认为税收 t 只通过产量 Q 对价格、成本、外部性造成影响，将式(6-10)对 t 求导，令 $\partial \text{NSB}/\partial t = 0$，得

$$p \cdot \partial Q/\partial t - \partial C/\partial Q \cdot \partial Q/\partial t = \partial E/\partial Q \cdot \partial Q/\partial t$$
$$p = \partial E/\partial Q + \partial C/\partial Q \tag{6-12}$$

将式(6-11)对 q_i 求导，令 $\partial \pi_i/\partial q_i = 0$，得

$$p - \partial C/\partial q_i = t \tag{6-13}$$

联立式(6-12)、式(6-13)，得到：$t = \partial E/\partial Q$。

这表明如果根据产量进行征税，则税率等于单位产量下造成的外部福利变化的价值，如果我们认为产量和厂商占地面积存在对应关系，则税率即可根据单位面积进行确定。

3. 我国现行的土地税收制度及其特点

1) 税收概念的界定及其特点

税收是国家为维持其运转而向单位或个人征收的一部分国民收入，税收的最终源泉不外乎各种生产事业及国民所有财产的收入。一般来说，土地税是国家为了满足一定的公共需要，凭借土地所有者身份和政治权力，按预定标准从土地所有者或土地使用者手中强制地、无偿地占有部分土地收益，以获取财政收入的一种方式。土地税的征收需要以土地的价值为依据，或者以能反映土地价值大小的其他指标为依据。土地税具有税收的三个基本特征，即强制性、无偿性和固定性。土地税收属于国民收入的再分配。

土地税的概念有狭义和广义之分。狭义的土地税是指对土地资源的课税；广义的土地税是指对土地及地上建筑物和其他附属物的所有者或使用人就其取得、持有、使用或者转移土地及地上建筑物和其他附属物时所课征的一种税。目前就世界各国对土地的征税情况而言，大部分都是采用广义的征收范围，即不仅对土地资源征税，而且更多的是对土地的改良物进行课税。我国的情况也是如此。本书将以广义的土地税作为分析对象，见表 6-6。

我国现行的土地税收制度在土地资源的配置方面起到了积极的作用，但也暴露了许多问题，并随着经济的发展而日益明显。为了促进土地资源的合理配置和土地资产的合理流动，可通过有效的经济杠杆推动土地使用制度改革的顺利进行；为了切实保护耕地，实现土地资源的可持续利用，为了与国际惯例接轨，尽快融入世界经济发展的潮流中，有必要改革我国的土地税收制度，使之更加有利于社会主义市场经济的建立与完善，促进资源合理配置和社会经济可持续发展。

表 6-6　土地税收基本特点

名称	存在条件	涉及主体	相互关系	特点	分配层次
土地税	国家政权	国家与土地所有者或国家与土地使用者	权利义务关系	无偿性、强制性、固定性	国民收入的再分配

2）我国土地税收制度的改革和发展

土地税收历史悠久，远在四千多年前的夏代就已经出现了税收的雏形——贡。"贡"即是按若干年收获量的平均数的十分之一作为征收标准。此后又出现了商代的"助"和周代的"彻"。从周代以后，中国的税收有了进一步的发展。

从1950年我国社会主义新税制建立，到1994年社会主义市场经济体制下的税制的确立，新中国土地税收制度已有60多年的历史。随着国际、国内政治经济形势的发展变化和我国经济体制改革的不断深化，土地税收制度也经历了一个建立、发展和逐步完善的过程。

1950年1月，中央人民政府政务院根据"统一全国税收，建立新税制"的指导原则，颁布了《关于统一全国税政的决定》的通令，并同时颁布了《全国税政实施要则》。《全国税政实施要则》中规定全国共征收14种税，其中与土地有关的税收有两种：房产税和地产税。就当时的土地税收而言，它没有设置全面的与土地相关的税种，因此不能称为土地税收体系。但房产税和地产税在全国的全面征收标志着新中国土地税收制度的建立，并为今后完善的土地税收体系的建立打下了坚实的基础。而后几经改革，不断设立并开征新的税种，如为了保护农业资源并为发展农业筹集资金，国务院于1987年4月1日开征耕地占用税。1992年年底，国家明确提出建立社会主义市场经济体制的改革目标，要求逐步建立起一个统一、开放、公平竞争、按照经济规律要求运行的市场，与此相适应的是建立一个公平、合理、法制的税收体系。由于我国改革开放以来形成的税收法律制度，保留了计划经济体制下国家用行政手段管理经济的痕迹，难以适应社会主义市场经济体制的要求，1994年我国根据市场经济体制改革的要求，借鉴国际惯例，按照统一税法、公平税赋、简化税制、合理分权、理顺分配关系、保证财政收入的指导思想，对税制进行了全面的改革。经过新中国成立初期到现在一系列的税制改革和调整后，我国已基本构建了以土地、房地产的取得、保有、交易（转移）为征税点的税收体系，土地税收杠杆在保护土地资源、提高土地利用率、调节土地级差收益、组织财政收入等方面已起到了积极作用。但随着社会主义市场经济的完善和国际经济一体化步伐的加快，也暴露出我国土地税制的一系列问题，急待改革以适应新的形势需要。

3）我国现行的土地税收制度

1994年我国全面实施工商税制改革，涉及的土地税种包括14个税种，具体是指耕地占用税、城镇土地使用税（2006年12月31日修订）、土地增值税、房产税、城市房地产税、契税、农业税（2006年已全面取消）、城市维护建设税、企业所得税、个人所得税、外商投资企业和外国企业所得税、营业税、固定资产投资方向调节税（已于2000年停征）、印花税。各税种的征收范围、对象和税率情况见表6-7。

表 6-7 我国所执行的土地税概况

税目	计税依据	纳税人	税率	备注
耕地占用税	纳税人实际占用的耕地面积	对占用耕地建房或从事其他非农业建设的单位和个人征收	定额税率,因人均耕地面积的不同税率分别为(每平方米10～50元、8～40元、6～30元、5～25元)	1987年4月1日发布的《中华人民共和国耕地占用税暂行条例》,于2007年12月1日修订
城镇土地使用税	纳税人实际占用的土地面积	城市、县、建制镇和工矿区内的国有和集体所有的土地,对拥有土地使用权的单位和个人征收	定额税率,按城市级别分为四级,税率分别为每平方米0.5～10元、0.4～8元、0.3～6元、0.2～4元	1988年9月27日发布的《中华人民共和国城镇土地使用税暂行条例》于2006年12月31日修订
土地增值税	转让国有土地使用权、地上建筑物和附着物的增值额	对转让国有土地使用权、地上建筑物及其附着物的单位和个人,就其转让房地产所得的增值额征收	采用四级超率累进税率,分别为30%、40%、50%、60%	1993年12月31日发布的《中华人民共和国土地增值税暂行条例》
契税	房地产价格	国有土地使用权出让、土地使用权转让、房屋买卖、房屋赠与、房屋交换	3%～5%的幅度税率,具体税率由各省、自治区、直辖市人民政府确定	1997年7月7日颁布的《中华人民共和国契税暂行条例》
印花税	印花税根据不同征税项目,分别实行从价计征和从量计征两种征收方式	对书立、使用、领受房屋租赁合同、不动产的所有权转移所立的书据、房屋产权证、土地使用证和单位和个人征收。具体有立合同人、立账簿人、立据人、领受人	税率有两种形式,比例税率分为五个档次,分别为0.05‰、0.3‰、0.5‰、1‰、5‰,定额税率均为按件贴花,税额为5元	1988年8月,国务院公布了《中华人民共和国印花税暂行条例》,于同年10月1日起恢复征收
房产税	房屋的计税余值或租金收入	以城市、县城、建制镇和工矿区的房产为征税对象,向房屋所有人或经营人征收	房产原值减除10%～30%后余值的1.2%;房产出租的租金收入的12%	1986年9月15日,国务院正式发布了《中华人民共和国房产税暂行条例》,从当年10月1日开始实施
营业税	各种应税劳务收入的营业额、转让无形资产的转让额、销售不动产的销售额(三者统称为营业额)	转让土地使用权、销售不动产	5%	《中华人民共和国营业税暂行条例》已经于2008年11月5日国务院第34次常务会议修订通过

续表

税目	计税依据	纳税人	税率	备注
企业所得税	在我国境内的企业（除外商投资企业和外国企业外）的生产经营所得和其他所得	境内企业生产经营所得和其他所得	33%	国务院于1984年9月18日发布的《中华人民共和国国营企业所得税条例（草案）》和《国营企业调节税征收办法》
城市维护建设税	原规定以纳税人实际缴纳的产品税、增值税、营业税三种税的税额为计税依据。1994年税制改革后，改为以纳税人实际缴纳的增值税、消费税、营业税税额为计税依据	对缴纳增值税、消费税、营业税的单位和个人究其实际缴纳的"三税"税额为依据而征收	实行地区差别比例税：市区为7%，县镇为5%，其他地区为1%	1985年2月8日，国务院发布《中华人民共和国城市维护建设税暂行条例》，从1985年起施行
外商投资企业和外国企业所得税	外商投资企业总机构设在中国境内，就来源于中国境内、境外的全部所得纳税；外国企业仅就其来源于中国境内的所得纳税	外商投资企业和外国企业	33%	国家税务总局关于印发新修订的《外商投资企业和外国企业所得税汇算清缴管理办法》的通知（国税发〔2003〕13号）
个人所得税	个人所得	财产租赁所得和财产转让所得中涉及出租建筑物、土地使用权出租和转让	20%	中华人民共和国第十届全国人民代表大会常务委员会第十八次会议于2005年10月27日通过《全国人民代表大会常务委员会关于修改〈中华人民共和国个人所得税法〉的决定》，自2006年1月1日起施行
农业税	2006年全面取消	对从事农业生产的单位和个人就其取得的农业收入征收	实行地区差别比例税率，全国农业税平均税率为15.5%	2006年全面取消
城市房地产税	房屋折余价值或房屋租金收入	仅向外商投资企业、外国企业、港澳台同胞和华侨投资兴办的企业和外籍人员、港澳台同胞和华侨的房产征税	计税依据分为两种：按房价计税的税率是12%；按房租计税的税率为18%	1988年国务院又颁布了《中华人民共和国城镇土地使用税暂行条例》，当年11月起施行。1994年修订

4) 我国当前土地税种中存在的重复征税分析

我国土地及其相关税收体系中存在重复征税的现象,重复征税是指在同一征税主体或不同征税主体之间,对同一纳税人(包括自然人和法人)或不同纳税人的同一征税对象或税源所进行的两次或两次以上的征税。

我国重复征税的情况主要如下所示。

(1) 土地增值税与营业税的重复。土地增值税是在房地产转让环节征收的,每转让一次就征收一次土地增值税,因此,土地增值税除了具有所得税的特征外,还存在着流转税的特点。这就使得在房地产产品转让过程中,既要以销售收入、转让收入等计税依据征收营业税,又要以因转让房地产而取得的增值额为计税依据征收较高额的土地增值税,造成重复征税,进而阻碍房地产的正常流转。

(2) 房地产租赁中的重复。房屋出租过程中,需要对取得的租金收入,同时缴纳12%的房产税、5%的营业税,还有所得税、城镇土地使用税、城市维护建设税及教育费附加等,综合税负高达租金收入的30%以上。而个人出租房产取得的收入需要缴纳3%的营业税和20%的个人所得税,对税种重复征税现象既增加了纳税人纳税负担和税务机关的征管成本,又滋生了纳税人的偷逃税的动机,导致地下租赁市场的大量存在。

(3) 契税与印花税的重复。对房地产产权转让签订的产权转移书据或契约,承受方既要按合同租金缴纳万分之五的印花税,又要按地方政府规定的税率缴纳契税。印花税是就经济活动中书立的凭证契约征收,契税是对房屋产权转移时就双方当事人所订立的契约征收,在征收范围上,这两种税存在着交叉重复问题,有失公平原则,也给税收的征收管理带来一定难度。

重复征税不符合公平税负的要求,加重了房地产业的税负,同时阻碍了房地产市场的正常发展。

5) 当前土地税制改革的热点讨论

随着我国经济的快速发展,土地税收制度的改革速度相对较慢,不能适应市场变化的要求,其缺陷逐步暴露出来,对我国土地市场起不到应有的调控作用,因此我国加快了土地税收制度改革的步伐。十六届三中全会在关于房地产税收制度改革方面提出了一些设想,明确提出"实施城镇税费建设改革,条件具备时对房地产开征统一规范的物业税,相应取消税费",这一观点在十六届五中全会上又加以重申。

近几年来对土地税收体系研究较多,许多专家都提出了很多有价值的建议和措施,归纳起来主要包括以下几点。

(1) 增加新税种。冯建孟(1999)认为要增设空地税,对农村抛荒地和城市闲置空地征税,以有效抑制土地浪费现象发生,节约集约利用土地。丛明在《进一步发挥土地税费的调节作用》一文中提出:条件具备时,将城镇土地使用税、城市房地产税和房产税合并,对保有环节的不动产按评估价值开征统一规范的物业税,促进土地资源的流转,限制企业占而不用、多占少用情况的发生。

(2) 完善现有税种,主要是对耕地占用税和土地增值税的完善。一是在完善土地增值税方面。陈红霞(2007)认为要通过增加税目、扩大征收范围、严控减免范围、适当降低税率、合理界定土地增值税额方向来完善现有土地增值税,冯建孟(1999)则认为对土地增值税的完善方向要从抑制土地投机方面考虑,通过时间因素来完善土地增值税。二是在完善耕地占用税方面。陈红霞(2007)提出:将耕地占用税的征税范围扩大到整个农用地的范围,名称也相应地改为农地占用税,并按照农用地的质量等级设置税率,对于农民建房占用耕地的,也收取农地占用税。王惠(2004)也提出将耕地占用税更名为农地占用税,扩展征收范围,提高税率,减少减免,对三资企业和个体工商户生产性占用耕地征税。

(3) 改革土地出让金制度,开征土地使用权保有税,使出让土地使用权取得的出让金部分以税收形式收入国库,避免这部分国有资产变为地方预算外资金。

(4) 建立健全中央和地方两级税收体系,发挥中央和地方两方的积极性,保证税收的效率和质量。

(5) 加强土地税收立法,增强土地税收的权威性。叶少群(2005)提出,制定科学的土地税法,集中土地税立法,陈永红等(2004)提出,加强对土地税制的立法,以法律代替条例,加强税收的权威性。另外,陈永红等(2004)等还提出设立土地发展权及发展权税,以变更土地用途收益差为税基,税收归属国家中央所有;叶少群(2005)等提出设立一般土地税,以此为基础设立土地的其他税种。

4. 税收对重点开发区土地过度开发的调控和管理

1) 外部性内在化的法律途径

人们已经逐渐认识到,在一个法制社会,解决负外部性问题最有效的常规办法之一是依靠法律手段。但其有效性取决于该法律系统是否建立起了一套严格定义的稳定不变的产权关系。

通过立法来定义产权以解决和处理社会产生的各类负外部性有两个优点:一是它不受利益集团压力的影响;二是它可以通过审判过程来得到恰当的阐述。但由于法律制度调整权力是需要付出成本的,通过法律途径,解决负外部性,必须考虑"防止妨害的收益是否大于作为停止产生该损害行为的结果而在其他方面遭受的损失",这是法院界定权力应遵循的经济原则。具体来说,通过诉诸法律解决负外部性会受到五个方面的限制:第一,诉讼的交易成本较大,而有些负外部性的损失较小,不值得动用法律武器,况且,行政措施和经济措施在处理外部性时,其交易成本主要由公共部门来负担,而在法律系统中则由私人来负担。第二,由于诉讼费用昂贵,厂商会把负外部性的影响削减到接近但稍小于受损者诉讼的成本,这显然产生了相当大的效率损失。另外,如果负外部性的制造者本身就是垄断者,他会将诉讼成本转嫁到消费者身上。第三,损失范围经常是不确定的,并且大多数诉讼结果经常也是模糊不清的。如果诉讼成本很大,不确定因素会进一步阻碍个人运用法律来解决负外部性。第四,由于诉讼过程中存在着成本较高与未来结果不确定的因素,所以这意味着与公平、正义相冲突。第五,在存在较多负外部性受损者的情况下,作为个人来讲,其损失价值如果较小不值得他去起诉,就会出现"搭便车"的现象;每个人都想让别人去起诉,如果他人成功了,自己就可以坐享其成。

总之,虽然法律系统为我们提供了解决负外部性的重要补救办法,但它难以解决所有类型的负外部性。一些学者对此做过的一些调研结果表明,在那些污染地区较大但每个人造成的损失较小的地方,通过法律起诉并不起什么作用,因为没有一个人认为他所花费的时间和钞票是值得的。

2) 课税的范围

以出售方式转让国有土地使用权、地上建筑物及其附着物者,属于土地增值税的课税范围,包括以下内容。

(1) 将生地变成熟地后直接出让者:即土地使用人透过出让方式向政府缴纳土地出让金,有偿受让土地使用权后,仅对土地进行通水、通电、通路、整平、整地基等,不进行房地产开发者,因属国有土地使用权的有偿转让,自应列入课税范围。

(2) 房地产开发:即取得国有土地使用权后,进行房屋建造再出让者,亦称"卖房"。因"卖房"的同时,其土地使用权亦随之发生转让且取得收入,自应列入课税范围。

(3) 存量房地的买卖:系指业已建造完成并已使用的房地产,其房屋所有人将房屋产权及土地使用权一并转让给其他单位及个人。此类行为,依规定应至有关部门办理房屋产权与土地使用权的转移变更手续,原土地使用权既属无偿划拨,尚应至土地管理部门补征土地使用权的出让金,由于发生产权转移及取得收入,自应列入课税范围。

(4) 继承或赠与:因继承或赠与发生的房地产权转让,至未取得相对应的收入,属于无偿转让房地产行为,故非属课税范围。若以赠与之名,行出售或交换之实,则应列入课税范围。

(5) 房地产出租:系指房产的产权所有人,依法律规定取得土地使用权的土地使用人,将房屋、土地使用权租赁给承租人使用,由承租人向出租人支付租金的行为。房地产的出租,虽出租人取得收入,然因房屋产权、土地使用权并未发生转移,故亦不属课税范围,如以出租为名,行转让之实,逃避土地增值税,应依《税收征收管理法》有关规定处理。

(6) 房地产抵押:系指房地产的产权所有权人,依法取得土地使用权的土地使用人,以债务人或第三人之身份向债权人提供不动产作为清偿债务的担保而不移转占有的法律行为。房屋的产权所有人、土地使用人虽于抵押期间取得收入,但此等收入实际仍需于抵押期满后连本带利偿还债权人,因此,房地产抵押,于抵押期间并不征收土地增值税,唯对于以房地产抵债而发生房地产权属转让时,应列入土地增值。既已发生房地产产权、土地使用权的转移,交换双方亦取得实物形态的收入,依规定应属土地增值税的课税范围。

(7) 房地产交换:一方以房地产与另一方的房地产进行交换的行为,既已发生房地产产权、土地使用权的转移,交换双方亦取得实物形态的收入,依规定应属土地增值税的课税范围。

(8) 以房地产投资入股合伙或联营者:此即一方以土地或房地产作价,另一方出资共同组成新企业或法人合资经营或联营者。依现行房地产管理有关规定,以土地或房地产作价入股的一方,原应将其土地使用权或房地产权办理转易过户手续,但实际上亦有未办理者,至于本项收入,将未如以股息、红利方式表征,应否征收土地增值税?目前尚无具体明文规定,有待财政部及国家税务总局另行规定。

(9) 房地产联建(合建)行为:即由一方提供土地,另一方提供资金共同建屋,并于完成建屋时,各别取得一部分建房的行为,亦即以转让部分土地使用权换取新建房屋部分产权的行为。此情形应否课征土地增值税,亦有待财政部及国家税务总局另行规定,以资遵循。

(10) 房地产业代建房屋行为:即指房地产开发公司代客户进行房地产开发,而于房地产开发完成后,向客户收取代建收入的行为。就房地产开发公司而言,虽取得收入但并未发生房地产权的转移,因其收入仅属单纯的劳务报酬,故而此种情形,不属土地增值税的课征范围。

(11) 房地产重新评估:主要为国有企业于清算核对时,就其房地产予以重新评估而产生的升值。由于此种情形,未发生房地产权属的转移,亦无收入,自不属课税范围。

(12) 国家收回土地使用权、征用地上的建筑物及其附着物而使房地产权属发生转移者:此类情形,因其主体为国家,《中华人民共和国土地增值税暂行条例实施细则》规定,免征土地增值税。此外,对于因城市实施规划、国家建设需要而搬迁,由纳税人自行转让原房地产者,《中华人民共和国土地增值税暂行条例实施细则》,亦比照前项情形,免征土地增值税。

3) 纳税义务人

所谓纳税义务人,系指依照税法规定,直接向国家缴纳税款义务的单位及个人。根据国务院发布的《中华人民共和国土地增值税暂行条例》第二条规定,凡转让国有土地使用权、地上的建筑物及其附着物(以下简称转让房地税)并取得收入的单位和个人,为土地增值税的纳税义务人(以下简称纳税人),应当依照条例规定缴纳土地增值税。

所称的单位是指各类企业单位、事业单位、国家机关和社会团体及其他组织。所称的个人包括个体经营者。

(1) 只要有偿转让房地产,不论企业、事业单位、行政单位、社会团体或其他组织等或为个人,均为土地增值税的纳税义务人。

(2) 只要有偿转让房地产,不论其组织形态为何,包括国有企业、集体企业、私营企业、合资企业、合作企业、外商独资企业等均为土地增值税的纳税义务人。

(3) 只要有偿转让房地产,不论内资企业或外商投资企业、外国企业、外国驻华机构,亦不论系中国人或外国人,或港澳台胞,均为土地增值税的纳税义务人。

只要有偿转让房地产,不论工业、农业、商业、学校、医院、机关等,均为土地增值税的纳税义务人。

4) 税率

税务单位为促进房地产开发经营,且能对转让房地产获得过高收入者发挥一定的调节作用,土地增值税采用四级超率累进税率,较内资企业所得税高,其政策意义值得重视。有关土地增值税的税率,依据《中华人民共和国土地增值税暂行条例》第七条之规定如下。

土地增值税按照纳税人转让房地所得的增值额,适用下列四级超率累进税率。

(1) 增值额未超过扣除项目金额50%的部分,税率为30%。

(2) 增值额超过扣除项目金额50%者,未超过扣除项目金额100%的部分税率为40%。

（3）增值额超过扣除项目金额100%者，未超过扣除项目金额200%的部分，税率为50%。

（4）增值额超过扣除项目金额200%者，税率为60%。

此项设计，与我国台湾地区的土地增值税极为相似，但此种计算方式颇为复杂，为计算简便依据《中华人民共和国土地增值税暂行条例实施细则》第十条规定计算土地增值税额，即按增值额乘以适用的税率减去扣除项目金额乘以速算扣除系数的简便方法计算土地增值税税额，具体公式如下。

（1）增值额未超过扣除项目金额50%者：
$$土地增值税税额 = 增值额 \times 30\%$$
（2）增值额超过扣除项目金额50%，未超过100%者：
$$土地增值税税额 = 增值额 \times 40\% - 扣除项目金额 \times 5\%$$
（3）增值额超过扣除项目金额100%，未超过200%者：
$$土地增值税税额 = 增值额 \times 50\% - 扣除项目金额 \times 15\%$$
（4）增值额超过扣除项目金额200%者：
$$土地增值税税额 = 增值额 \times 60\% - 扣除项目金额 \times 35\%$$

上述公式中的5%、15%、35%为速算扣除系数。

依据《中华人民共和国土地增值税暂行条例实施细则》第三条规定，土地增值税按照纳税人转让房地所取得的增值额和第七条规定的税率，或第十条规定的简便方法，如上述计算征收。而所谓增值额依第四条规定，系指纳税人转让房地产所取得的收入减去第六条规定扣除项目后的余额，而纳税人转让房地产所取得的收入，依第五条规定，包括货币收入、实物收入和其他收入。

5）计税依据

每一税种都有各自的开征目的，若计税依据的设计缺乏科学性与合理性，就难以实现其目的，税负公平更无从谈起。在现行土地税种中，农业税和耕地占用税的计税依据都有失偏颇。农业税理应根据农地纯收益按比例交纳，然而在实际征收中，往往是将农业税按人口数量或耕地面积分摊给每一农户，完全不考虑耕地的质量等级，也不区分水田、旱地。由此，相毗邻的两块面积相等、质量等级一致的耕地可能因属于不同的行政村，交纳的农业税额却相差甚远。同地不同税，同税不同地的现象也就应运而生。为了科学合理地对农地征税，建议取消农业税，在农地定级估价的基础上，对农地开征地价税。该税以土地价格（不包括农户投入资本和劳力所产生的改良收益的价值）为计税依据。另外，对某些可产生垄断收益的农地，可适当征收农地特种税。

我国现行耕地占用税实行地区差别定额税率，从量计征。计税依据中既没有考虑所占用耕地的质量等级，使得占用好地与占用劣地的纳税额相等，也没有考虑物价水平的变动。随着社会经济的发展，物价水平不断上涨，耕地占用税却停滞不前，使得该税的调控力度和调节作用大受影响，难以形成节约用地、高效用地的机制。因此，建议将从量计征改为从价计征，以事先评估的农用地宗地价格作为计税依据，不同地类按不同税率征税。

6）弥补"缺位"税收

税收"缺位"是导致收费"越位"与收费失控的主要原因。现行土地增值税只对流转阶段的房地产增值额进行征税，对保有房地产的增值额却不征税，房地产保有成本相对而言就比较低，不利于鼓励房地产交易。因此，土地增值税应增加土地保有增值税这一税目。这一举措不仅可以促进土地流转，而且可以增加国家财政税收，防止土地资产流失。另外，开征土地闲置税是促进土地的合理利用、解决开发区大量土地闲置问题的有效措施。其课税对象是逾期尚未利用或作低度利用的建设用地，《中华人民共和国土地管理法》规定，建设用地闲置满两年的，依法收回国有土地使用权。因此，对闲置一年以上未满两年的建设用地，根据该地块的市场价格，按某一固定税率征收土地闲置税。对于农用地，则开征农地荒芜税。其目的在于保护农地资源，避免土地资源的闲置浪费。

7）行政救济

依据《中华人民共和国土地增值税暂行条例》第十三条的规定，土地增值税的征收管理，依据《中华人民共和国税收征收管理办法》及暂行条例有关规定执行。因此，纳税人与税务机关在纳税上发生争议时，援引《中华人民共和国税收征收管理办法》第八十八条的规定，必须先依照税务机关的纳税决定缴纳或者解缴税款及滞纳金或者提供相应的担保，然后可以依法申请行政复议；对行政复议决定不服的，可以依法向人民法院起诉。当事人对税务机关的处罚决定、强制执行措施或者税收保全措施不服的，可以依法申请行政复议，也可以依法向人民法院起诉。

5. 财产税对重点开发区土地过度开发的调控和管理

财产税（property tax）在各个国家都是一项重要税收。在不同的国家，财产税的税基不相同，可能是每年净值、资本价值或者是基地价值。由于各个地方在征收财产税的时候税基不同，在分析财产税对城市土地利用影响时，需要明确财产税的税基。

1）财产税对重点开发区土地利用强度的影响

由于对土地的资金投入主要是通过土地改良来进行的，那么在分析财产税对土地利用强度的冲击时，只要分析财产税对土地改良物供给与需求的影响即可。

如果财产税的税基是土地价值或者地租，并且对所有土地利用类型采取均等划一的征税方式，那么土地所有者不能够转嫁税负。在这种情形下，财产税的征收对土地利用投资是中性的。如果对不同土地用途征税不一样，财产税的征收实际上改变了不同用途土地之间的相对价格，对征收高财产税的土地的投资有阻碍作用。当政府是土地所有者时，将拥有长期的土地使用权人视为在一定期限内的土地所有者来分析，前面不能转嫁税收的结论也适合这种情况。然而，随着土地使用权期限的缩短，土地使用者对土地投资会减少。

如果财产税的税基是改良物价值，情况就会发生变化。无论是在出租还是出售场合，对土地改良物征税就意味着改变供给或者需求，这会导致土地改良物市场均衡的改变及交易量的减少。假设土地的最佳用途已经确定，财产税对在固定土地上投资的影响是：对土地改良投资的变动就代表了土地集约度的变化。对投资于某一固定地块的投资者而言，土地改良产品的价格是由改良产品市场给定的，因此，土地投资者的边际报酬是给定的。对土地课征财产税,增加了投资者的固定成本,投资者会通过减少投资的方式来平衡边际成本和边际报酬。因此,对土地征收财产税会导致投资者降低土地利用集约度。

2) 财产税对重点开发区土地用途转化的影响

当不同的土地利用方式带来的收益存在差异时,就存在土地用途转换的可能,即土地由收益低的用途转向收益高的用途。假定只存在两种用途,用途1的土地数量为D_1,用途2的土地数量为D_2,土地总量为D。假定D_2的利用收益要比D_1的收益高,那么在未征收财产税之前,两种土地利用可以在某点(E)达到均衡。当对两种用途征收同样的税收时,对用途1的需求由D_1移动到D_1',对用途2的需求由D_2移动到D_2',但是两种用途配置均衡点保持在E;当财产税并非均等划一的时候,情况就会改变。如果对用途2征收比用途1更高的财产税,用途2的需求曲线下降幅度要大一些,则用途2的数量减少,用途1的数量增加,如图6-4所示。这一结论可以推广到多种用途的场合。

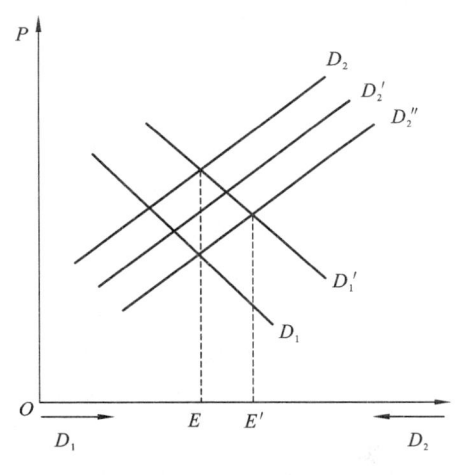

图6-4 财产税对土地用途转换的影响

3) 财产税对重点开发区土地规模的影响

在完全竞争的商品市场中,市场规模由众多的供给者和需求者共同决定,任何改变需求或者供给的因素都会导致市场规模的改变。一般认为,市场能够有效地配置社会稀缺资源,然而,市场失效的情况也经常发生。例如,土地利用中可能存在的外部性及土地市场可能导致社会财富分配的不公平,因此,政府经常被卷入土地市场并对土地市场进行政策控制。从前面的分析可知,如果市场是个完全竞争的市场,征税会导致供给曲线或者需求曲线移动,其结果都会导致在新均衡点上的市场交易量要小于征税前的市场交易量。而税收减免则会起到相反的效果。

当土地供给没有弹性时,由于财产税的征收不能改变市场参与者的行为,不会改变资源的配置,因此不会改变土地市场规模。但是,针对某一具体土地用途而言,土地供给存在弹性,针对某种土地用途的财产税会改变供给曲线或者需求曲线进而减小土地市场规模。事实表明,减免财产税能够促进土地改良物的交易,而提高财产税的税收水平则起到相反的效果。

不管是向供给方还是需求方征税,财产税对市场规模的影响程度依赖于供给与需求各自的弹性及两者弹性的相对大小。这是财产税对土地市场规模的直接作用。如果政府征收财产税后,地方服务特别是教育、道路等设施得到改善,会使得这一地区对土地需求增加,从而在一定程度上抵消征收财产税缩减市场规模的效果。因此,财产税对土地市场规模的整体影响要综合上述各方面的效果来确定,最终的效果是上述各种效果的合成。

6. 地价税对重点开发区土地过度开发的调控和管理

1) 台湾地区地价税的经验借鉴

在中国台湾地区,狭义上征收的土地税包括地价税和土地增值税两种,其中地价税属财产税,而土地增值税属流转税,土地税在政府财政收入中占有重要地位。其中地价税是以土地面积和土地上的收益为征税对象,对土地保有者与取得者征收的税,是基本土地税,其特点是有地必有价,有价就有税,该税是土地税的主体税种。中国台湾土地税制有许多优惠政策,当地政府对农用地、农田保护区用地、公共设施、社会公益事业用地、居民自用住宅用地、水利、国防用地等予以减免,尤其对农用地予以免收。与此同时,在某些情况下,可加重课税,如土地闲置税、空地税和荒地税,这些税课征强度为其他税收的2~5倍,以保护土地资源,提高土地利用率。台湾土地的特点为:地价税较低,以鼓励土地保有,而土地增值税较高,一方面抑制了土地投机,另一方面阻碍了土地合理转移,往往达不到地尽其用的效果。其主要缺陷是税率结构过于粗略,优惠政策过于浮滥,地价税与土地增值税有重合现象(冯建孟,1999)。

实施平均地权是中国台湾地区土地政策的基本原则,平均地权的目的是促进地尽其利,实现地利共享,实行规定地价、照价征税、照价收买及涨价归公四大纲领。而土地税制为土地政策的重要政策工具,土地增值税制为土地税制的重要一环。

2) 地价税对重点开发区土地价格的影响分析

土地增值税是指对国有土地使用权、地上建筑物及其附着物并取得收入的单位和个人,就其转让房地产所取得的增值额所征收的一种税目。其开征土地增值税主要目的有三个:第一,适应改革开放的新形势,进一步改革和完善税制,增强国家对房地产开发和房地产市场调控力度的客观需要。第二,抑制炒卖土地投机获取暴利的行为。第三,为了规范国家参与土地增值收益的分配方式,增加国家财政收入。

地价税的税基是土地的价值。通常认为,土地的价格是地租的资本化,这一理论可以表示为 $P=r/i$。式中,P 为土地价格,r 为地租,i 为资本化率。而有期限的土地使用权的价格则是在这一公式中加上时间的影响因素。然而,现实中土地价格的形成还与人们的预期有关,人们对土地价格预期上涨或者下跌对土地利用、土地交易会产生一定程度的影响。而税收调节在控制土地价格和引导土地利用方面的作用则有待分析。

3) 地价税对重点开发区土地需求的影响分析

地价公式表明,土地价格除受地租收入 r 影响外,还受到资本化率的影响。对土地征收地价税等同于对土地租金征税,因此,改变土地价格公式中的资本化率,假定地价税的税率为 t,则征税后的地价可以表示为 $P'=r/(i+t)$,那么,征税后的土地价格与征税前的土地价格有如下关系:

$$P'/P=i/(i+t)=1/(1+t/i) \qquad (6-14)$$

式中,t 和 i 都是大于等于零的数值,因此,征税后的土地价格下降为原来的 $i/(i+t)$ 倍,下降幅度等于 $t/(i+t)\times P$。在这个分析中,暗含了一个假设条件,即在征收地价税之后地价公式中 r 保持不变。保持分子不变的条件是土地供给完全无弹性,地价税完全落在地主头上。如果对土地征税后土地租金发生了改变,结论就不再成立。

4) 地价税对重点开发区土地开发空间和时点的影响分析

阿兰索论证的竞租理论表明,随着到城市中心距离的增加,土地的地租支付能力逐渐下降。假定在土地开发中不同空间除土地以外的其他因素的价格保持不变,把地价看作土地开发的边际成本,那么征收地价税,土地开发的边际成本函数则乘以一个比例,表现为边际成本函数产生一定程度的扭转。在征税前土地开发者选择的地点在 L_1,在征收地价税后,最合适的开发地点移动到 L_2 位置,如图 6-5 所示。

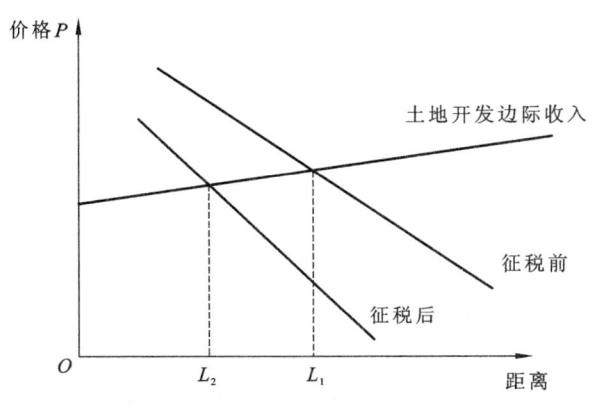

图 6-5 地价税对土地开发空间选择的影响

关于地价税对土地开发的时点选择的影响,有学者认为,财产税会延迟土地开发,而地价税则不会有这种效果。而有的学者则认为地价税也会对土地开发的时点决策产生影响。假定未征收地价土地最佳开发时点为 t,在开发时点 t 的土地价格与时间有关,即土地价格是时间的一个函数,在 t 时刻的土地价格可以表示为 $P(t)$,该函数的一阶导数 $P'(t)>0$,而该函数的二阶导数 $P''(t)<0$。持有土地等待开发的边际成本就可以表示为 $r \times P(t)$,r 为资本化率。最适合的开发时点就是等待的边际成本等于开发增加价值:$r \times 3 P(t) = P'(t)$,则开发时刻 t 可以根据这一关系式求解。对土地征收地价税则相当于改变了资本化率。假如地价税的税率为 a,则征税后资本化率相当于提高到 $(r+a)$ 的水平,此刻在最佳开发时点 T' 满足:$(r+a) \times 3 P(T') = P'(T')$。判断 $r+a$ 和 r 对应的时间点 T' 和 $T3$ 值的大小可以根据函数 $P'(t)/P(t)$ 来判断。地价税起到了把最佳开发时点提前的效应,如图 6-6 所示。

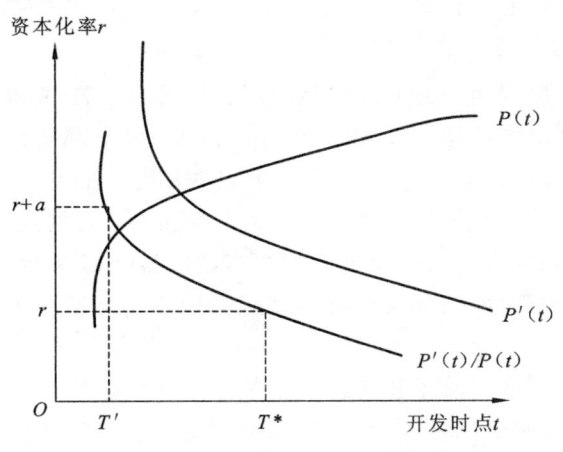

图 6-6 地价税对开发时点选择的影响

7. 资本利得税对重点开发区土地过度开发的调控和管理

对土地等不动产征收资本利得税是指对出售土地等不动产所实现的收益课征的税。资本利得税只有在资本转让或者出售时才征收。

1) 资本利得税对重点开发区土地流转的影响

资本利得税的锁定效应(lock-in effect)又称为闭锁效应,是指征收资本利得税而导致投资者通过继续持有资产而延迟所得纳税,这会导致资本性资产的所有者放弃或者延迟出售或者转让而选择继续持有该项资本性资产。

资本利得税能够让纳税人延迟纳税,会对土地持有者转让土地的时点决策产生影响。在土地方面,对于资本利得税是否会产生锁定效应,存在两种不同的观点:一是存在锁定效应;二是锁定效应须有条件存在。在税基(basis for taxation)低的时候存在资本利得税的锁定效应,而在税基高的时候,资本利得税反而会促进资本性资产的持有者出售该资产。有学者把后面这种效应称为负的锁定效应,而前一种效应则称为正锁定效应。

假定土地价格是时间的函数,在 t 时刻的土地价格可以表示为 $P(t)$,持有者当初的土地购入价格为 P_0。持有土地每期的收入为一常数 R,资本所得税率为 τ,资本化率为 r,那么,土地持有者在出售土地 $t*$ 时刻满足以下条件:

$$rP(t*) - R = \tau(P'(t*) - rP_0)$$

当 $P'(t*) - rP_0 > 0$ 时,对于任何大于零的 τ 对应的时间点都要大于等于零的 τ 对应的时间点,因此存在锁定效应。

2) 资本利得税对重点开发区土地利用效率的影响

由以上分析可知,资本利得税的征收延迟了土地交易。通常通过土地交易能够提高土地利用效率,如果土地的再开发或者土地用途的转变需要依赖于土地交易,那么,资本利得税的征收就会影响土地利用效率的提高。同时,资本利得税对土地投机具有一定的抑制作用,因为对具有投机目的的土地持有者来说,资本利得税相当于持有土地的成本提高了。因此,资本利得税对土地利用的影响是复杂多样的。国内大多数地区都还没有设立资本利得税,虽然其对土地投机和土地买卖可以起到调控作用,但由于产生结果的复杂性,资本利得税的设立还有待探讨。

8. 小结

分析可知,不同税种对重点开发区土地利用有不同的影响,有的直接影响重点开发区土地利用效率,而有的则影响重点开发区土地市场,改变土地资源的配置进而影响土地利用方式和利用强度。有的税种对重点开发区土地利用是中性的,而有的则不是中性的。因此,政府可以通过选择土地税来对重点开发区土地利用进行调控,把土地税收作为重点开发区土地用途管制和重点开发区土地规划实施的政策手段来运用。总之,土地税收不仅可以为政府筹集财政资金,而且可以成为政府引导重点开发区土地利用的一项有效的政策措施。

但是,在分析土地税收对重点开发区土地利用的相互关系时,所有的分析结论都依赖一定的理论假设。如果假设条件改变,则有可能导致结论的改变。因此,应用土地税收来调控重点开发区土地利用时,要因地制宜和因时而异。

6.2 优化开发区税收优惠政策

6.2.1 完全竞争市场下优化开发区税收优惠政策

优化开发区是指国土开发密度已经较高,资源环境承载能力开始减弱的区域。对于优化开发区的发展,要改变依靠大量占用土地、大量消耗资源和大量排放污染实现经济较快增长的模式,把提高增长质量和效益放在首位,加快产业结构升级,提升参与全球分工与竞争的层次,使优化开发区继续成为带动整体区域经济社会发展的龙头和参与经济全球化的主体区域,如武汉东湖高新技术开发区等。

在土地开发上,要能全面反映土地等资源环境的稀缺价值和真实成本,扭转低成本甚至零地价招商引资的方式,改变蔓延式空间扩张的趋势,切实保护好绿色空间和永久耕地,提高土地资源利用效率,走集约化、紧凑型发展的路子,为可持续发展留有空间。

在产业发展上,要加快淘汰、转移高投入、高消耗、高排放的低附加值产业,积极发展先进制造业、高技术产业和现代服务业,推动产业结构向高效益、精加工和价值链高端方向转变。把利用外资的重点从数量扩张向质量提高上转变,积极承接国际高端制造业和现代服务业转移,推动加工贸易转型升级,切实转变对外贸易增长方式。要加强区域整合,打破行政分割,引导经济、人口和城镇的合理布局,强化交通等基础设施的共建共享,促进分工协作、优势互补,提高区域整体竞争力和可持续发展能力。

由于技术进步,优化开发区土地利用负外部性的减少主要体现在两个方面:一是单位面积上的负外部性减少;二是由于土地更加节约利用,产生负外部性的土地面积也随之减少。由于技术进步需要资金的较大投入,资金回收周期长,存在风险且具有正外部性,通过税收优惠作为对用地单位的激励措施是可行且必要的。地区之间的差异,外部性的情况也可能有很大不同,因此应该考虑根据区域的不同实行分区课税。

首先考虑技术进步对土地要素的替代作用,以加入技术进步因素和土地要素的科布道格拉斯生产函数

$$Y = \exp(A_0 + \Delta A) k^\alpha L^\beta La^\gamma$$

表示产出受到技术、资金、劳动力和土地要素的影响。其中,A_0 为初始技术水平,ΔA 为技术水平提高值,k 为资金投入、L 为劳动力投入,La 为土地要素投入,$\alpha、\beta、\gamma$ 为资金、劳动力、土地要素的替代弹性,则技术进步对土地要素的边际技术替代率为

$$\text{MRTS}_{\Delta A La} = \frac{\text{MP}_{\Delta A}}{\text{MP}_{La}} = \frac{La}{\gamma} \tag{6-15}$$

用 $\overline{La}$ 表示技术水平从 A_0 到 ΔA 的平均土地要素投入量,技术提高 ΔA 能够节省用地 $\Delta A \cdot \dfrac{\overline{La}}{\gamma}$。

优化开发区负外部性会明显低于重点开发区,因此这里假定优化开发区厂商会受到

外部成本限制，不能满足限制条件的厂商不能在优化开发区进行土地利用，厂商 j 产量为 q_j 时外部成本需要低于 E_0：

$$E(q_j)-e_j \leqslant E_0 \tag{6-16}$$

式中，$E(q_j)$ 为重点开发区生产 q_j 产量的产品时所产生的外部性，e_j 为重点开发区厂商 j 实际减少的负外部性。

在用地面积为 s 时厂商利润函数为

$$\pi_j = p \cdot q_j - c(q_j) - T \cdot s - TC(e_j) \tag{6-17}$$

式中，p 为单位产品价格，s 为开发区用地面积，$c(q_j)$ 为重点开发区生产 q_j 产量的产品时所需成本，T 为优化开发区的税率，$TC(e_j)$ 为厂商为了减少负外部性所投入的技术成本，其中也包括生产函数中技术提高 ΔA 所付出的成本，即

$$TC(e_j) = C(\Delta A) + TC_1(e_j) - T \cdot \Delta A \cdot \frac{\overline{La}}{\gamma} \tag{6-18}$$

式中，$C(\Delta A)$ 为厂商技术提高 ΔA 所付出的成本，$TC_1(e_j)$ 为厂商为了减少单位面积负外部性所耗费的防污成本，$T \cdot \Delta A \cdot \frac{\overline{La}}{\gamma}$ 为由于节约用地所不需缴纳的税费。

假定税收优惠的作用是为了保证优化开发区在减少负外部性的同时生产 q_i 数量的产品获得至少与重点开发区厂商相同的利润，结合式(6-17)和式(6-4)，有

$$\pi_j = p \cdot q_j - c(q_j) - T \cdot s - TC(e_j) = \pi_i = p \cdot q_i - c(q_i) - t \cdot q_i \tag{6-19}$$

设定 $q_j = q_i$，解得

$$T \cdot s = t \cdot q_j - TC(e_j) \tag{6-20}$$

将式(6-18)代入上式，得

$$T = \frac{t \cdot q_j - C(\Delta A) - TC_1(e_j)}{s - \Delta A \cdot \frac{\overline{La}}{\gamma}} \tag{6-21}$$

式(6-21)中的 T 即为税收优惠后得到的税率。

6.2.2　非完全竞争市场下重点开发区税收优惠政策

在重点开发区税收政策章节中，考虑重点开发区的厂商特性，我们主要讨论的是完全竞争假设下的情况，但由于各种市场类型的存在，仅仅考虑完全竞争市场税收情况是不够的，如果将完全竞争市场的政策误用于其他市场，会产生不必要的社会福利的损失。另外，重点开发区也会存在垄断、寡头、垄断竞争等市场类型，以下分析表明重点开发区税收政策也应该考虑相关的情况。

如果由于负外部性向垄断厂商征税，可能使得垄断厂商产量进一步减少、产品价格偏高，社会福利可能无法达到最优，因此垄断厂商的税率相比于完全竞争市场会偏低。

垄断厂商利润函数为

$$\pi = PQ - PC(Q) - t_1 Q \tag{6-22}$$

式中，P 为该产品的价格，Q 为产品产量，$C(Q)$ 为产量为 Q 时单个产品的成本，t_1 为以产

量为税基的外部性税率。与该产品相关的社会净收益为

$$\mathrm{MaxNSB} = \int_0^Q P(Q)\mathrm{d}Q - P(Q) - E(Q) \tag{6-23}$$

式中,NSB 为社会净收益,$E(Q)$ 为产量的外部成本函数,$P(Q)$ 为产品产量的价格函数。

分别对式(6-22)、式(6-23)求导,得

$$P(Q) + \frac{\partial P}{\partial Q} \cdot Q - \frac{\partial PC}{\partial Q} - t_1 = 0 \tag{6-24}$$

$$P(Q) - \frac{\partial PC}{\partial Q} - \frac{\partial E}{\partial Q} = 0 \tag{6-25}$$

结合式(6-24)、式(6-25),得

$$t_1 = \frac{\partial P}{\partial Q} \cdot Q + \frac{\partial E}{\partial Q} \tag{6-26}$$

在 6.1.4 节中已经得到,如果在完全竞争市场情况下,税率为 $\frac{\partial E}{\partial Q}$,结合式(6-25)来看,垄断市场下最优税率小于 $\frac{\partial E}{\partial Q}\left(\frac{\partial P}{\partial Q}<0\right)$。与完全竞争市场税率的差值与垄断厂商的供给需求曲线有关。

上述分析用图表示如图 6-7 所示,根据垄断市场的性质,完全竞争市场中 t 水平决定税率,Q^* 为最具有效率的产量,但垄断竞争市场的边际成本曲线斜率不同于平均成本曲线,因此产量只会到达 Q' 位置。要达到最优效率的情况,税率应该为 t_1。

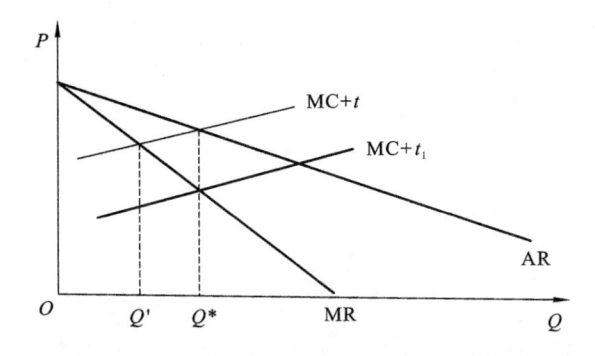

图 6-7 完全竞争市场税率与垄断厂商供需曲线

在寡头市场和垄断竞争市场下,由于价格会受到产量影响,税率的制定也不同于完全竞争市场,需要根据更具体的情况进行求解。

6.2.3 优化开发区土地资源合理利用的税收优惠政策

经过分析可以看到,优化开发区相对于重点开发区,负外部性有减缓的特点。通过税收优惠的政策,对优化开发区的用地单位进行激励,使其能够在外部性减少上投入必要的技术资金,提高土地资源的利用效率,这样才能保证优化开发区的土地资源朝着合理利用的方向发展。

1. 优化开发区土地税收的主要税种介绍

我国现行的土地税收政策涉及土地占有（取得）环节、土地保有环节和土地转让环节等。其中，土地使用权取得环节涉及的税类有耕地占用税；土地使用权保有环节涉及的税类有城镇土地使用税、房产税及原来的农业税；土地使用权流转环节涉及的税类有土地增值税、契税、印花税、营业税、企业所得税、个人所得税。

优化开发区的重点功能定位是促进土地资源的集约利用和优化配置，重点偏向于内部挖潜。那么对于土地使用权的保有税和土地使用权，即非农用土地流转税进行改革调整是必须、必要的。

土地使用权保有税包括城镇土地使用税及房产税。城镇土地使用税是以纳税人实际占有的土地面积为纳税依据，对城市内部的土地使用权的拥有者征收的税种。目前实行的是定额税率，根据城市的级别分别以每平方米为单位征收四级不同税额；房产税是以房屋的计税余值或租金收入为纳税依据，以城市内部的房产为征税对象，向房屋所有人或者经营人征收的税种。其税率定为房产原值减除10%～30%后余值的1.2%或者房产出租的租金收入的12%。

土地使用权流转税中最主要的税种为土地增值税。土地增值税是以转让国有土地使用权、地上建筑物和附着物的增值额为纳税依据，对转让房地产所得的增值额征收的税种，也是采用四级超率累进的税率计税。

2. 优化开发区土地税收的优惠政策

1）土地税收优惠的形式选择

我国土地税收优惠政策，从优惠形式上可以分为税额优惠和税基优惠，税基优惠是一种事前优惠，它不论用地单位的技术进步活动是否取得了理想的效果。税额优惠多是一种事后优惠，只有当用地单位的技术进步活动起到了一定的作用才能够享受优惠待遇。二者相比，税基优惠更加体现了政府支持技术进步的初衷，更有利于用地单位降低技术进步的风险。因此对于优化开发区的优惠政策应以事前优惠为佳，多采取加速折旧、税前列支、投资抵免的方式，使企业真正感受从事技术的研究和开发的税收优惠，从而鼓励企业技术创新的积极性。

2）土地税收优惠的具体改革

A. 土地使用权保有税的相关优惠政策

对实验区内国家重点鼓励发展的行业和产品，以及市场前景好、技术含量高、节约资源和保护环境生态、促进产业结构调整的新办企业，申请给予一定期限内免征城镇土地使用税和房产税的优惠。

征收土地闲置税。对资源的有效利用也应包括对资源闲置的惩罚，目前，土地资源的闲置情况较为常见，而根据现有土地政策，主要是通过行政手段进行处罚，如对于土地闲置满一年不满两年的，按出让或划拨土地价款的20%征收土地闲置费，对于土地闲置满两年，依法应当无偿收回。建议在土地闲置较为普遍的地区将土地闲置费试行改为征收土地闲置税，该税包括城市闲置土地和农村集体未用土地两个税目，以土地的实际占有者或承租人为纳税人，以实际闲置的土地面积为税基，并根据土地闲置时间的长短和土地类型的差异,从高适用税率,以增加对土地资源闲置、浪费的经济处罚力度。

B. 土地使用权流转税的相关优惠

改革土地增值税优惠政策。利用增值税支持节能产业发展方面可以借鉴国家支持资源综合利用产品发展的相关政策。对关键性的、节能效益异常显著但价格等因素制约其推广的重大节能设备和产品,国家在一定期限内实行一定的增值税减免优惠政策。对个别资源节约效果非常明显的产品,在一定期限内,可以实行增值税即征即退措施。还应加快推进土地增值税的转型,增强激励功能并赋予其约束功能。一是对企业购置的用于消烟、除尘、污水处理等方面的环境保护设备,以及为节约、循环利用资源而购置的设备,给予进项抵扣。二是低税率的适用范围及税收优惠范围应当扩大,以进一步提高优惠水平。三是制定产品能耗标准,超过能耗标准的进项税额不得抵扣。四是通过降低乃至取消部分资源性产品的退税率来控制资源性产品的出口。

对实验区内的高耗能、高污染企业需要搬迁的,给予一定的企业所得税减免优惠。对实验区内企业购进的节能减排等专利技术、无形资产,允许一次性摊销。对实验区内一般企业用于治污的固定资产,也可以采用加速折旧的方法。

C. 不同规模企业的税收优惠政策

对中小企业的税收优惠,应当以产业导向为主,引导中小企业的投资方向,促进中小企业产业升级,实现产业结构调整。对那些违背科学发展观和国家产业政策,高污染、高能耗、布局缺乏合理性、经济效益低下的企业不应利用税收优惠给予照顾。而对于那些为了治理污染、节能降耗、产业升级而进行技术改造,更新或添置固定资产的中小企业,则应采取允许其对新购置的固定资产实行加速折旧,并允许抵扣固定资产的进项增值税额等税收优惠措施给予鼓励和扶持。继续保留对安置待业人员、安置下岗职工、安置残疾人和对高新技术企业的税收优惠政策,适当扩大新办企业定期减免税的适用范围,对所有新办中小企业都可给予定期减免税的扶持,对中小企业用税后利润进行再投资,给予按一定比例退税的支持,准许企业投资的净资产损失,可以从应税所得额中扣除。

D. 具体税种的税率优惠政策

一是城镇土地使用税税率。将按照占用面积实行定额征收改为按照土地价值以税率征收,这样一来可保证土地税收和土地价值保持同步上升,增加土地保有成本。税率可依照不同的城镇基准地价、繁荣发展程度等,根据具体用地类型区别设定,区别对待居住用地、工业用地、商业用地和其他用地。对工业用地和商业用地采用较高的税率,对居住用地采用一般税率。通过以上改革,可使企业根据自身发展有选择地用地,提高土地的集约利用程度,减少不必要的占地,从而一方面能够从一定程度上缓解建设用地供求矛盾,另一方面间接减少征收农地的数量,保护宝贵的耕地资源。

二是所得税税率。对实验区内新办的符合节能、环保、资源循环利用的重点治理企业,经审批、认证后,从开始获利的年度起,三年内免征企业所得税,期满后比照高新技术企业享受15%的所得税优惠税率。

6.3 本章小结

本章主要是研究实验区如何进行分区税收的问题,因此将问题分为重点开发区税收政策和优化开发区税收优惠政策两部分。在 6.1 节中首先分析重点开发区加速发展、潜力释放中土地问题对两型社会构建产生的影响。其次对土地税收制定的基础——土地利用外部性问题进行了实证研究,主要是考虑土地利用中负外部性。在此基础上,用庇古税理论,对税率问题进行了推导和讨论,并从国内税收实际情况出发进行了土地税收政策的分析。在 6.2 节中首先在 6.1 节的基础上对税收优惠、税收减免问题进行了分析。其次提出优化开发区的其他情况,并分别进行讨论。本章得出的基本结论如下。

(1) 实验区两型社会构建过程中,重点开发区在经济加速发展、释放潜力的过程中应重视土地利用负外部性。

(2) 以仙桃为例进行的重点开发区土地利用负外部性的测算,认为该地区负外部性负平均价值为-1.1元/(米^2·年)。

(3) 在完全竞争市场下对负外部性征税,税率为边际损害价值。国内土地税收主要考虑的税收方式为财产税和地价税。

(4) 优化开发区的税收应低于重点开发区,主要是激励该区域用地单位对排污、土地节约利用进行投入;非完全竞争市场下的税率设置要考虑供给曲线中产量对价格的影响,其合适的税率不同于完全竞争市场的情况;优化开发区税收优惠政策主要考虑对城镇土地使用税、房产税及土地增值税进行优惠及减免。

参 考 文 献

安晓明,2004.自然资源价值及其补偿问题研究.长春:吉林大学.
毕宝德,2005.土地经济学.5版.北京:中国人民大学出版社.
蔡明华,1994.水稻田之生态性机能及其保护对策.政情与农情(30):29-36.
蔡银莺,张安录,2007.城郊休闲农业景观地游憩价值估算:以武汉市石植红农场为例.中国土地科学,21(5),28-35.
蔡银莺,张安录,2008.江汉平原农地保护的外部效益研究.长江流域资源与环境,17(1):98-104.
陈红霞,2007.中国城乡土地市场协调发展的制度研究.哈尔滨:哈尔滨工程大学出版社.
陈明灿,1996.选择价值与外部成本应用于农地转用管理之研究:以云林县大碑乡为例.台湾土地金融季刊,33(3):1-27.
陈明健,阙雅文,2000.农业的环境保育及粮食安全效益评估.台湾土地金融季刊,37(2):209-236.
陈瑞主,2002.台湾农地农用管制制度对土地财产权界定原则与保障方式之探讨:以私有农地滥采沙石为例.高雄:"中山大学"经济学研究所.
陈晓军,盛淑凯,张建利,等,2009.土地储备项目风险预警控制模型.中国土地科学,23(1):38-42.
陈彦斌,周业安,2004.行为资产定价理论综述.经济研究(6):117-127.
陈晔,宋旭文,2005.权益资产定价理论及其在我国的应用前景.企业经济(11):77-79.
陈永红,董道元,熊志兵,2004.对我国土地税费改革的国际借鉴与思考.中国房地产金融(2):30-34.
程玲俐,2004.水资源价值补偿理论与川西民族地区可持续发展.西南民族大学学报(人文社会科学版),25(6):22-26.
程文仕,2006.意愿调查法在征地区片综合地价评估中的应用.中国土地科学,20(5):20-25.
丁成日,2005.城市土地需求分析.国外城市规划(4):19-25.

董珂,2003.城市土地利用系统论:以澳门城市土地利用系统为例.北京:中国建筑工业出版社.
董德坤,朱道林,王霞,2004.农地非农化的外部性分析.经济问题(4):55-57.
杜黎明,2007.推进形成主体功能区研究.成都:四川大学.
杜新波,2005.城市土地整理:房地产业发展的新天地.中国发展观察(3):20-22.
冯建孟,1999.海外土地税制评述及其对完善我国土地税制的启示.经济体制改革(s1):157-160.
高国力,2006.美国区域和城市规划及管理的做法和对我国开展主体功能区划的启示.中国发展观察(11):52-54.
胡蓉,2007.农用地转用的环境补偿研究.重庆:西南大学.
胡瑞丰,2005.农地使用变更外部性处理的制度分析.农业与经济(34):121-152.
黄宗煌,1991.现阶段农业保育之经济分析.农业金融论坛(25):271-298.
李国平,张云,2005.矿产资源的价值补偿模式及国际经验.资源科学 27(5):70-76.
李项峰,2007.地方政府行为外部性研究.广州:暨南大学.
李晓云,蔡银莺,张安录,2005.农地城市流转土地需求者行为取向分析.节约集约用地,促进可持续发展.武汉.
李月兰,谭丽燕,章牧,2006.影响广西城市土地需求形势因素分析.广西师范学院学报(自然科学版)(s1):88-93.
李植斌,1995.城镇土地市场的宏观调控.资源开发与市场(6):255-258.
刘玉,2007.主体功能区建设的区域效应与实施建议.宏观经济管理(9):16-19.
刘韶岭,2006.城市房屋拆迁中土地使用权价值补偿的显化.中国房地产,13(3):19-22.
刘维新,1996.北京城市发展与房地产.北京:中国大地出版社.
柳志伟,2007.农地征收的补偿问题研究.长沙:湖南大学.
卢新海,2005.开发区发展与土地利用.北京:中国财政经济出版社.
孟祥舟,2004.土地供应与宏观调控:对当前土地政策的一点思考.中国土地(7):7-9.
钱忠好,2003.农地承包经营权市场流转:理论与实证分析:基于农户层面的经济分析.经济研究(2):83-91.
乔荣锋,高进云,周智,等,2008.武汉市洪山区农地城市流转概率预测.资源科学,30(4):585-590.
谭仲春,曲福田,黄贤金,1998.耕地资源可持续利用的经济分析与政策启示.农业资源与环境学报(4):4-6.
佟绍伟,2004.调控要重视土地需求.中国土地(5):6-7.
王惠,2004.各国土地税法的比较与我国土地税法体系的完善.经济师(2):69-70.
王海勇,2004.房地产税收的一般经济分析.税务与经济(6):61-63.
武康平,丑婷,2005.从房地产市场看土地需求及对土地政策的建议.经济经纬(4):57-60.
武英杰,2007.资产定价理论实证分析.合作经济与科技(10):1.
谢高地,张钇锂,鲁春霞,等,2001.中国自然草地生态系统服务价值.自然资源学报,16(1):47-53.
谢高地,鲁春霞,冷允法,等,2003.青藏高原生态资产的价值评估.自然资源学报,18(2):189-196.
薛燕,胡娜,2005.行为资产定价理论述评.经济师(8):23-24.
杨邦杰,1994.加强土地宏观调控的对策探讨.中国土地科学(s1):11-15.
杨光梅,闵庆文,李文华,等,2006.基于CVM方法分析牧民对禁牧政策的受偿意愿:以锡林郭勒草原为例.生态环境学报,15(4):747-751.
杨静芳,2004.资本资产定价理论演进过程研究.南京:东南大学.
姚先国,盛乐,2006.转折关头的中国经济.经济学动态(8):37-42.
叶少群,2005.建立复合土地税制势在必行.发展研究(2):16-17.

参考文献

张安录,2000.可转移发展权与农地城市流转控制.中国农村观察(2):20-25.

张凤和,2003.城市土地需求的四大决定因素.中国房地产(4):26-28.

钟全林,曹建华,王红英,2001.生态公益林价值核算研究.自然资源学报,16(6):537-542.

周建春,2006.2006年房地产业的土地政策预测.中国房地产业(3):70.

庄淑芳,1999.农地转用有关选择价值及外部成本只研究:特征价格法之应用.台中:中兴大学.

邹秀清,2006.农地非农化:兼顾效率与公平的补偿标准:理论及其在中国的应用.农业技术经济(4):2-14.

Beatley T,1994. Ethical Land Use: Principles of Policy and Planning. Maryland: Johns Hopkins University Press.

Buchanan J, Stubblebine W C,1962. Externality. Economica(29):371-384.

Costanza R, d'Arge R, Groot R, et al. ,1997. The value of the world's ecosystem services and natural capital . Nature,387:253-260.

Cuperus R, Canters K J, Helias A U, et al. ,1999. Guidelines for ecological compensation associated with highways. Biological Conservation,90(1):41-51.

Daniels T L,2001. Coordinating opposite approaches to managing urban growth and curbing sprawl: a synthesis. American Journal of Economics & Sociology,60(1):229-243.

Grossman G, Krueger A,1991. Environmental impacts of a North American free trade agreement[R]. NBER Working Paper Series, Cambridge: MIT Press.

Hanley N, SchlSpfer F, Spurgeon J. ,2003. Aggregating the benefits of environmental improvements: distance-decay functions for use and non-use values. Journal of Environmental Management(68):297-304.

Huang X, Ma B, Zhou T,1994. Comments on Su Xing's economic ideas. Social Sciences in China(3):5-15.

Kallas Z, Gómez-Limón J A, Jesús B H,2007. Decomposing the value of agricultural multifunctionality: combining contingent valuation and the analytical hierarchy process. Journal of Agricultural Economics, 58(2):218-241.

Levinson A, 1997. Why oppose TDRs?: Transferable development rights can increase overall development. Regional Science & Urban Economics,27(3):283-296.

Lewis D J, Hunt G L, Plantinga A J. ,2001. Public conservation land and employment growth in the northern forest region. Land Economics,78(2):245-259.

Nickerson C J, Lynch L,2001. The effect of farmland preservation programs on farmland prices. American Journal of Agricultural Economics,83(2):341-351.

Plantinga A J, Miller D J, 2001. Agricultural land values and the value of rights to future land development. Land Economics,77(1):56-67.

Price D J,1981. An economic model for the valuation of farmland TDRs. Appraisal Journal,49(4):547.

Rees W E,1992. Ecological footprints and appropriated carrying capacity: what urban economics leaves out. Environment and Urbanization,4(2):121-130.

Sharpe E D,1964. A Theoretical framework of internal organization in the secondary-school homeroom consistant with basic principles of organizational and administrative theory and of adolescent psychology. Surgical Neurology,12(4):341-348.

Small L E, Derr D A,1980. Transfer of development rights: a market analysis. American Journal of Agricultural Economics,62(1):130-135.

Stearns S C,2000. Daniel Bernoulli(1738):evolution and economics under risk. Journal of Biosciences,25(3):221-228.

后　　记

　　两型社会的建设对于加快转变经济发展方式,推进经济又好又快发展,促进经济社会发展与人口、资源、环境相协调,切实走出一条有别于传统模式的工业化、城市化发展新路,推动全国体制改革,实现科学发展与社会和谐,发挥着积极重要的示范和带动作用。因此,本书的问世对于实现经济有序健康发展和土地资源节约集约利用具有重要意义。本书紧密围绕两型社会实验区建设与土地政策展开研究,首先系统梳理了武汉城市圈和长株潭城市群两型社会建设战略目标与土地利用的挑战,在此基础上,通过实证测算农地发展权价值等土地储备创新机制分析了实验区土地储备和供给机制,也按不同行业、不同主体功能区考察了土地节约集约利用的政策取向,还根据不同功能区设计了经济补偿机制和税费调控机制,讨论了土地利用中政府失灵和市场失灵的应对政策。在这一研究过程中,涌现了较多研究成果,且多数已采用学术论文等形式发表,产生了一定学术影响。为了进一步扩大影响力,为两型社会的建立贡献系统的土地政策智囊,在多次课题讨论和听取多方意见后,我们将相关研究成果整理成书。因此,可以说,本书是历经多年实地调研、多次课题讨论、多方论证后凝结而成的。

　　全书的统稿由张安录教授负责,文兰娇协助统稿。同时,也包含了课题组诸多老师的辛勤工作,其中,王湃、任艳胜参与了本书第1章写作,徐唐奇和鞠登平参与了本书第2章写作,聂鑫、汪晗和徐平平参与了本书第3章写作,张雄和崔新蕾参与了本书第4章写作,马爱慧、钟海玥、胡漪参与了本书第5章写作,其中钟海玥还参与了数据更新的工作,陈竹、陈波和穆向丽参与了本书的第6章写作。在此,对以上参与了各章节写作的老师们表示真诚的感谢,感谢你们辛苦的工作和对本书的全力支持。还要感谢国家自然科学基金委员会管理科学部和国土资源部对本书写作的大力支持,感谢研究过程中大量老师、同学和其他

后　记

研究人员在实地调研和课题论证中的协作和支持。最后，一本著作的出版离不开编辑的辛苦付出，在这里，也衷心感谢科学出版社武汉分社的杨光华编辑等为本书出版提供的帮助、意见和支持。再一次向他们一并表示诚挚的谢意！

尽管在研究过程中力求理论和实践紧密结合，立足于充分、广泛的社会调查，深入分析两型社会发展的土地政策和未来政策需求，以支持政策建议的针对性、合理性和可靠性，虽然本书的编辑耗时较长，在书稿编辑过程中也进行了反复修改和完善，但疏漏及不妥之处在所难免，恳请读者批评指正！

张安录和文兰娇

于武昌狮子山